U0867963

本书受中南财经政法大学中央高校基本科研业务费专项
（编号：2722022BY024）的资助

ANNOTED LANDMARK INTERNATIONAL
INTELLECTUAL PROPERTY CASES IN CHINA 2021

中国涉外知识产权典型案例评述 2021年

主　　编　吴汉东
执行主编　徐小奔　黄美玲

法律出版社
LAW PRESS · CHINA
北京

图书在版编目(CIP)数据

中国涉外知识产权典型案例评述：2021年／吴汉东主编；徐小奔，黄美玲执行主编. -- 北京：法律出版社，2023

ISBN 978－7－5197－7668－8

Ⅰ. ①中… Ⅱ. ①吴… ②徐… ③黄… Ⅲ. ①涉外经济－知识产权－民事诉讼－案例－中国 Ⅳ. ①D922.295.4

中国国家版本馆 CIP 数据核字(2023)第 042920 号

中国涉外知识产权典型案例评述(2021年)
ZHONGGUO SHEWAI ZHISHI CHANQUAN DIANXING ANLI PINGSHU(2021NIAN)

吴汉东 主编
徐小奔 黄美玲 执行主编

责任编辑 宋丽娜
装帧设计 鲍龙卉

出版发行 法律出版社
编辑统筹 法律教育出版分社
责任校对 晁明慧
责任印制 刘晓伟
经　　销 新华书店

开本 710毫米×1000毫米 1/16
印张 15　**字数** 203千
版本 2023年4月第1版
印次 2023年4月第1次印刷
印刷 三河市兴达印务有限公司

地址:北京市丰台区莲花池西里7号(100073)
网址:www.lawpress.com.cn
投稿邮箱:info@lawpress.com.cn
举报盗版邮箱:jbwq@lawpress.com.cn
销售电话:010－83938349
客服电话:010－83938350
咨询电话:010－63939796
版权所有·侵权必究
书号:ISBN 978－7－5197－7668－8
定价:58.00元

凡购买本社图书,如有印装错误,我社负责退换。电话:010－83938349

序

《知识产权强国建设纲要(2021—2035 年)》提出,要“加强涉外知识产权宣传”“打造知识产权宣传品牌”。党的十八大以来,中国知识产权司法保护取得了举世瞩目的成就。2021 年,最高人民法院向全国人大常委会提交的报告显示:党的十八大以来,全国法院受理各类知识产权一审案件 218.1 万件,审结 206 万件;制定知识产权司法解释 19 件、司法政策性文件 11 件,发布指导性案例 30 个,全面提升了我国知识产权司法保护的国际影响力。特别是在平等保护中外权利人合法权益、切实履行国际条约义务、深化与国际组织交流合作等方面更是成绩斐然。中国正逐步作为国际知识产权诉讼优选地而备受国际瞩目。在此背景下,加强对司法案例进行经验总结和理论提炼,不仅有助于统一法律适用标准、提升司法质效,也有助于树立中国特色的知识产权思想体系,有助于构建中国自有的知识产权理论体系,有助于传播中国自立的知识产权话语体系。

尽管我国不是判例法国家,案例不具备法律渊源的效力,但是,典型案例对于裁判标准的统一、自由裁量权的规范、法律适用的准确具有重要的指导意义。2011 年,最高人民法院正式建立了指导性案例制度,明确指导性案例在司法裁判中的参照效力。在最高人民法院发布的指导性案例以外,各类公报案例、典型案例的遴选与发布,也为建立中国特色的案例指导制度发挥了积极作用。有鉴于此,我们以“典型案例”+“权威评述”的模式,就中国涉外知识产权纠纷与国际性知识产权前沿问题,在 2021 年至 2022 年上半年间审结的各类案例中遴选出了首批中国涉外知识产权典型案例 12 件,组织专家团队进行案例摘编与观点综述,并邀请中国社会科学院、北京大学、中国人民大学、武汉大学、西南政法大学、华东政法大学以及中南财经政法大学的知名学者对案例进行学术评论，在深入挖掘典型案例学术价值的基础上，归纳并提炼司法规则，希冀能够促进中国知识产权案例研究的长足发展。

典型案例的遴选与评述非一时一日之工。我们有幸与法律出版社建立长效合作，逐年遴选案例、逐年出版发行。《中国涉外知识产权典型案例评述（2021 年）》在中文出版的同时，也将全文翻译成英文版（*Annoted Landmark International Intellectual Property Cases in China* 2021）于今年秋季在国外出版发行。我本人负责全面统筹，执行主编徐小奔副教授负责中文版的组织与编校，执行主编黄美玲教授负责英文版的翻译与校正。我们相信，在汇聚中国知名学者思想、汇集中国司法经验的基础上，坚持双语种版本全球发行，能更好地向世界传递中国知识产权司法声音，讲好中国知识产权司法故事。

本书的顺利出版得益于法律出版社宋丽娜编辑认真、敬业与高效的工作，以及编辑团队的辛勤付出，他们包括中南财经政法大学知识产权研究中心的青年教师徐小奔、瞿昊晖、陈默、付丽霞、刘鑫，以及由中南财经政法大学知识产权学院博士研究生、硕士研究生组成的编辑助理团队，他们是：孔文豪、张成、高婧、陈永康、袁鹭娟、杨依楠、林妍池、覃楚翔、李凡、关春媛、曹文豪帅、司马航、李洛洛、刘羚、曾德智。在此一并感谢。

谨以此言为序，敬请读者批评指正。

吴汉东

2023 年 4 月于文泓楼

点评专家

案例 01 黄玉烨

中南财经政法大学知识产权学院院长、教授、博士生导师

案例 02 曹新明

中南财经政法大学知识产权研究中心学术委员会副主任、教授、博士生导师

案例 03 易继明

北京大学国际知识产权研究中心主任、法学院教授、博士生导师

案例 04 吴汉东

中南财经政法大学文澜资深教授、校学术委员会主任、博士生导师

案例 05 彭学龙

中南财经政法大学知识产权研究中心主任、教授、博士生导师

案例 06 管育鹰

中国社会科学院知识产权中心主任、研究员、博士生导师

案例 07 万 勇

中国人民大学法学院知识产权法教研室主任、教授、博士生导师

案例 08 丛立先

华东政法大学知识产权学院院长、教授、博士生导师

案例 09 胡开忠

中南财经政法大学知识产权研究中心教授、博士生导师

案例 10 马一德

中南财经政法大学文澜特聘教授、博士生导师

案例 11 宁立志

武汉大学知识产权与竞争法研究所所长、教授、博士生导师

案例 12 李雨峰

西南政法大学民商法学院院长、教授、博士生导师

目　录

01

运城市阳光文化传媒有限公司与深圳市腾讯计算机系统有限公司、广州优视网络科技有限公司侵害作品信息网络传播权纠纷案

点评专家

黄玉烨　中南财经政法大学知识产权学院院长、教授

责任编辑　付丽霞　**编辑助理**　孔文豪

■ 案件概况

2015年7月15日，腾讯科技（成都）有限公司（以下简称腾讯成都公司）自主开发完成了一款多人在线战术竞技类（Multiplayer Online Battle Arena，MOBA）手机游戏：《英雄战迹》（后更名为《王者荣耀》），并对游戏软件以及游戏内人物设计等相关元素进行了著作权登记。2016年3月1日，腾讯成都公司向深圳市腾讯计算机系统有限公司（以下简称深圳腾讯）出具《〈王者荣耀〉游戏代理及维权授权书》，授权后者享有《王者荣耀》游戏在全球范围的代理运营权以及相关著作权的使用许可，并且有权单独以自己的名义进行维权。经过一段时间的推广，《王者荣耀》游戏在业内享有较高的知名度。

运城市阳光文化传媒有限公司（以下简称阳光文化公司）为西瓜视频的开发者及西瓜视频网站（www.ixigua.com）的运营者，主要为用户提供短视频发布、浏览及推荐等服务。西瓜视频首页设有“游戏”专栏，下设“王者荣耀”“英雄联盟”等热门游戏专区。自2018年1月起，西瓜视频通过与知名主播签订协议、成立视频游戏达人团等方式，招募了一大批专业的游戏直播团队，针对包括《王者荣耀》手游在内的众多热门游戏画面进行直播和视频制作，并在视频播放区域设置广告位。广州优视网络科技有限公司（以下简称优视公司）是pp助手及其官网www.25pp.com的运营主体，主要提供应用软件分发服务，是西瓜视频的分发平台之一。

2019年，深圳腾讯向广州互联网法院提起诉讼，将阳光文化公司、优视公司列为共同被告，请求法院判令二被告立即停止侵害《王者荣耀》信息网络传播权及不正当竞争的行为，赔礼道歉、消除影响，并赔偿经济损失480万元及合理开支16万元。在诉讼过程中，深圳腾讯申请行为保全，并提供了高达5020万元的担保，一审法院审查后作出了行为保全的禁令裁定，要求阳光文化公司立即停止在西瓜视频平台上传播包含有王者荣耀游戏画面的 329,832 条视频。2019 年 9 月 3 日,广州互联网法院作出(2019)粤 0192 民初 1092—1102、1121—1125 号民事判决,认定阳光文化公司侵害了深圳腾讯对于《王者荣耀》游戏整体画面的信息网络传播权,应当承担相应民事责任,并全额支持深圳腾讯的赔偿请求。原审被告阳光文化公司不服,提起上诉。2021 年 3 月 23 日,广州知识产权法院作出(2020)粤 73 民终 574—589 号民事判决,驳回上诉,维持原判。

当事人主张

上诉人(一审被告:阳光文化公司)的主张

第一,一审审理方式明显违反了民事诉讼的平等原则和举证规则。本案为侵害作品信息网络传播权纠纷,一审法院错误地通过“以小见大”的方式,将被上诉人举证的 16 条视频扩大至整个西瓜视频平台上可能包含《王者荣耀》游戏画面的所有视频,严重损害了阳光文化公司的民事诉讼权利。

第二,一审判决中涉案游戏整体画面的著作权认定存疑。涉案游戏画面不属于作品,更不属于以类似摄制电影的方法创作的作品(以下简称类电作品)[1]。即便涉案游戏整体画面构成作品,用户操作涉案游戏形成的连续画面的著作权应当属于进行独创性创作的游戏玩家,或至少应由玩家共同享有著作权。涉案用户制作、上传涉案游戏视频构成对深圳腾讯游戏的合理使用。

第三,阳光文化公司对用户上传发布的视频不具有主动审查义务。无论阳光文化公司对涉案视频是否负有较高的注意义务,阳光文化公司对用户上传发布的视频都不具有主动审查义务。阳光文化公司作为平台不具有主观过错,不构成侵权。

被上诉人(一审原告:深圳腾讯)的主张

第一,未经授权将涉案游戏动态画面制作成短视频并上传侵犯了深圳腾讯的著作权。目前,在我国司法实践中,审判指导意见及生效的司法判例都普遍认可游戏运行动态画面应以类电作品予以保护。游戏画面虽会因不同玩家的操作有不同呈现,但均未超出游戏开发商预设的范围,因此游戏的双向互动不影响将其整体画面认定为类电作品予以保护。因此,未经授权擅自使用《王者荣耀》游戏画面并传播的行为,属于侵犯深圳腾讯类电作品著作权的行为。

第二,阳光文化公司的行为构成共同侵权。深圳腾讯提交的证据足以证实阳光文化公司以公开招募、签约分工合作、提供资助、收益分成、设立专区等手段和方式,诱导、鼓励玩家上传包含有《王者荣耀》游戏动态画面的短视频至西瓜视频平台,并还主动对侵权视频进行选择、编辑和推荐,以扩大侵权短视频在网络上的传播规模,从而通过侵权视频的传播获得经济利益。

第三,阳光文化公司侵权的主观故意明显。深圳腾讯与阳光文化公司在西瓜视频平台上合作进行《王者荣耀》游戏短视频推广活动并由双方关联公司签署"合作协议"的事实恰好证实了阳光文化公司在清楚了解深圳腾讯不允许未经许可的使用行为的前提下,仍然大量传播《王者荣耀》游戏短视频,侵权的主观故意明显。

■ 认定的事实

▣ 一审原告涉案游戏著作权的权利来源和使用情况

第一,腾讯成都公司系涉案游戏的原始著作权人。腾讯成都公司对《腾讯英雄战迹软件》(以下简称英雄战迹 V1.1.8.1)进行了计算机软件著作权登记,登记证书载明该软件于 2015 年 7 月 15 日开发完成。2015 年 9 月 18 日,该软件更名为《腾讯王者联盟软件》(以下简称王者联盟 V1.1.8.1)。2015 年 10 月 26 日,该软件再次更名为《腾讯王者荣耀软件》(以下简称王者荣耀 V1.1.8.1)。2015 年 11 月 26 日,《王者荣耀》游戏在 Android、IOS 平台上正式公测。腾讯成都公司提交了作品登记证书,载明其对"《王者荣耀》人物设计 - 蔡文姬""《王者荣耀》人物设计 - 艾琳(3D 图)""《王者荣耀》人物设计 - 艾琳(2D 宣传图)"等《王者荣耀》游戏内元素进行了著作权登记。

第二，深圳腾讯通过著作权授权获得了涉案游戏的许可使用权，并有权独立维权。2016 年 3 月 1 日，腾讯成都公司向深圳腾讯出具《〈王者荣耀〉游戏代理及维权授权书》，内容主要包括：腾讯成都公司是《王者荣耀》游戏的开发者，对游戏计算机软件和全部游戏元素作品享有完整的著作权。腾讯成都公司授权申请人自 2015 年 7 月 21 日起至 2020 年 12 月 30 日止，对《王者荣耀》游戏在全球范围内进行代理运营以及著作权许可使用，当《王者荣耀》网络游戏产品所含有的著作权遭受任何第三方侵害或不正当竞争时，深圳腾讯有权单独以自己的名义维权。

第三，涉案游戏在业内具有一定知名度。2015 年 12 月 25 日，《王者荣耀》游戏日活跃用户数突破 750 万人，当即成为最具人气的 MOBA 类手游。2016 年 12 月，日活跃用户数量突破 5000 万人。2017 年第一季度，《王者荣耀》注册用户数达到 2 亿人，日活跃用户数高达 8000 万人，在各应用商店总收入排行榜中持续名列首位。2018 年第一季度，《王者荣耀》仍是中国 IOS 畅销排行榜第一的智能手机游戏。

▣ 一审被告阳光文化公司及优视公司的被控侵权事实

优视公司是 pp 助手及其官网 www. 25pp. com 的运营主体，pp 助手提供西瓜视频的分发、下载服务，下载量高达 1.2 亿次。优视公司的下载助手所提供的“西瓜视频”下载量，在各大应用商店中占比为 3.03%。

阳光文化公司在其运营的西瓜视频首页“游戏”专栏下单设“王者荣耀”游戏专区，并在短视频播放窗口下方和短视频评论区上方等位置设置广告位。同时，阳光文化公司还与游戏用户签订涉案游戏的直播、视频制作的合作协议，并推广、扶持相关游戏达人用户，将包含涉案游戏画面的视频置于显著位置向公众推荐。

2018 年 8 月 6 日，原审原告在对原审被告阳光文化公司的侵权行为进行取证时，提出《王者荣耀》游戏注册页面存在用户协议，其中约定“您在使用腾讯游戏服务过程中不得未经腾讯许可以任何方式录制、直播或向他人传播游戏内容,包括但不限于不得利用任何第三方软件进行网络直播、传播等”。2018 年 12 月 19 日与 2019 年 4 月 10 日,深圳腾讯对西瓜视频上发布的 2000 余个视频进行了保全公证。上述视频均系用户在对运行《王者荣耀》游戏的画面进行录制、剪辑、配乐和解说后形成的,视频时长不一,一般在 10 ~ 20 分钟,由阳光文化公司在西瓜视频平台的显著位置进行推送,吸引了较大流量。

2019 年 1 月 7 日,深圳腾讯向阳光文化公司发出律师函,称:经调查发现,有大量用户未经授权,擅自在西瓜视频平台传播腾讯《王者荣耀》等游戏视频,涉嫌侵犯深圳腾讯对相关游戏内容享有的著作权,损害了深圳腾讯的合法权益。西瓜视频作为网络服务提供者,在一定程度上构成共同侵权,应立即删除相关链接。对于上述律师函,阳光文化公司抗辩称已明确告知深圳腾讯需要补充提供权属证明文件但深圳腾讯并未提供,其投诉不能构成“有效通知”。与此同时,深圳腾讯自己在西瓜视频上开设的官方账号上持续上传游戏短视频并在官方微博上鼓励游戏用户上传短视频至西瓜视频,难以作出是否侵权的判断,因此阳光文化公司没有删除义务。

■ 裁判意见

本案认定阳光文化公司和优视公司侵权与否的核心是游戏整体画面著作权的认定问题。围绕这一问题,本案的争议焦点主要包括三个方面:一是《王者荣耀》游戏整体画面是否构成作品;二是《王者荣耀》游戏整体画面如果构成作品,属于何种作品;三是深圳腾讯是否有权主张《王者荣耀》游戏整体画面的著作财产权。

▣ 涉案游戏整体画面的作品认定

1. 涉案游戏整体画面的特点

首先,游戏画面转瞬即逝,难以逆转。尽管游戏创作者在游戏作品中预设了各种连续的活动影像画面,但这些连续活动影像画面尚处于游戏用户和观众无法感知的“虚拟状态”，只有当游戏用户进行操作时，处于“虚拟状态”的连续活动画面才会按照游戏创作者预设的逻辑形成并按照固定的顺序进行再现。这些画面转瞬即逝，除非游戏用户重新操作，并且具有超高技能，才有可能操作出完全相同的连续活动影像画面，否则不可逆转。其次，游戏画面丰富多彩，难以穷尽。根据《王者荣耀》游戏现有的英雄选择不同的排列组合进行 5v5 的战斗，会产生上亿种不同的阵容组合，其游戏整体画面在某种意义上讲是难以穷尽的，可以在不同用户的参与下 ·直呈现扩张状态。最后，游戏画面给用户带来的体验是沉浸式的。游戏画面通过用户对游戏资源的调动而呈现，游戏用户对游戏的体验不仅包括画面和音乐的欣赏，而且包括角色扮演、好友互动、组队比赛等各个方面的体验。

2. 涉案游戏整体画面的作品属性

根据《著作权法》第 2 条第 1 款和《著作权法实施条例》第 2 条的规定，《王者荣耀》游戏整体画面构成作品。第一，属于文学、艺术和科学领域内思想或者情感的表达。从开发过程和内容来看，《王者荣耀》游戏是科学技术发展的产物，逻辑上预设了用户可以选择的多种带有伴音的连续活动影像画面，是开发者思想或者情感的表达。第二，具有独创性。《王者荣耀》游戏场景画面精美，人物形象鲜明生动，层次丰富，体现出创作者对美术、人物角色设定、战斗主题的独特选择、编排。这些表达与他人现有的游戏表达不构成实质性相似，也不属于公有领域司空见惯的表达，具有独创性。第三，具有可复制性。《王者荣耀》游戏整体画面所呈现的任何部分都可以通过录制、截屏、打印等多种方式复制。

▣ 涉案游戏整体画面作品类型认定

随着科学技术的发展，新的传播技术和表现形式会不断出现。当新的作品形式与法定作品类型都不相符时，应当根据知识产权法激励理论，允许司法按照知识产权法的立法本意，遵循诚实信用和公平正义的原则，选择相对合适的法定作品类型予以保护。根据《著作权法实施条例》第 4 条第 11 项的规定，《王者荣耀》游戏整体画面应构成类电作品。

《王者荣耀》游戏的连续画面虽然不是通过摄制方法固定在一定介质上的，但是，《保护文学和艺术作品伯尔尼公约》第2条第1项将类电作品描述为"assimilated works expressed by a process analogous to cinematography"，即以类似摄影的方法表现的作品，强调的是表现形式而非创作方法。因此，在符合由一系列有伴音或者无伴音的画面组成的特征，并且可以由用户通过游戏引擎调动游戏资源库呈现出相关画面时，《王者荣耀》游戏的整体画面宜被认定为类电作品。对于深圳腾讯的该项主张，法院予以支持。

▣ 深圳腾讯是否有权主张对涉案游戏整体画面的著作财产权

根据《著作权法》第10条第2款、第11条第4款和第15条的规定，深圳腾讯有权主张《王者荣耀》游戏的著作财产权。

一方面，腾讯成都公司作为《王者荣耀》游戏的开发者，其进行了计算机软件著作权登记和美术作品登记，对游戏计算机软件和游戏元素作品享有著作权，并对游戏引擎调动游戏资源库所形成的游戏整体画面享有著作权。腾讯成都公司授权深圳腾讯在授权期限内享有对《王者荣耀》游戏在全球范围内的代理运营权利以及对该游戏整体及其游戏元素所含著作权的使用许可。深圳腾讯据此取得《王者荣耀》游戏的著作财产权，有权以自己的名义对侵权行为提起诉讼。

另一方面，阳光文化公司抗辩《王者荣耀》游戏整体画面的著作权应当归属于游戏用户，并不成立。法院认为，《王者荣耀》作为一款多人在线竞技类手机游戏，情节复杂，游戏互动性较强，游戏用户有巨大的发挥空间，但用户操作《王者荣耀》游戏时没有创作意图，并非有目的地创造出各种连续画面。游戏用户通过游戏引擎调动游戏资源库中的游戏元素，是在游戏创作者设定的整个逻辑框架内进行的。在这个再现过程中，游戏用户虽存在一定主动性，但主动性不等于独创性，无论游戏用户再现出多少种连续活动画面，具有独创性的游戏引擎与游戏资源库相结合的《王者荣耀》游戏始终具有同一性。因此游戏用户不管是对内在的游戏引擎和游戏资源库，还是对外在体现游戏内容的可以视听的连续活动画面，都未付出著作权法意义上的独创性劳动。同时,如果认可游戏用户的独创性,认定每个游戏用户对其操作游戏所呈现出的连续活动画面都享有著作权,则不但使相关游戏用户有可能垄断其展示的操作技巧与战术,影响其他用户的利益,而且还会使游戏整体画面被切割为成千上万个新的独立作品,产生成千上万个著作权人,这有悖于著作权法的立法精神。

■ 裁判结果

▣ 一审裁判结果

2019 年 9 月 3 日,广州互联网法院作出(2019)粤 0192 民初 1092—1102、1121—1125 号民事判决:

第一,阳光文化公司应立即停止在西瓜视频平台上传播包含有《王者荣耀》游戏画面的视频(以 2019 年 9 月 4 日前已上传至平台的视频为限);

第二,阳光文化公司于判决生效之日起 10 日内,赔偿深圳腾讯 480 万元及合理费用 16 万元;

第三,驳回深圳腾讯的其他诉讼请求。案件受理费 95,200 元,由阳光文化公司承担。

▣ 二审裁判结果

2021 年 3 月 23 日,广州知识产权法院作出(2020)粤 73 民终 574—589 号民事判决:驳回上诉,维持原判。

类案梳理[2]

▣ 本案裁判要旨

网络游戏由计算机程序、文字、美术、音乐及其他游戏元素共同组成,权利人既可以主张他人侵害网络游戏整体内容的相关权益，也可以主张他人侵害网络游戏特定部分或游戏元素的相关权益。《著作权法实施条例》第2条规定，著作权法所称作品，是指文学、艺术和科学领域内具有独创性并能以某种有形形式复制的智力成果。《著作权法实施条例》第4条第11项规定，电影作品和以类似摄制电影的方法创作的作品，是指摄制在一定介质上，由一系列有伴音或者无伴音的画面组成，并且借助适当装置放映或者以其他方式传播的作品。判断游戏运行过程中形成的连续画面是否符合类电作品的构成要件，一般综合考虑以下因素：是否具有独创性；是否可借助技术设备复制；是否由有伴音或无伴音的连续动态画面构成；因人机互动而呈现在游戏画面中的视听表达是否属于游戏预设范围。

▣ 类案裁判综述

游戏及其画面的衍生产业是版权产业的重要组成部分。它不仅丰富着人们的娱乐生活，有时还承载着文化传播的基本功能。游戏画面的著作权归属涉及开发者、使用者和传播者等多方主体，如何公平合理地进行利益分配对产业发展有着重要意义。近年来，法院受理、审结相关案件700余件，对游戏画面著作权认定及其权益归属规则的认识也不断完善，形成了具有中国特色的司法经验。

1. 游戏画面的作品认定

在对游戏画面进行作品认定时，法院主要围绕“文学、艺术和科学领域内思想或情感的表达”“独创性”“能以某种形式复制”等要素进行分析。

对于“文学、艺术和科学领域内的智力成果”，法院着重于分析“是否属于文学、艺术、科学领域”以及“是否属于表达”。例如，在“上海欣烁网络科技有限公司与浙江欢游网络科技有限公司等著作权侵权纠纷案”中，法院提出，“《热血传奇》的主要用途是为玩家提供娱乐、休闲、交流等服务，由国家新闻出版广电总局审批、经文化部备案，具有文化艺术领域范畴的特性”[3]。在“深圳市腾讯计算机系统有限公司与畅游云端（北京）科技有限公司等著作权侵权纠纷案”中，法院提出，“游戏地图的整体构图、内部结构和布局安排，显然属于可以被感知的具体表达，而非抽象思想”[4]。

对于“独创性”，法院着重于分析“是否属于独立创作”以及“是否具备一定程度的智力创造”。例如，在“苏州仙峰网络科技股份有限公司与浙江盛和网络科技有限公司著作权权属、侵权纠纷案”中，法院提出“该连续动态画面由游戏开发者独立创作，体现出了创作者对多种不同创作元素的选择与安排”。在“深圳市腾讯计算机系统有限公司等与广州点云科技有限公司信息网络传播权纠纷案”中，法院提出，“涉案游戏的场景地图细腻逼真，游戏角色造型绚丽丰富，持有武器结构复杂，技能效果相生相克，游戏玩家有较强代入感体验，均体现故事情节、玩法规则、技能体系、装备数值、画面美工、配音配乐、界面布局等诸多设计元素的有机组合，蕴含了游戏开发设计者的大量智力成果”[5]。

对于“可复制性”，法院着重于分析游戏画面是否能被人们直接或借助某种机械或设备感知，并以某种形式复制。在“广州华多网络科技有限公司与广州网易计算机系统有限公司纠纷案”中，法院提出，“涉案游戏的核心内容可分为游戏引擎和游戏资源库，前者是由指令序列组成的计算机软件程序，后者是含有各种音频、视频、图片、文字等素材片段组成的资料库，以上内容由各种计算机程序和游戏素材以文件形式固定于计算机或其他设备，具有可复制性”[6]。

2. 游戏画面作品类型认定

在认定游戏画面的作品类型时，法院主要围绕游戏画面元素和游戏画面整体两个方面进行分析。例如，在“深圳市腾讯计算机系统有限公司与畅游云端（北京）科技有限公司著作权侵权纠纷案”中，法院提出，“游戏地图承载了部分认知属性，地图创作者将抽象的游戏战斗环境通过线条、图形、光影等手法形象化、具体化，使玩家可以具体认知到游戏地图整体以及内在结构和布局，这种表达与地图、示意图的实质性特征相同，属于应受法律保护的图形作品”[7]。在“网易（杭州）网络有限公司与广州浩动网络科技有限公司、霍尔果斯毅讯电子科技有限公司著作权权属、侵权纠纷案”中，法院提出，“网易公司主张的15个场景，是通过对建筑素材、场景环境、色彩、线条、图案的选择和搭配，构成具有一定美感的平面艺术造型，反映出创作者富有个性的选择、取舍和艺术处理，具有独创性，属于著作权法所称之美术作品”[8]。在“苏州仙峰网络科技股份有限公司与浙江盛和网络科技有限公司著作权权属、侵权纠纷案”中，法院提出，“就《蓝月传奇》游戏而言，其故事设定、情节的选择与安排类似于电影剧本的创作；随着玩家操作形成的一系列有伴音或者无伴音的连续动态画面，类似于电影的摄制和成像过程；游戏创作完成后亦可存储在一定介质上，并可借助电脑等数字播放设备予以传播。基于以上特征，《蓝月传奇》游戏可以作为著作权法规定的类似摄制电影的方法创作的作品予以保护”[9]。

3. 游戏画面著作权权益归属

在认定游戏画面的著作权权益归属时，法院主要围绕游戏开发者、使用者和传播者三个主体进行分析。例如，在“深圳市腾讯计算机系统有限公司、腾讯科技（深圳）有限公司等与广州点云科技有限公司侵害作品信息网络传播权纠纷案”中，法院提出，“尽管游戏整体画面的呈现受制于玩家操作和游戏规则的设定，使得实际出现的画面存在一定的可选择性和随机性，但玩家对于游戏画面的贡献主要还是将事先设定画面予以呈现，不存在创作新游戏画面的行为”[10]。在“广州网易计算机系统有限公司与广州华多网络科技有限公司侵害著作权及不正当竞争纠纷案”中，法院提出，“游戏整体画面与游戏直播画面是不同的画面，游戏直播画面包含了游戏整体画面的内容，被诉游戏直播画面是否构成作品及其权利归属，并不影响对涉案游戏整体画面作品性质的判断”以及“诸如涉案电子游戏之大型、多人参与互动网络游戏，其创作凝聚了开发者的心血，游戏画面作为网络游戏这个‘综合体’的组成部分也不例外。如不保护创作者对其作品进行许可传播或不许可传播的排他性权利，不利于对开发者形成权利激励、从而在全社会促进智慧产品的产出，不符合著作权法规定的立法宗旨‘鼓励有益于社会主义精神文明、物质文明建设的作品的创作’[11]”。

▣ 学术观点综述

正确认识游戏画面的作品属性并明确其权益归属对于司法实践具有重

要意义。为实现前述目标，需要对游戏画面的作品认定、作品类型界定及权益归属等问题进行深刻认识。学术界围绕上述内容形成了以下基本观点。

1. 游戏画面的作品性质认定

关于游戏画面的作品认定一般从是否属于文学艺术科学领域的智力成果、独创性、可复制性三个方面加以判定。[12]首先，游戏画面作为一种具有美感的连续图画，是游戏开发者或游戏使用者的智力活动借助技术手段或操作流程的表达，属于文学艺术科学领域的智力成果。[13]其次，游戏画面是由开发者或使用者将游戏代码或游戏元素等要素按照一定规律进行排列并表达一定的综合理念的结果，符合独创性的要求。[14]最后，游戏画面作为一种数字代码或运行程序，可以进行数字化复制，符合可复制性的要求。[15]综上，游戏画面作为一种文学艺术科学领域，兼具独创性、可复制性的表达，符合著作权法关于作品的定义和要求，能够成为著作权法意义上的作品。

2. 游戏画面作品类型的界定

学界关于游戏画面作品类型的界定主要分为两大类，一类是拆分认定法，另一类是整体认定法。[16]拆分认定法将游戏画面拆分成游戏作品的组成元素加以分析，有否定游戏画面单独作为作品的倾向，已逐渐被学界抛弃。而整体认定法中，在我国确立视听作品这一法定作品类型之前，有汇编作品论、类电作品论、视听作品论、单独立法论和其他作品论几种认识。由于我国原有立法并无视听作品的概念，也无网络游戏的独立作品类型，而"其他作品"要受到法律和行政法规的限定，因此该三种观点属于立法论的问题，在此不再赘述。[17]在剩余的两种理论中，汇编作品并非典型的原始作品类型，且只有在涉及多个主体时才具有其制度意义，因此，类电作品论是著作权法修法前学界的主流认识。目前，《著作权法》的第三次修改确立了视听作品的作品类型，统一了立法、司法和学界对于游戏画面作品类型的基本认识。[18]

3. 游戏画面的著作权归属

关于游戏画面的著作权归属问题，学界一般认为有三个相关主体可能成为游戏画面的著作权人，分别是游戏开发者、游戏使用者（玩家）和游戏传播者。持游戏开发者论的学者认为，游戏画面所呈现的最终效果是游戏使用者通过个性化的操作将游戏程序中原本就包含的各种可能性中的一种加以实现，因此并没有创作出区别于原作品的新作品，游戏画面的著作权仍然应当归属于游戏开发者。[19]持游戏使用者论的学者认为，在很多具有故事情节或创作空间的现实模拟游戏中，游戏开发者仅提供了基本的元素，最终呈现出的游戏画面是游戏使用者独立创作的结果，因此其著作权应当归属于游戏使用者。[20]持游戏传播者论的学者认为，游戏传播者对游戏画面享有著作权，主要存在于游戏直播活动中，且要求游戏传播者不能是仅对游戏过程的客观记录，还应当对游戏画面进行一定的选择和编排。[21]

专家点评

近年来，中国网络游戏产业迅猛发展，与此同时，网络游戏领域却争议频发。备受关注的《王者荣耀》手机游戏信息网络传播权及不正当竞争纠纷案于 2020 年 4 月 24 日正式落下帷幕。历经两审判决，被告阳光文化公司被判立即停止传播包含《王者荣耀》游戏画面的视频，并赔偿原告深圳腾讯 480 万元及合理费用 16 万元。

本案原告深圳腾讯与被告阳光文化公司，系国内网络游戏等新兴行业的头部成员，诉争游戏《王者荣耀》更是风靡全国的多人在线战术竞技类（MOBA）手机游戏。作为国内首个认定 MOBA 类游戏运行画面构成“类电作品”的判决，本案入选了广州知识产权法院 2021 年度知识产权司法保护十大典型案例，彰显了该判决在回应司法保护需求、规范新兴产业发展方面的重要价值。

网络游戏运行画面性质的司法认定，主要面临三大困境：（1）网络游戏运行画面的作品属性认定。如何判定游戏整体画面是否属于文学、艺术、科学领域的智力成果，是否符合独创性与可再现性的要求，以确认著作权法的可适用性。（2）网络游戏运行画面的作品类型界定。如何界定网络游戏运行画面的作品类型，以实现对网络游戏作品的全面保护。（3）网络游戏运行画面的著作权归属。如何在开发者、使用者与传播者之间公平合理地分配利益,以促进新兴产业的规范发展。

《王者荣耀》案的判决明确了网络游戏运行画面的作品属性。该案将作品属性认定拆分为三个层面。第一,总体而言,作品需为文学、艺术、科学领域内思想或情感的表达。著作权保护表达,不保护思想是目前各国所接受的共识。《著作权法实施条例》与第三次修改后的《著作权法》将作品表述为某种“智力成果”,显得较为宽泛。本案明确作品为思想或情感的表达,进一步贯彻思想表达二分原则,强调了作品的本质属性。第二,在形式上,作品需具备可再现性。可再现性是修改后的《著作权法》对作品表现形式所提出的具体要求。具言之,作品只需能够再现即可,不以切实的固定或复制为必要。本案强调,游戏整体画面虽然转瞬即逝,难以逆转,但却仍可通过录制、截屏等方法复制,凸显了“可再现性”对作品再现能力而非再现事实的重点关注。第三,在实质上,作品需具备独创性。根据最高人民法院《关于审理著作权民事纠纷案件适用法律若干问题的解释》第 15 条的规定,独立完成并且具有创作性是独创性的具体内涵。本案在司法解释指引下,从正面强调作者对画面构成要素展开的选择、编排的创作活动;从反面排除抄袭、剽窃他人游戏作品或完全借鉴公有领域内智力表达的可能,对独创性进行了全面、详细的诠释。本案为新型作品属性认定廓清了进路,为进一步开展著作权保护打下了基础。

《王者荣耀》案的判决认可了网络游戏运行画面的类电作品地位。2020 年前的《著作权法》对著作权客体例示主义的规定,使新型作品的著作权保护极具争议。虽然兜底条款为新型作品的保护留下了一定空间,但“法律、行政法规规定的其他作品”的条文表述,表现出对于兜底条款适用的严格限制立场。因此,就新型作品的保护而言,较为可行的路径在于通过司法裁判将新作品纳入规范类别之中。本案法院综合考量知识产权法的功能原旨与《保护文学和艺术作品伯尔尼公约》对类电作品的概念解读,指出类电作品的本质在于以类似电影的方式呈现而非创作,认定表现为一系列有伴音或无伴音画面且可由用户再现的游戏连续画面构成类电作品。修改后的《著作权法》将电影作品和类电作品修改为“视听作品”,将兜底条款修改为“符合作品特征的其他智力成果”,进一步扩大了作品的开放性,满足了新技术变革对于法律时代性的要求。本案判决的意义在于,以知识产权激励理论为依据,援引民法基本原则与版权国际条约,为网络游戏运行画面的著作权保护提供了坚实的学理支撑与法律依据,回应了急剧变化的社会环境对司法保护所提出的迫切需求。

《王者荣耀》案的判决确认了游戏开发者的著作权主体身份。根据《著作权法》的规定,著作权归属的立法立场,是以著作权属于创作人为一般原则,以著作权归于投资人为例外规定。判决结合技术背景对游戏画面形成过程的法律属性进行深度剖析,明确游戏画面的独创性源于游戏开发者组织动员、资金支持的游戏设计活动,从而确立了游戏开发者类电作品投资者的著作权主体地位。另外,作品创作者身份的构建以创作活动为基础。创作是主体运用文字、数字、图形等元素,按照一定的规律、规则而有机结合的形式,以表达其思想、情感和理念。本案通过深入分析用户操作游戏行为的目的、性质、表现形式与呈现效果,判定该行为虽有主动性但不具创造性,进而否认用户的游戏画面著作权主体身份,为后续网络游戏运行画面侵权案件权利主体身份的判断,提供了基于创作行为展开认定的论证路径,塑造了新型作品主体身份确认的司法范式。

网络游戏运行画面的作品属性认定、作品类型界定与著作权归属问题是网络游戏领域著作权侵权认定的焦点与难点,也是掣肘网络游戏产业规范发展的重点与关键。网络游戏产业作为新领域新业态的缩影,肩负着促进社会主义文化和科学事业繁荣的使命,这也是著作权法的立法宗旨。《王者荣耀》案作为我国网络游戏产业著作权保护的代表性案例,体现了我国新领域新业态内著作权保护的司法智慧。从法律角度看,《王者荣耀》案契合了新技术变革下著作权法的发展方向,指明了司法裁判路径;从产业角度看,《王者荣耀》案对网络游戏产业保护需求作出了正面回应,为规范网络游戏产业发展提供了有益经验。

注　释

1　2020 年 11 月 11 日颁布的《著作权法》将“电影和以类似摄制电影的方法创作的作品”这一作品类型修改为“视听作品”。本书在进行案件梳理时将回归判决原文，采用原有称谓。

2　此案例及其他典型类案主要审结于《著作权法》（2010 年版）生效实施期间，关于游戏画面著作权相关问题的讨论也集中于同一时期，因此本书的法律文本及相关理论研究也以前述范围为主。

3　上海市普陀区人民法院民事判决书，（2017）沪 0107 民初 24009 号。

4　广东省高级人民法院民事判决书，（2020）粤民终 763 号。

5　杭州互联网法院民事判决书，（2020）浙 0192 民初 1330 号。

6　广东省高级人民法院民事判决书，（2018）粤民终 552 号。

7　深圳市中级人民法院民事判决书，（2017）粤 03 民初 559 号。

8　广州互联网法院民事判决书，（2018）粤 0192 民初 1558 号。

9　浙江省高级人民法院民事判决书，（2019）浙民终 709 号。

10　杭州互联网法院民事判决书，（2020）浙 0192 民初 1330 号。

11　参见广东省高级人民法院民事判决书，（2018）粤民终字第 137 号。

12　参见吴汉东主编：《知识产权法》，北京大学出版社 2019 年版，第 62 ~ 65 页。

13　参见李扬：《网络游戏直播中的著作权问题》，载《知识产权》2017 年第 1 期。

14　参见来小鹏、贺文奕：《论电子游戏画面的作品属性》，载《电子知识产权》2019 年第 11 期。

15　参见冯晓青：《网络游戏直播画面的作品属性及其相关著作权问题研究》，载《知识产权》2017 年第 1 期。

16　参见蔡元臻、叶元昊：《类型化视野下的游戏画面著作权体系》，载《电子知识产权》2021 年第 12 期。

17　参见焦和平：《网络游戏在线直播画面的作品属性再研究》，载《当代法学》2018 年第 5 期。

18　参见丛立先：《网络游戏直播画面的可版权性与版权归属》，载《法学杂志》2020 年第 6 期。

19　参见王迁、袁锋：《论网络游戏整体画面的作品定性》，载《中国版权》2016 年第 4 期。

20　参见焦和平：《类型化视角下网络游戏直播画面的著作权归属》，载《法学评论》2019 年第5期。

21 参见焦和平:《网络游戏在线直播的著作权合理使用研究》,载《法律科学(西北政法大学学报)》2019年第5期。

02

深圳市腾讯计算机系统有限公司与上海盈讯科技有限公司著作权权属、侵权纠纷、商业贿赂不正当竞争纠纷案

点评专家

曹新明　中南财经政法大学知识产权学院教授

责任编辑　刘　鑫　**编辑助理**　张　成

案件概况

2015 年 8 月 20 日，腾讯科技（北京）有限公司（以下简称腾讯科技）自主开发完成一套基于数据和算法的智能写作辅助系统 Dreamwriter 计算机软件，并于 2019 年 5 月 9 日取得计算机软件著作权登记证书（编号：软著登字第 3868479 号）。2019 年 5 月 13 日，腾讯科技向深圳市腾讯计算机系统有限公司（以下简称腾讯计算机）出具知识产权许可书，授权后者自 2015 年 8 月起在中国范围内非专有使用 Dreamwriter 计算机软件。2018 年 8 月 20 日，腾讯计算机主持创作人员利用 Dreamwriter 智能写作助手完成标题为《午评：沪指小幅上涨 0.11% 报 2671.93 点通信运营、石油开采等板块领涨》的财经报道文章（以下简称涉案文章），并在其所属网站腾讯网证券频道首次发表，文章末尾注明“本文由腾讯机器人 Dreamwriter 自动撰写”。同日，上海盈讯科技有限公司在其运营的网站“网贷之家”发布同名文章（以下简称侵权文章），该文章与涉案文章内容一致，且结尾处亦注明“本文由腾讯机器人 Dreamwriter 自动撰写”。

2019 年 5 月 24 日，腾讯计算机诉至广东省深圳市南山区人民法院，请求法院判令上海盈讯科技有限公司停止著作权侵权及不正当竞争行为，赔礼道歉、消除影响，并赔偿原告经济损失及其他合理开支共计人民币 19,000 元。2019 年 12 月 24 日，广东省深圳市南山区人民法院作出（2019）粤 0305 民初 14010 号民事判决，认定被告侵犯原告著作权行为属实，判决其赔偿原告经济损失及合理维权费用共计人民币 1500 元，驳回原告其他诉讼请求。原被告均未提起上诉。

当事人主张

原告（腾讯计算机）的主张

第一，原告享有涉案文章的著作权。原告取得腾讯科技授权，享有在中国范围内非专有使用 Dreamwriter 计算机软件的权利。自 2015 年以来,原告主持创作人员使用 Dreamwriter 智能写作助手每年可以完成大约 30 万篇作品,2018 年 8 月 20 日在腾讯网证券频道上首次发表的涉案文章,也是原告主持创作人员使用 Dreamwriter 智能写作助手完成的,故原告在官网发表涉案文章时采用末尾注明"本文由腾讯机器人 Dreamwriter 自动撰写"的方式表达文章属原告法人意志创作。涉案文章系由原告主持,代表原告意志创作,并由原告承担责任的作品,原告依法应视为涉案文章的作者,涉案文章作品的著作权属于原告。

第二,被告实施了侵犯原告信息网络传播权的行为及不正当竞争行为。被告未经原告许可在涉案文章发表当日将之复制,并在其运营的网站"网贷之家"通过信息网络向公众传播。侵权文章的内容与原告享有著作权的涉案文章的内容完全相同,被告的行为侵犯了原告的信息网络传播权。此外,原告对于财经报道内容的高效产出是原告通过一系列独创性劳动所累积形成的竞争优势,被告未经智力劳动创作,直接复制原告的工作成果用于被告网站获取网络流量攫取竞争利益,违背了诚信信用原则和公认的商业道德,扰乱了财经媒体市场的公平竞争秩序,构成不正当竞争行为。

▣ 被告(上海盈讯科技有限公司)的主张

被告表示认可原告所主张的事实。

■ 认定的事实

▣ 原告主张对涉案文章享有著作权的相关事实

第一,原告享有 Dreamwriter 智能写作计算机软件的非专有使用权及使用该软件所创作作品的著作权。2019 年 5 月 13 日,原告获得"腾讯 Dreamwriter 软件 V4.0"著作权所有人腾讯科技的授权,许可原告方在许可区域非专有使用授权软件著作权:其一,许可方许可被许可方在不限于一台的满足授权软件运行条件的硬件中安装运行使用授权软件,被许可方运行使用授权软件所创作的作品的著作权归被许可方。其二,许可方授予被许可方就制止任何侵犯授权软件著作权的侵权行为采取包括但不限于民事起诉、行政投诉等维权法律措施。许可方确认被许可方自 Dreamwriter 软件开发完成之日(2015 年 8 月 20 日)起至本许可书签署日已经获得许可方许可的上述授权软件著作权许可权利。许可区域:中华人民共和国。许可期限:2015 年 8 月至双方协商书面终止本许可书日。

第二,原告通过腾讯网证券频道首次发表涉案文章。2018 年 8 月 20 日,原告在腾讯网证券频道首次发表涉案文章。涉案文章末尾注明:本文由腾讯机器人 Dreamwriter 自动撰写。涉案文章是一篇股市财经综述类文章,连标题在内共计 979 字,由九个自然段组成,第一自然段对 2018 年 8 月 20 日上午的沪指、深成指、创业板指数及上证 50 指数的涨跌情况进行了介绍;第二、三、四、五自然段分别对盘面、概念股、个股、换手率、资金流向方面的相关情况进行了介绍;第六、七、八、九自然段对人民币对美元中间价、银行业同业拆放利率、融资融券信息、沪深港通南北资金流向的相关情况进行了介绍。在工业和信息化部 ICP/IP 地址/域名信息备案管理系统查询 www.qq.com 的备案信息,显示原告是腾讯网(网站域名为 qq.com)的主办单位。

第三,涉案文章系原告通过 Dreamwriter 智能写作计算机软件创作完成的。涉案文章是由原告利用 Dreamwriter 软件在大量采集并分析股市财经类文章的文字结构,不同类型股民读者需求的基础上,根据原告独特的表达意愿形成文章结构,并利用原告收集的股市历史数据和实时收集的当日上午的股市数据,于 2018 年 8 月 20 日 11 时 32 分完成写作并发表的。Dreamwriter 软件撰写一篇文章需要经历数据服务、触发和写作、智能校验和智能分发四个环节。首先,Dreamwriter 软件的数据服务模块会收集多个维度的数据,并通过机器学习算法对数据进行解析,分析其中有价值的数据,并结合历史统计数据等维度的内容,形成一定格式的待检测数据库。其次,Dreamwriter 软件的触发器模块中设定了规则引擎和触发条件,从而可以智能化判断待检测数据库中的内容是否满足文章生成要求。当遍历规则引擎设定的各类触发条件时,满足触发条件的便进入写作引擎模块用来撰写文章。

再次，Dreamwriter 软件将前述数据服务模块生成的数据输入写作引擎，写作引擎首先进行数据校验，然后通过模板撰写文章。最后，文章生成后，会进入智能校验模块进行审核校对，审校完成后智能分发到腾讯网等相关平台进行发表。涉案文章正是在原告组织的相关主创团队的主持运行下，利用 Dreamwriter 软件创作完成的。其中，在 Dreamwriter 软件运行过程中，数据类型的输入与数据格式的处理、触发条件的设定、文章框架模板的选择和语料的设定、智能校验算法模型的训练等均由主创团队相关人员选择与安排。

▣ 被控侵权行为的情况

在工业和信息化部 ICP/IP 地址/域名信息备案管理系统查询 www. wdzj. com 的备案信息，显示被告是“网贷之家”网站（域名为 wdzj. com）的主办单位。

2019 年 5 月 17 日，经原告申请，北京市方正公证处工作人员依据原告代理人确认的公证步骤使用公证处网络及计算机进行了操作，该公证处于 2019 年 5 月 24 日出具了（2019）京方正内经字第 03630 号公证书。该次公证中与本案相关的主要内容为：在浏览器地址栏输入“https://www. wdzj. com/hjzs/ptsj/20180820/745287 - 1. html”键入回车键，浏览相关网页，页面显示：“网贷之家”网站上发布了标题为《午评：沪指小幅上涨 0. 11% 报 2671. 93 点通信运营、石油开采等板块领涨》的文章。经比对，该文章与原告在本案中主张权利的涉案文章的标题和内容完全一致。该文章末尾同样标注：本文由腾讯机器人 Dreamwriter 自动撰写。庭审中，原告对涉案文章已经删除的事实予以确认。

原告提交的“网贷之家”网站的相关网页截图显示该网站“大家都在投”广告栏展示了“和信贷”等金融产品的相关介绍和注册直达按钮。原告提交该证据以证明被告网站存在广告投放，被告转载涉案文章的目的在于吸引相关公众浏览其网站以增加市场交易机会。

▣ 原告的合理维权支出

原告提交了委托代理合同和律师费发票以证明其为制止侵权行为所支

付的律师费，原告在本案中主张律师费支出为人民币8000元。原告提交公证费发票以证明其为制止侵权行为所支出的公证费为人民币1000元。

■ 裁判意见

深圳市南山区人民法院认为，本案为侵害著作权及不正当竞争纠纷。原告主张涉案文章系文字作品、法人作品。围绕此主张，本案争议焦点可概括为，涉案文章是否可认定为文字作品，以及涉案文章是否可构成法人作品。具体裁判意见论述如下。

▣ 涉案文章是否构成文字作品

根据《著作权法实施条例》第2条、第4条之规定，文字作品的构成要件为以文字形式表现的文学领域智力成果、具有独创性、能以有形形式复制。涉案文章作为股市财经综述文章，属于文学领域的表达，且具备可复制性。因此，判断其是否构成文字作品的关键在于对独创性的考察。

第一，涉案文章与现有作品存在一定差异，具备形式上的独创性。涉案文章由原告主创团队人员运用Dreamwriter软件生成，其外在表现符合文字作品的形式要求，其表现的内容体现出对当日上午相关股市信息、数据的选择、分析、判断，文章结构合理、表达逻辑清晰，具有一定的独创性。

第二，涉案文章的生成过程体现了创作者的个性化选择、判断及技巧等因素，具有实质上的独创性。根据《著作权法实施条例》第3条之规定，在认定具体行为是否属于创作时，应当考虑该行为是否属于智力活动，及其与作品特定表现形式间是否具有直接联系。在对涉案文章的生成过程进行考察时，不应简单将Dreamwriter软件从触发写作到完成分发这一运行过程视为创作，因为其中缺乏自然人的参与，文章仅仅是计算机软件运行既定的规则、算法和模板的结果，按照《著作权法》中创作行为应由自然人作出的规定，其既不属于智力活动，亦不构成创作行为。但Dreamwriter软件的自动运行并非无缘无故或具有自我意识，其运行的方式及遵循的规则均体现原告主创团队的意志。

涉案文章由 Dreamwriter 软件生成的过程中,要经历数据服务、触发和写作、智能校验和智能分发四个环节。其中,数据类型的输入与数据格式的处理、触发条件的设定、文章框架模板的选择和语料的设定、智能校验算法模型的训练等关键行为,都必须由原告组织的包含编辑团队、产品团队和技术开发团队在内的主创团队介入进行选择与安排。涉案文章所呈现出的表现形式,正是由原告主创团队在数据输入、触发条件设定、模板和语料风格取舍上的安排与选择所决定的,即涉案文章实际体现了主创团队对相关内容的个性化选择、判断及技巧。尽管涉案文章的创作过程相较于普通文字作品的创作过程中,在创作者收集素材,决定表达的主题、写作的风格以及具体的语句形式的行为方面,与实际撰写文章的行为存在一定时间上的间隔,但此种不同步性系由技术路径或工具本身所具备的特性所导致的,并不影响将主创团队在Dreamwriter 软件运行过程中进行的安排与选择认定为创作行为。因此,原告主创团队在 Dreamwriter 软件运行过程中所做的安排与选择,应当被纳入涉案文章的创作过程,视作与涉案文章的特定表现形式之间具有直接联系的智力活动。由于涉案文章的创作过程包含了原告主创团队的个性化安排和选择,其表现形式并非唯一,因此涉案文章具有一定的独创性。

综上,从涉案文章的外在表现形式与生成过程来分析,该文章的特定表现形式和其源于创作者个性化的选择与安排,以及由 Dreamwriter 软件在技术上“生成”的创作过程均满足著作权法对文字作品的保护条件。因此,涉案文章属于我国《著作权法》所保护的文字作品。

▣ 涉案文章是否构成法人作品

根据《著作权法》第 11 条之规定,涉案文章构成法人作品。首先,涉案文章是在原告的主持下,由包含编辑团队、产品团队、技术开发团队在内的主创团队,运用 Dreamwriter 软件完成的,不涉及其他主体参与创作。涉案文章是由原告主持的多团队、多人分工形成的整体智力创作作品,整体体现原告对于发布股评综述类文章的需求和意图。其次，涉案文章在由原告运营的腾讯网证券频道上发布，文章末尾注明“本文由腾讯机器人 Dreamwriter 自动撰写”，结合文末署名指向及发布平台，可以认定涉案文章署名者实为原告，亦由原告对外承担责任。根据《著作权法》之规定，在无相反证据的情况下，涉案文章应视为原告主持创作的法人作品。

裁判结果

深圳市南山区人民法院于 2019 年 12 月 24 日作出(2019)粤 0305 民初 14010 号民事判决：

第一，被告上海盈讯科技有限公司于本判决生效之日起 10 日内赔偿原告腾讯计算机经济损失及合理维权费用共计人民币 1500 元；

第二，驳回原告腾讯计算机的其他诉讼请求。

类案梳理

本案裁判要旨

人工智能生成物是否能作为作品获得著作权保护，主要应考察其是否具有独创性，判断步骤分为两步：首先，应当从外在表现上是否与已有作品存在一定程度的差异，或具备最低限度的独创性进行分析判断；其次，应当从涉案文章的生成过程来分析是否体现了创作者的个性化选择、判断及技巧等因素。在具体认定相关人员的行为是否属于著作权法意义上的创作行为时，应考虑该行为是否属于一种智力活动，以及该行为与作品的特定表现形式之间是否具有直接的联系。根据上述步骤，相关人工智能使用人员的行为应被认定为法律意义上的创作行为，人工智能生成的文章亦应构成作品从而获得著作权法保护。

自人工智能技术广泛应用于新闻、文学写作后，有关人工智能生成物的著作权问题持续引发争议。2019 年以来，已陆续有数起涉及人工智能生成物著作权纠纷的案件诉至法院。鉴于当前对人工智能生成物著作权司法保护的探索尚处于初步阶段，各法院在相关问题的处理上既有共识，亦存在分歧。

从司法实践考察，人工智能生成物能否获得著作权保护的关键在于其是否具有独创性。就此而言，各法院基本都承认人工智能生成物的独创性考察亦应遵循一般作品的判断路径，即必须系作者独立完成并能体现作者特有的选择和安排，也都肯认作者必须是自然人，而不能将人工智能视为创作主体。但在是否能将人工智能开发者及使用者认定为作者的问题上，各法院则存在不同意见。部分法院肯认开发者及使用者利用人工智能进行创作的行为，即仅将人工智能视为创作工具，而开发者和使用者是创作主体。进而认定开发者及使用者对人工智能进行相关操作属于创作行为，人工智能生成物是经其选择和安排的成果，因此具有独创性。如在“赞皇县枣元果业有限公司、北京北大方正电子有限公司等侵害其他著作财产权纠纷案”中，法院认为，涉案字体库中的字体不同于任何现存字体，这种新字体具有一定的独创特征，该独创性是通过人工智能的途径取得的。[1] 另如在“陶某与敖某侵害作品信息网络传播权纠纷案”中，法院认为，利用他人智能软件进行创作，只要在表达形成的过程中有取舍、选择、安排、设计的余地，且作者独特的智力判断与选择以及展示作者的个性达到一定高度时，该表达就具备独创性。[2]

但亦有法院不认可开发者及使用者在人工智能生成物形成中的作者地位，认为开发者及使用者与相关表达的形成不具有关联性，因此不能将之认定为作者。如在“北京菲林律师事务所诉北京百度网讯科技有限公司侵害文字作品著作权案”中，法院认为，作品应由自然人创作完成，在相关内容的生成过程中，软件研发者（所有者）和使用者的行为均非创作行为，相关内容并未传递二者的独创性表达。因此,二者均不应成为计算机软件智能生成内容的作者,该内容亦不能构成作品。软件研发者(所有者)和使用者均不能以作者身份进行署名,但从保护公众知情权、维护社会诚实信用和有利于文化传播的角度出发,应添加相应计算机软件的标识,标明相关内容由软件智能生成。此外,法院还就此种情形下人工智能生成物的利益分配作出指导,即尽管计算机软件智能生成物不构成作品,但不意味着其进入公有领域,可以被公众自由使用。软件使用者进行付费和检索,为激励其使用和传播行为,促进文化传播和科学发展,应赋予其相应权益。软件使用者也可采用合理方式在涉计算机软件智能生成内容上表明其享有相关权益。[3]

▣ 学术观点综述

为回应人工智能生成物著作权保护的现实需求,解答实践困惑,学界围绕人工智能生成物的独创性判断、保护模式选择及其权属规则构建展开了广泛讨论。但目前为止,关于人工智能生成物著作权保护的争论仍在进行中,远未达成共识。

1. 人工智能生成物的独创性判断

关于人工智能生成物的独创性判断,目前有主观标准和客观标准两种不同的主张。前者强调作品独创性判断中"人"的地位,即认为作品只能由自然人创作,唯有反映出"人"的自主选择并表达其思想感情的智力成果才可能具备独创性。如学者所言,"只有人类的智力创作成果才能构成版权保护的作品"[4]。因此,有学者提出尽管部分人工智能创造物在内容表现形式上与人类创作的作品类似,但这些内容都是应用算法、规则和模板的结果。[5]从生产内容上看,机器学习的纯粹经验主义,使人工智能无法获取人类创作的先验元素,其生成的内容本质上不具有无限的符号变化空间;[6]从生产行为上看,人工智能的生产过程更多地表现为对外部世界的反映,缺失创作的主观能动性,无法体现思想和人格,因此不具有独创性。[7]然而,亦有学者提出,虽然人工智能不具备自然人的自由意志与实践目的,不能被视为作者,但其作品中内在地蕴含人工智能设计者的个性,这种个性表现为综合理念上的价值选择，间接表现为对特定具体表达形式的积极追求。[8] 从生成步骤来看，机器学习和创作就是在进行数据挖掘的同时实现价值判断和推理的，这一过程需要由人类为其提供数据取舍的价值评判标准，实际上，人工智能生成物在著作权法上就是代表设计者或训练者意志的创作行为。[9] 就此而言，人工智能生成物具备产生独创性的可能。

客观标准主张人工智能生成物的独创性判断只需满足，在形式上与现存作品的表达形式不同，并具有“最低限度的创造性”即可，无需进一步考察其中是否或多大程度包含人的价值判断。但该主张背后的支撑依据却存在不同。一者认为尽管人工智能生成物独创性的构成需要自然人的介入，但任何机器都无法离开人类独立运行，人工智能只是延伸人类意志的工具，[10] 此时人工智能创作物可以通过寻找或假定其背后存在的自然人，甚至将人工智能生成物独创性要件与自然人分离，来对独创性进行客观判断。[11] 另一者认为人工智能生成物的著作权保护与其主体资格不存在必然联系，[12] 独创性判断仅是对表达本身与已有作品及公有领域是否重复作的纯客观分析，不需要加入任何主观因素的考量。[13] 从表现形式上看，人工智能生成物与人类创作的智力成果并无实质性差异；从原理上看，人工智能在创作过程中具有选择和判断的空间，[14] 且其能够通过对人类智力活动的模仿与代替，完成自主创作，即人工智能生成物并非执行既定算法及程序产生的固定结果，而是能够体现一定创造性的智力成果。[15] 因此，在对人工智能生成物独创性进行判断时，其是否由自然人创作在所不问。

2. 人工智能生成物的保护模式选择

基于人工智能生成物独创性的不同判断标准，得出的结果自然相差甚远，由此也引发对人工智能生成物保护模式选择的观点分歧。持支持观点的学者，自然都认可人工智能生成物以作品的形式获得著作权保护，只是在具体确定作品类别上存在分歧，多数学者认可人工智能生成物应依其表现形式作为不同类型的原始作品获得保护，但亦有学者认为人工智能生成物实际上是一种人工智能对设计版权的演绎作品。[16] 持反对观点的学者则各有主张。有学者认为应当以邻接权对人工智能生成物提供保护，“人工智能生成物本质上是一种数据成果”,可以在《著作权法》中设立一项由产生数据的程序或设备的使用权人享有的对数据成果的“数据处理者权”。[17]另有学者虽也赞同对人工智能生成物提供邻接权保护,但却认为人工智能生成物系因投资人的“非创作性投资”而产生,应设立人工智能创作投资者权,以保护投资者利益。[18]除此之外,亦有学者提出通过商业秘密或是弱于著作权的专门知识产权制度,[19]或设置网络登记加当然许可制的专门管理机制,为人工智能生成物提供保护。[20]

3. 人工智能生成物的权属规则构建

学界对人工智能生成物权利归属规则的讨论大致可分为两类,即约定主义和法定主义。前者主张人工智能生成物的权属问题系民法事项,应以约定优先。在没有约定或约定不明时应如何处理,学者们各有看法。有学者主张应建立以所有者为中心的权利构造,[21]因为所有者乃人工智能生成物的促成者和负有责任者,也是该生成物的实际支配者与传播决策者。[22]有学者认为应以使用者为中心,但同时须兼顾对投资者利益的保护。[23]亦有学者主张在约定之外,利益应当由对该利益的产生做出贡献的人享有,人工智能生成物作为非创作性投入的成果,应归其投资人所有。[24]

法定主义之下的人工智能生成物权属规则产生的分歧更多。有学者提出可以将人工智能拟制为人工智能生成物的“法律作者”,由人工智能享有著作权,并由其管理者、投资者、设计者、使用者、实际控制者等主体代为行使有关权利和承担责任。[25]有学者提出基于投资保护和孳息理论,宜将人工智能作品的著作权归属于人工智能所有人或人工智能机器所有人,但创作主体的署名权由人工智能保留。[26]另有学者提出应扩张适用“视为作者”模式,将“对作品创作之必要安排承担责任”的人认定为“作者”,其须具有独立的创作意志及对作品的控制力。[27]有学者认为人工智能生成物著作权的归属确定,应以对作品创作做出实质性贡献为标准,在由法人组织充当智能技术的主要开发者或所有者的情形下,应适用法人作品或职务作品的有关规定来确定著作权的归属。[28]另有学者以此为基础,将人工智能生成物的权属依阶段不同进行进一步区分,在开发阶段适用“法人作品”制度,将开发者视为作者；在市场化阶段，使用者可基于承揽合同获得人工智能生成物的著作权。[29]同时，还有学者提出可以暂时将人工智能生成物作为“孤儿作品”予以保护。[30]

专家点评

2019年，原告腾讯计算机向深圳市南山区人民法院起诉被告上海盈讯科技有限公司，指控被告未经许可擅自使用涉案文章构成对其作品著作权的侵害。

该涉案文章看似是一篇普通的财经报道简评文章，实际上却是由人工智能生成的，并且被告未经原告许可擅自使用该涉案文章，由此引发了纠纷案件。从该案件的审理情况可知，其争论的焦点有三个：焦点一，人工智能Dreamwriter生成的涉案文章能否成为著作权法意义上的“作品”？焦点二，如果该涉案文章符合著作权法规定成为作品，那么，该作品究竟是法人作品，还是职务作品，或者其他作品？焦点三，对人工智能生成物的基本态度。

1. 针对焦点一的评析

众所周知，近些年来，人工智能技术发展非常迅速，具体表现为，现在的人工智能不仅可以替代人类从事许多重复性的工作，而且可以替代人类生成作品或者发明创造。人工智能所具有的辅助人类从事多种体力和智力劳动并产生相应成果的能力，真正是人类的福气吗？并不一定。根据2020年欧盟人工智能会议讨论的观点，人工智能生成作品有三种情形：第一种是由人类为主导，人工智能参与辅助完成的作品，被称为人工智能辅助生成作品；第二种是在人类做完前期必要的各种准备工作之后，由人工智能独立地生成作品，该作品被称为人工智能相对独立生成作品；第三种是人工智能独立完成前期必要的准备工作并自主生成作品，该作品被称为人工智能完全独立生成作品。对于这三种样态下的人工智能生成物，有一个基本前提：人工智能所涉及的各种软件、算法以及由此形成的算力等，全部是人类设计的。因此,所谓人工智能生成作品的三种样态只是表象上的不同,实质上是一致的。由此得出一个基本结论:相对人类来讲,现阶段的人工智能仍然只是人类创作的辅助工具。

该案中的 Dreamwriter 无疑是人工智能,涉案文章是由人工智能辅助腾讯计算机以及有关人员生成的。至于该涉案文章能否成为著作权法意义上的作品,只需根据我国著作权法有关规定进行判断即可。对此,原告和被告没有分歧,对法院的判决也是认同的。如果否定人工智能是人类的辅助工具之界定,那么,由人工智能完全独立产出的生成物,无论其是否符合作品构成条件,均不是著作权法意义上的作品。

2. 针对焦点二的评析

本案最引人关注的焦点就是焦点一,这也是近些年来知识产权法学领域的专家、学者、法官、实务工作者等共同的关注点。直到今天,虽然还不能说人们已经就此争议点达成共识,但随着国内若干关于人工智能生成物著作权、专利权等纠纷的判决,人们的观点在总体上还是比较一致的。本案的判决结果也是如此。按理说,第一个焦点问题解决后,本案就算了结了。但是,关于人工智能生成物著作权归属,也是人们高度关注的话题,本案将 Dreamwriter 生成的涉案文章作为腾讯计算机的法人作品是一个值得肯定的判决。众所周知,我国《著作权法》规定的法人作品和职务作品是两种容易混淆的作品。这两种作品即使完全是由自然人创作的,在具体实践中也是难以判定的,更何况由人工智能生成的作品,要被认定为法人作品,更是难上加难。

根据我国《著作权法》第 11 条第 3 款的规定,判断一件作品是否为法人作品,必须满足三个条件:(1)由法人主持;(2)代表法人意志;(3)由法人承担法律责任。本案中由 Dreamwriter 生成的涉案文章是由腾讯计算机主持创作的,即 Dreamwriter 生成涉案文章是在腾讯计算机的主持下完成的,也反映了腾讯计算机公司的意志,由此产生的各种法律后果包括“正面的”或者“负面的”后果都由该公司承担。因此,法院认定该涉案文章属于法人作品是恰当的。此外,假如将该涉案文章认定为职务作品,是否可行呢?如果该涉案文章是由某个自然人采编者撰写的，则其作为职务作品或者特殊职务作品也可以讲得通。我国现行《著作权法》第 18 条第 2 款第 2 项明确规定，报社、期刊社、通讯社、广播电台、电视台的工作人员创作的职务作品，属于特殊职务作品，除作者署名权之外的著作权由法人享有。本案中的原告虽然不是公共媒介或媒体单位，但涉案文章具有实时通讯的特点。如果该时评的创作者是某个自然人记者或者通讯员，将该涉案作品《午评》界定为特殊职务作品也是合适的。然而，本案的涉案文章是由人工智能 Dreamwriter 根据事先设计生成的，该人工智能 Dreamwriter 不可能成为作者。所以，最后将文章认定为法人作品有其合理性，同时也是折中选择。

3. 本案第三个焦点评析

本案关注的第三个焦点是人们对人工智能生成物秉持何种态度，即这种生成物与动物拍摄的照片具有同等地位，还是与自然人创作的作品具有同等地位？

对于该问题的回答应该是非常明确的。前面介绍了欧盟人工智能大会将人工智能生成物分成三种情形，虽然还没有结论性的意见，但有一点基本达成共识，即人工智能就是人类的辅助工具。至于人工智能研究者、开发者或者各路精英学者是否秉持与之相同的观点，并不是很重要，只要我们确定人工智能（软件、算法、算力、深度学习能力等）是人类研发出来的，就改变不了人工智能是人类辅助工具的地位。有了这个基本立场，人工智能无论以何种方式、何种形式运行而产生的生成物，其创作者都是人类。因此，人工智能生成物是否为作品的判断就非常清楚了，人们对某个具体的生成物按照我国《著作权法》相关规定进行判断即可。

如果有人认为人工智能完全独立完成的生成物，并不是人类的创作物，必须将人工智能作为独立主体对待，那么，根据著作权法规定，例如，在美国，只有自然人创作的作品才能产生著作权受到保护，动物之类偶尔巧合为之而产生的"照片"等，不能成为著作权法意义上的作品。我国现行《著作权法》已经明确规定，自然人创作的作品才是著作权法意义上的作品。如果人工智能作为辅助工具在人类指导下生成作品，则该作品是可以成为著作权法意义上的作品的，否则，其将会被排除在著作权法保护范围之外。

注　释

1　参见河北省高级人民法院民事判决书，(2021)冀知民终 205 号。

2　参见浙江省杭州市中级人民法院民事判决书，(2020)浙 01 民终 1426 号。

3　参见北京知识产权法院民事判决书，(2019)京 73 民终 2030 号。

4　梁志文：《论人工智能创造物的法律保护》，载《法律科学(西北政法大学学报)》2017 年第 5 期。

5　参见王迁：《论人工智能生成的内容在著作权法中的定性》，载《法律科学(西北政法大学学报)》2017 年第 5 期。

6　参见陈虎：《论人工智能生成内容的可版权性——以我国著作权法语境中的独创性为中心进行考察》，载《情报杂志》2020 年第 5 期。

7　参见张怀印、甘竞圆：《人工智能生成物著作权归属问题研究——谁有资格放弃〈阳光失了玻璃窗〉的版权?》，载《科技与法律》2019 年第 3 期。

8　参见徐小奔：《人工智能"创作"的人格要素》，载《求索》2019 年第 6 期。

9　参见熊琦：《人工智能生成内容的著作权认定》，载《知识产权》2017 年第 3 期。

10　参见孙正樑：《人工智能生成内容的著作权问题探析》，载《清华法学》2019 年第 6 期。

11　参见张晓萍、郑鹏：《论人工智能创作物独创性自然人来源的淡化》，载《大连理工大学学报(社会科学版)》2021 年第 6 期。

12　参见石冠彬：《论智能机器人创作物的著作权保护——以智能机器人的主体资格为视角》，载《东方法学》2018 年第 3 期。

13　参见孙山：《人工智能生成内容著作权法保护的困境与出路》，载《知识产权》2018 年第 11 期。

14　参见刘维：《人工智能时代著作权法的挑战和应对》，载《上海交通大学学报(哲学社会科学版)》2021 年第 2 期。

15　参见杨利华：《人工智能生成物著作权问题探究》，载《现代法学》2021 年第 4 期。

16　参见易继明：《人工智能创作物是作品吗?》，载《法律科学(西北政法大学学报)》2017 年第 5 期。

17　参见陶乾：《论著作权法对人工智能生成成果的保护——作为邻接权的数据处理者权之证立》，载《法学》2018 年第 4 期。

18 参见许明月、谭玲:《论人工智能创作物的邻接权保护——理论证成与制度安排》,载《比较法研究》2018 年第 6 期。

19 参见宋红松:《纯粹“人工智能创作”的知识产权法定位》,载《苏州大学学报(哲学社会科学版)》2018 年第 6 期。

20 参见刘银良:《论人工智能作品的著作权法地位》,载《政治与法律》2020 年第 3 期。

21 参见易继明:《人工智能创作物是作品吗?》,载《法律科学(西北政法大学学报)》2017 年第 5 期。

22 参见陶乾:《论著作权法对人工智能生成成果的保护——作为邻接权的数据处理者权之证立》,载《法学》2018 年第 4 期。

23 参见杨利华:《人工智能生成物著作权问题探究》,载《现代法学》2021 年第 4 期。

24 参见许明月、谭玲:《论人工智能创作物的邻接权保护——理论证成与制度安排》,载《比较法研究》2018 年第 6 期。

25 参见李伟民:《职务作品制度重构与人工智能作品著作权归属路径选择》,载《法学评论》2020 年第 3 期。

26 参见袁真富:《人工智能作品的版权归属问题研究》,载《科技与出版》2018 年第 7 期。

27 参见易玲、王静:《论人工智能生成内容著作权法保护》,载《湘潭大学学报(哲学社会科学版)》2019 年第 6 期。

28 参见吴汉东:《人工智能生成作品的著作权法之问》,载《中外法学》2020 年第 3 期。

29 参见金春阳、邢贺通:《人工智能出版物版权归属及侵权归责原则研究》,载《出版发行研究》2021 年第 9 期。

30 参见李伟民:《人工智能智力成果在著作权法的正确定性——与王迁教授商榷》,载《东方法学》2018 年第 3 期。

03

夏普株式会社、赛恩倍吉日本株式会社与OPPO广东移动通信有限公司、OPPO广东移动通信有限公司深圳分公司标准必要专利许可纠纷管辖权异议案

点评专家

易继明　北京大学法学院教授、国际知识产权研究中心主任

责任编辑　刘　鑫　**编辑助理**　高　婧

■ 案件概况

OPPO 广东移动通信有限公司(以下简称 OPPO 公司)、OPPO 广东移动通信有限公司深圳分公司(以下简称 OPPO 深圳公司)应夏普株式会社要求进行标准必要专利许可谈判。谈判过程中,夏普株式会社在中国境外针对 OPPO 公司提起专利侵权诉讼。OPPO 公司认为,夏普株式会社单方面就谈判范围内的专利提起诉讼并要求禁令的行为违反了 FRAND 义务,遂向广东省深圳市中级人民法院(原审法院)提起诉讼,请求法院就夏普株式会社拥有的相关标准必要专利对 OPPO 公司进行许可的全球费率作出裁判。同时,鉴于夏普株式会社可能以"域外禁令"胁迫其进行谈判,OPPO 公司提出行为保全申请。

经审理,广东省深圳市中级人民法院于 2020 年 10 月 16 日作出(2020)粤 03 民初 689 号民事裁定书(管辖权异议一审裁定),裁定驳回夏普株式会社提出的管辖权异议。深圳市中级人民法院同时作出(2020)粤 03 民初 689 号之一民事裁定书(行为保全裁定),裁定夏普株式会社在本案终审判决作出之前,不得向其他国家、地区就本案所涉专利对 OPPO 公司提出新的诉讼或司法禁令,如有违反处每日罚款人民币 100 万元。在深圳市中级人民法院发出"禁诉令"后 7 小时,德国慕尼黑第一地区法院向 OPPO 公司下达了"反禁诉令",要求 OPPO 公司向中国法院申请撤回禁诉令。深圳市中级人民法院围绕"禁诉令"和"反禁诉令",进行了法庭调查,固定了夏普株式会社违反行为保全裁定的事实和证据,并向其释明违反中国法院裁判的严重法律后果,夏普株式会社无条件撤回了对本案行为保全裁定的复议申请和向德国法院申请的"反禁诉令"。

夏普株式会社随后就管辖权异议一审裁定向最高人民法院知识产权法庭提起上诉。2021 年 8 月 19 日,最高人民法院知识产权法庭作出(2020)最高法知民辖终 517 号裁定,驳回上诉,维持原裁定。

当事人主张

上诉人(一审被告:夏普株式会社)的主张

第一,一审原告就该侵权纠纷提起的诉讼不属于中国法院管辖的范围,应予驳回。本案涉及侵权和标准必要专利许可,一审原告将两个法律关系合并请求法院审理,没有法律依据。就标准必要专利许可纠纷而言,应当由被告住所地或合同履行地法院管辖,鉴于当事人尚未就本案合同的关键条款达成一致,尚不涉及合同的履行,而且被告住所地也不在中国大陆;就侵权纠纷而言,应当由侵权行为实施地、侵权结果发生地或者被告住所地法院管辖,上述地点均在域外。因此,一审原告在中国法院提起诉讼没有法律依据。

第二,本案不符合标准必要专利许可纠纷立案标准。对于标准必要专利许可纠纷,立案标准应该是"专利权人与专利实施人就许可条件经充分协商,仍无法达成一致"。截至裁定作出时,当事人就涉案标准必要专利许可事项,还处于前期谈判阶段,远未达到"充分协商"的程度。

第三,原审法院对本案没有管辖权。其一,夏普株式会社与 OPPO 公司尚未签订合同,不涉及合同履行地的问题,原审法院认定广东省深圳市为涉案标准必要专利实施地,没有事实依据。其二,原审法院错误地将侵权损害赔偿责任纠纷解释为缔约过失责任纠纷,认定事实和适用法律均有错误。本案缔约过失责任纠纷应比照许可合同纠纷处理,本案诉讼标的即夏普株式会社的专利所在地不在广东省深圳市,故原审法院没有管辖权;夏普株式会社在广东省深圳市没有可供扣押的财产,在中国大陆也没有代表机构,原审法院对所谓的缔约过失责任纠纷也没有管辖权。其三,OPPO 深圳公司并非许可谈判主体,夏普株式会社在日本、德国及中国台湾地区提起的侵权诉讼亦不涉及 OPPO 深圳公司,即便认为涉案侵权行为的间接结果发生在中国大陆,也应按 OPPO 公司住所地即广东省东莞市确定管辖,移送广州知识产权法院审理。

第四，原审法院不应当就夏普株式会社的相关标准必要专利在全球范围内的许可条件作出裁定，该项诉讼请求超出原审法院管辖范围，应予驳回。夏普株式会社在日本、德国和中国台湾地区提出了专利侵权损害赔偿的诉讼，在计算损害赔偿数额时极可能涉及费率问题。这些案件的起诉时间早于本案 OPPO 公司提交《补充民事起诉状》的时间，并且已经处于审理程序中。在此情况下，原审法院应当本着尊重和礼让的原则，拒绝处理 OPPO 公司提出的裁决全球许可条件的事项，否则在费率问题上就会形成相互冲突的裁判。

▣ 被上诉人（一审原告：OPPO 公司、OPPO 深圳公司）的主张

第一，一审原告提出的两个核心诉讼请求为侵权损害赔偿和标准必要专利许可确认，可以一并审理。一审原告提出的两个核心诉讼请求，“确认违反公平、合理、无歧视（FRAND）义务并赔偿损失”和“确认符合 FRAND 原则的许可使用费”属于标准必要专利许可纠纷的一体两面，对两个诉求一并审理可以从根源上彻底、完整地解决许可纠纷。

第二，中国法院就本案享有管辖权。中国法院对于中国专利的实施行为和专利价值具有当然的管辖权。中国法院有权就中国专利的许可费率进行裁判。

第三，原审法院就本案享有管辖权。其一，OPPO 公司、OPPO 深圳公司的研发、销售、许诺销售、测试行为有相当一部分都发生在广东省深圳市，广东省深圳市是涉案标准必要专利的主要实施地之一，依据“专利实施地”确认管辖，原审法院依法对本案具有管辖权。其二，广东省深圳市是当事人许可谈判行为的发生地，属于体现合同特征的履行地，原审法院为本案的方便法院。其三，违反 FRAND 义务的行为是违反中国法律所规定的诚实信用原则的行为，是一种广义的民事侵权行为。夏普株式会社与赛恩倍吉日本株式会社违反 FRAND 义务，导致 OPPO 深圳公司产生了经济损失，因此广东省深圳市也是本案的侵权结果直接发生地。

第四，中国法院有权就涉案标准必要专利的全球许可条件进行裁判。

其一,标准必要专利具有全球分布的特点,中国法院裁判全球许可条件具有事实依据。其二,中国是本案的最密切联系地,中国法院方便管辖。其三,夏普株式会社在其与OPPO公司、OPPO深圳公司启动许可谈判程序之后所提出的许可要约也是全球许可条件,由此表明当事人已达成涉案标准必要专利全球许可的意向与合意。其四,即使在当事人未达成管辖合意的情况下,英国最高法院已于2020年8月26日作出终审裁决,认定英国法院对相关标准必要专利的全球许可条件具有管辖权。其五,提起裁判全球许可条件的诉讼请求没有违反中国任何禁止性的法律规定,中国法律及司法政策也从未明确否定中国法院对标准必要专利全球许可费率的管辖权,裁定全球许可费率具备法理基础,是一次性解决许可纠纷的客观需要。其六,夏普株式会社在全球范围内提起的专利侵权诉讼均不包含请求法院确认许可条件的诉讼请求,本案诉讼请求的审理范围与其他域外案件不存在直接冲突。

认定的事实

有关本案管辖权争议相关事实

OPPO深圳公司与夏普株式会社、赛恩倍吉日本株式会社存在业务往来,该纠纷与中国及中国深圳存在适当联系。OPPO深圳公司经营项目包括从事移动通信终端设备软、硬件的开发及相关配套服务,从事手机及其周边产品、配件的技术开发服务。截至2019年12月31日,OPPO公司在中国的销售占比为71.08%,在欧洲的销售占比为0.21%,在日本的销售占比为0.07%。2018年7月10日,夏普株式会社、赛恩倍吉日本株式会社向OPPO公司、OPPO深圳公司发送专利清单,标准必要专利组合包括645个3G/4G专利族(555CN)、13个WiFi专利族(10CN)、44个HEVC专利族(45CN)。

2019年2月19日,OPPO公司、OPPO深圳公司与夏普株式会社、赛恩倍吉日本株式会社在OPPO深圳公司位于广东省深圳市南山区海德三道126号卓越后海中心的办公室进行会谈。夏普株式会社、赛恩倍吉日本株式会社用以谈判的幻灯片显示,其提议标准必要专利许可的整体首选结构为:

期间为5年，许可专利（许可标准）为“期限内拥有的3G/4G/Wi－Fi/HEVC标准必需专利”，许可范围为“全球非独占许可，没有分许可权，仅限于许可标准的实施使用领域”。

▣ 有关域外关联诉讼的基本情况

夏普株式会社在中国境外发起的诉讼案由均为侵权之诉，本案诉讼与上述域外诉讼的核心诉争问题不同。原审法院受理本案纠纷后，OPPO公司、OPPO深圳公司提起行为保全申请，原审法院于2020年10月16日作出（2020）粤03民初689号之一民事裁定，该案中查明如下关联诉讼事实：

2020年1月30日，夏普株式会社向日本东京地方裁判所针对OPPO日本株式会社（系OPPO公司的日本独家代理商）提起专利侵权诉讼，主张OPPO日本株式会社销售的部分OPPO品牌手机侵害其JP5379269号日本专利，并请求判定：禁止OPPO日本株式会社使用、转让、租赁、进口或出口、申请转让或租赁涉案OPPO手机；责令OPPO日本株式会社销毁涉案OPPO手机并承担诉讼费用。该JP5379269号专利涉及WiFi技术。

2020年3月6日，夏普株式会社在日本东京地方裁判所针对OPPO日本株式会社提起专利侵权之诉，涉案专利为日本专利JP4659895号，请求判定OPPO日本株式会社赔偿3，000，001，750日元及利息并承担诉讼费。该JP4659895号专利涉及LTE技术。

2020年3月9日，夏普株式会社就JP4706071号专利在日本提起了侵权之诉，诉讼请求与前述2020年3月6日就JP4659895号专利提起的侵权之诉相同。该JP4706071号专利涉及LTE技术。

2020年3月6日，夏普株式会社在德国慕尼黑法院起诉OPPO公司生产、销售的OPPOReno2等手机专利侵权，请求判定OPPO公司专利侵权、赔偿自其专利授权日以来至今的损失并承担相关诉讼费用。涉诉专利为EP2854324B1、EP2312896B1、EP2667676B1，均涉及LTE相关技术。

2020年3月6日，夏普株式会社在德国曼海姆地区法院起诉OPPO公司专利侵权，涉及的被诉侵权产品及诉讼请求与前述2020年3月6日在德国慕尼黑法院起诉的案件相同。涉案专利为 EP2154903B1、EP2129181B1,均涉及 LTE 相关技术。

2020 年 4 月 1 日,夏普株式会社在中国台湾地区智慧财产法院起诉萨摩亚商新茂环球有限公司(系 OPPO 公司的中国台湾地区独家代理商),请求判定萨摩亚商新茂环球有限公司支付 200 万元新台币赔偿金及利息。涉案专利为 TWI505663,涉及 LTE 技术。

2019 年 6 月 28 日,夏普株式会社曾在德国慕尼黑法院起诉案外人侵害其与 LTE 相关的标准必要专利,涉案专利为 EP2854324B1、EP2312896B1、EP2667676B1。在诉讼过程中,夏普株式会社增加了禁止销售、召回或销毁侵权产品的禁令请求。2020 年 9 月 10 日,德国慕尼黑法院对 EP2667676B1 号专利颁发了针对案外人产品的禁令。随后,夏普株式会社与案外人达成相关的标准必要专利许可协议。

■ 裁判意见

最高人民法院知识产权法庭认为,本案系标准必要专利许可纠纷管辖权异议案件。根据当事人的诉辩情况及初步查明的事实,本案的争议焦点问题为:中国法院对本案是否具有管辖权;如果中国法院对本案具有管辖权,原审法院对本案行使管辖权是否适当;如果原审法院具有管辖权,其在本案中是否适宜对涉案标准必要专利在全球范围内的许可条件作出裁决;赛恩倍吉日本株式会社是否可以作为本案被告。

▣ 关于中国法院对本案是否具有管辖权

针对在中国境内没有住所和代表机构的被告提起的涉外民事纠纷案件,中国法院是否具有管辖权,取决于该纠纷与中国是否存在适当联系。判断标准必要专利许可纠纷与中国是否存在适当联系,应结合该类纠纷的特点予以考虑。

第一,该纠纷具备合同类纠纷和专利侵权纠纷双重性质,可综合两类纠纷发生情况确定管辖连结点。从司法实务可见,该类纠纷具有合同纠纷的某些特点,例如,可能需要根据磋商过程确定各方关于包括许可费率在内的许可条件存在的分歧或已达成的部分合意等;又具有专利侵权纠纷的某些特点,例如,可能需要判断作为许可标的的专利是否属于标准必要专利或者标准实施者是否实施了该专利、该专利的有效性如何。但是,标准必要专利许可纠纷的核心是诉请法院确定特定许可条件或者内容,促使各方最终达成许可协议或者履行许可协议,因此,其可以被视为一种相对更具有合同性质的特殊类型纠纷。综合考虑该类纠纷的上述特点,在被告系外国企业且其在中国境内没有住所和代表机构的情况下,该纠纷与中国是否存在适当联系的判断标准,可以考虑专利权授予地、专利实施地、专利许可合同签订地或专利许可磋商地、专利许可合同履行地、可供扣押或可供执行财产所在地等是否在中国领域内。只要前述地点之一在中国领域内,则应认为该案件与中国存在适当联系,中国法院对该案件即具有管辖权。

第二,该纠纷与中国存在适当联系(管辖连结点位于中国境内),中国法院具有管辖权。本案中,作为许可标的的标准必要专利组合涉及多项中国专利,OPPO 公司、OPPO 深圳公司实施涉案标准必要专利的制造行为发生在中国,当事人曾就涉案标准必要专利许可问题在中国深圳进行过磋商,故中国法院无论是作为专利权授予地法院,还是涉案标准必要专利实施地法院,抑或是涉案标准必要专利许可磋商地法院,均对本案依法具有管辖权。夏普株式会社、赛恩倍吉日本株式会社上诉主张本案不属于中国法院管辖范围,理据不足,本院不予支持。

▣ 关于原审法院对本案行使管辖权是否适当

第一,原审法院为涉案标准必要专利实施地法院,可以对本案行使管辖权。OPPO 深圳公司作为 OPPO 公司的全资子公司,其经营项目包括从事移动通信终端设备软、硬件的开发及相关配套服务,从事手机及其周边产品、配件的技术开发服务,属于涉案标准必要专利的实施主体之一。OPPO 深圳公司位于广东省深圳市,其在该地实施本案所涉标准必要专利,故原审法院作为涉案标准必要专利实施地法院，可以对本案行使管辖权。

第二，原审法院为涉案专利许可磋商地法院，可以对本案行使管辖权。当事人曾就涉案标准必要专利许可问题在广东省深圳市进行过磋商，故原审法院作为专利许可磋商地法院，亦可以据此对本案行使管辖权。

▣ 关于本案中原审法院是否适宜对涉案标准必要专利在全球范围内的许可条件作出裁决

本案中，OPPO 公司和 OPPO 深圳公司向原审法院起诉，请求就夏普株式会社拥有并有权作出许可的 WiFi 标准、3G 标准、4G 标准相关标准必要专利在全球范围内针对其智能终端产品的许可条件作出判决，包括但不限于许可使用费率。经审查，该诉讼请求符合民事诉讼法关于起诉条件的规定，并非民事诉讼法规定的人民法院不予受理的情形。

第一，本案当事人均有就涉案标准必要专利达成全球范围内许可条件的意愿，且对此进行过许可磋商。当事人协商谈判的意愿范围构成本案确定涉案标准必要专利全球范围内许可条件的事实基础。

第二，本案标准必要专利许可纠纷显然与中国具有更密切的联系。具体表现为：本案中，当事人许可磋商所涉及的标准必要专利大部分是中国专利；中国是涉案标准必要专利实施者的主要实施地、主要营业地或主要营收来源地；中国是当事人专利许可磋商地；中国也是专利许可请求方可供扣押或可供执行财产所在地。由中国法院对涉案标准必要专利在全球范围内的许可条件进行裁决，不仅更有利于查明 OPPO 公司和 OPPO 深圳公司实施涉案标准必要专利的情况，还更便利案件裁判的执行。

第三，特定法院就标准必要专利全球许可条件进行管辖和处理无需当事人达成合意，满足“当事人具有达成全球许可的意愿”与“符合更密切联系原则”两个管辖条件即可。如果当事人对于由一国法院裁判标准必要专利全球许可条件能够达成合意，则该国法院当然可以对当事人之间的标准必要专利全球许可条件进行管辖和裁判。但是，管辖合意并非特定法院就标准必要专利全球许可条件进行管辖和处理的必要条件。在当事人具有达成全球许可的意愿且案件与中国法院具有更密切联系的情况下，原审法院在对本案具有管辖权的基础上，认定其适宜对涉案标准必要专利在全球范围内的许可条件作出裁决，并无不当。因此，夏普株式会社、赛恩倍吉日本株式会社前述关于许可费率应分开裁判的上诉理由，理据不足，本院不予支持。

第四，本案需要确定的专利许可条件与别国侵权损害赔偿纠纷属互不冲突的诉讼。夏普株式会社主张其先行在日本、德国和中国台湾地区针对OPPO公司提起了专利侵权损害赔偿诉讼，在计算损害赔偿数额时极可能涉及许可费率问题，但上述诉讼所涉及的专利均为其主张的专利侵权行为地所在法域专利，且纠纷的核心问题为是否构成专利侵权，系典型的专利侵权诉讼，本案标准必要专利组合涉及中国以及美国、日本等多族专利，且纠纷实质主要是所涉标准必要专利全球许可条件的确定，本案诉讼与上述域外诉讼在核心诉争问题上有明显不同，本案需要确定的是专利许可条件，与侵权损害赔偿在性质上明显不同。

此外，最高人民法院《关于适用〈中华人民共和国民事诉讼法〉的解释》第531条第1款规定："中华人民共和国法院和外国法院都有管辖权的案件，一方当事人向外国法院起诉，而另一方当事人向中华人民共和国法院起诉的，人民法院可予受理。判决后，外国法院申请或者当事人请求人民法院承认和执行外国法院对本案作出的判决、裁定的，不予准许；但双方共同缔结或者参加的国际条约另有规定的除外。"[1] 根据上述规定，即便某个案件的平行诉讼正在外国法院进行，只要中国法院对该案件依法具有管辖权，外国法院的平行诉讼原则上也不影响中国法院对该案行使管辖权。因此，夏普株式会社、赛恩倍吉日本株式会社的该项上诉理由亦无事实和法律依据，本院不予支持。

▣ 关于赛恩倍吉日本株式会社是否可以作为本案被告

根据《民事诉讼法》第122条的规定，原告只要能够提供明确的被告，在符合其他受理条件的情况下，人民法院便应当立案受理。本案中，赛恩倍吉日本株式会社与夏普株式会社共同参与了涉案标准必要专利许可的谈判过程，该事实已足以证成赛恩倍吉日本株式会社与本案有关的可争辩的管辖连结点。原审法院裁定赛恩倍吉日本株式会社可以作为本案被告，并无不当。

裁判结果

一审裁判结果

广东省深圳市中级人民法院作出（2020）粤03民初689号民事裁定：驳回被告夏普株式会社、赛恩倍吉日本株式会社提出的管辖权异议。

广东省深圳市中级人民法院作出（2020）粤03民初689号之一民事裁定：夏普株式会社及其关联公司在本案终审判决作出之前，不得向其他国家、地区就本案所涉专利对OPPO公司提出新的专利侵权诉讼，和/或要求新的司法禁令，如有违反处每日罚款人民币100万元。

二审裁判结果

最高人民法院知识产权法庭于2021年8月19日作出（2020）最高法知民辖终517号裁定：驳回上诉，维持原裁定。

类案梳理

本案裁判要旨

第一，在确定标准必要专利全球许可条件纠纷的管辖时，可以考虑当事人就涉案标准必要专利许可磋商时的意愿范围，许可磋商所涉及的标准必要专利权利授予国及分布比例，涉案标准必要专利实施者的主要实施地、主要营业地或者主要营收来源地、许可磋商地，当事人可供扣押或可供执行财产所在地等。第二，在当事人具备达成全球许可的意愿且纠纷与中国具有更密切联系时，即便当事人未达成管辖合意，中国法院仍有权依一方当事人的申请，对标准必要专利全球许可条件作出裁决。

■ 类案裁判综述

标准必要专利作为一项具有重要商业价值和战略意义的知识产权客体，其所涉案件争议不仅止于全球许可费率问题，还包括其他全球许可条件及与其密切相关的垄断纠纷问题。前述标准必要专利的案件管辖争议与全球知识产权治理深度交融，从直观上看，体现为不同国家间涉外知识产权诉讼的司法管辖权冲突，但在其背后，更重要的是各国对标准必要专利蕴含的巨大商业价值、相关专利领域科技话语权的争夺，以及进一步为保障国家安全所采用的手段。在此背景下，如何在个案中公平、公正、合理地适用法律确定管辖权，在尊重各国司法主权的同时实现对我国司法主权的维护是我国法院需面对的课题。在过去几年的司法实践中，我国法院在数起案件中作出了有益尝试，提交了令人满意的答卷。

1. 关于中国法院管辖权的确认

（1）关于标准必要专利许可纠纷中中国法院管辖连结点的确认

对于被告在中国境内没有住所和代表机构的涉外民事纠纷案件，中国法院是否具有管辖权，应审查该纠纷与中国是否存在适当联系。判断该纠纷是否与中国存在适当联系，可以考虑许可标的所在地、专利实施地、合同签署地、合同履行地等是否在中国境内。前述地点之一在中国境内的，应当认为该案件与中国存在适当联系，中国法院对该案件具有管辖权。[2]

（2）关于涉标准必要专利垄断纠纷中中国法院管辖连结点的确认

《反垄断法》第 2 条规定明确了反垄断法的域外适用原则。[3] 同时，上述规定也表明，垄断纠纷案件的管辖可以被诉垄断行为产生排除、限制竞争影响的结果地作为管辖连结点。最高人民法院《关于审理因垄断行为引发的民事纠纷案件应用法律若干问题的规定》第 4 条[4] 规定了垄断民事纠纷案件的地域管辖可根据有关侵权纠纷、合同纠纷等的管辖规定确定。若被诉方存在收取不公平的高价专利许可费、捆绑销售过期专利以及对相同专利进行重复收费，或实施不公平过高定价、歧视性定价、滥用禁令请求权等垄断民事侵权行为，对起诉方在中国市场产生排除、限制竞争效果并造成经济损失，则中国法院对此具有管辖权。[5]

2. 关于具体审理法院管辖权的确认

（1）关于标准必要专利许可纠纷中具体法院管辖连结点的确认

标准必要专利许可纠纷具有特殊性，是兼具合同纠纷和专利侵权纠纷特点的特殊纠纷类型。综合该纠纷的性质特点，标准必要专利纠纷应由中国哪个法院管辖，可以根据具体情况考虑许可标的所在地、专利实施地、合同签订地、合同履行地等连结点。[6]

（2）关于涉标准必要专利垄断纠纷中具体法院管辖连结点的确认

《民事诉讼法》第 29 条[7] 及最高人民法院《关于适用〈中华人民共和国民事诉讼法〉的解释》第 24 条[8] 规定了对于垄断民事纠纷案件，被诉侵权行为实施地、侵权结果发生地、被告住所地人民法院均有权管辖。在管辖权异议案件中，人民法院只需审理与建立案件管辖连结点相关的事实。如果与建立管辖连结点相关的事实同时涉及案件实体争议内容的，只需审查案件初步证据是否能够证明一个可争辩的管辖连结点事实即可，一般不对案件实体争议内容作出明确认定。鉴于标准必要专利许可市场的特殊性，结合相关谈判及域外司法辖区诉讼纠纷情况，可能对起诉方参与国内相关市场的竞争能力造成直接、实质、显著的排除与限制竞争效果，起诉方住所地可以作为本案侵权结果发生地。[9]

3. 关于重复诉讼事由的确认

最高人民法院《关于适用〈中华人民共和国民事诉讼法〉的解释》第 247 条第 1 款[10]规定，判断是否构成重复诉讼，应当比较当事人、诉讼标的、诉讼请求三个构成要素。在标准必要专利相关案件中，通常存在国内外大量诉讼同时进行的情况，此时应明确各案件的具体案由与案件信息。尽管涉及的专利可能相同，但若提起诉讼的法律依据及诉讼请求不同，所涉及当事人之间的权利义务关系亦不相同，也不存在后诉否定前诉裁判结果的情形，则不属于重复诉讼。[11]

4. 关于法院告知当事人向更方便的外国法院起诉情况的确认

(1)国外正在进行的平行诉讼不影响中国法院对案件的管辖权

如前所述，最高人民法院《关于适用〈中华人民共和国民事诉讼法〉的解释》第531条第1款规定，即便某个案件的平行诉讼正在外国法院进行，只要中国法院对该案件依法具有管辖权，外国法院的平行诉讼原则上不影响中国法院对该案予以受理。[12]

(2)不方便法院原则的适用条件

最高人民法院《关于适用〈中华人民共和国民事诉讼法〉的解释》第530条规定："涉外民事案件同时符合下列情形的，人民法院可以裁定驳回原告的起诉，告知其向更方便的外国法院提起诉讼：(一)被告提出案件应由更方便外国法院管辖的请求，或者提出管辖异议；(二)当事人之间不存在选择中华人民共和国法院管辖的协议；(三)案件不属于中华人民共和国法院专属管辖；(四)案件不涉及中华人民共和国国家、公民、法人或者其他组织的利益；(五)案件争议的主要事实不是发生在中华人民共和国境内，且案件不适用中华人民共和国法律，人民法院审理案件在认定事实和适用法律方面存在重大困难；(六)外国法院对案件享有管辖权，且审理该案件更加方便。"不方便法院原则的适用，需要同时满足上述六个条件，且主张适用该原则的被告应对此承担证明责任。[13]

学术观点综述

虽然标准必要专利全球费率管辖权的确认是一个新问题，但其意义深远重大且形势严峻紧迫，众多学者、法官对此密切关注并展开了热切讨论，对于明确标准必要专利全球费率管辖权应采用的基本原则、中国立场，以及未来标准必要专利全球费率的全球治理路径等问题形成初步认识并达成部分共识。

1. 标准必要专利全球费率管辖权的基本原则

第一，裁判法院应遵循"当事人意思自治"与"最密切联系"原则。"当事人具备达成全球许可的意愿”和“纠纷与中国具有更密切联系”是我国指导性案例确定下来的两个标准必要专利全球费率管辖案件的具体情形，将其抽象即得到“当事人意思自治”与“最密切联系”两项基本原则。其中，“当事人意思自治”更强调法的自由价值，而“最密切联系原则”更强调法的公平价值，两者均有利于商事活动的稳定性和可预见性，在确定管辖时应当对两者予以充分考虑和平衡。[14]在涉外民商事纠纷中，通常以尊重当事人意思自治为首要原则，在当事人无法达成合意，抑或违反法院地国的强制性规范或对公共利益产生严重影响时，法院应当运用最密切联系原则进行取舍排除。[15]

第二，司法不应主动干预标准必要专利全球费率的确认，诉讼应在双方充分协商但仍无法达成许可协议的基础上展开。标准必要专利许可谈判的技术性强，属于依靠技术分析来支撑的一种特定市场分配资源的方式。协议双方进行许可谈判时，依靠市场自身的力量去解决市场资源分配问题，比较符合 FRAND 原则。当事人寻求司法介入是为敦促对方与自己进行谈判的一种策略，即提起诉讼是手段，目的是向对方施压，因此只有双方在依靠自身力量已无法达成许可协议而陷入僵局的情况下，司法才有介入的必要。[16]

第三，突破基本原则将产生违背 FRAND 原则本意及违背市场配置资源优先原则等后果。协议双方通过诚信谈判达成许可，构建诚信的谈判机制促成交易实现，应该是标准必要专利制度健康运行的核心，而司法裁判本质上是一种事后矫正救济。如果在尚未充分协商之时一国法院便主动裁决全球费率，并通过给实施人颁发禁令作为强制力敦促实施人签约，则该做法不符合 FRAND 原则的本意。另外，标准必要专利费率的确定属于标准必要专利协议双方商业谈判的范畴，法院主动为双方裁定一个固定数值的全球费率，而不是交由双方在弹性数值区间内协商确定一个数值，违背由市场配置资源优先的原则。[17]

2. 标准必要专利全球费率管辖权的中国立场

第一，选择折中立场，保持开放但有所克制的态度。[18]在裁判全球

FRAND 许可费率问题上，相较于美国的保守态度和英国的开放态度，中国法院选择了折中立场，在行使裁判全球标准必要许可费率的管辖权时不以当事人达成管辖合意为前提，但受到“当事人意愿”和“更密切联系原则”的限制。中国在确定全球许可条件司法管辖权时，始终秉持依法审慎的理念和态度。[19]

第二，去政治化、公平公正、尊重司法主权，并在此基础上维护中国应有的司法管辖权。关于确定全球许可条件司法管辖权的问题，中国法院始终依法裁决，作出了符合中国法律、遵循国际规则和借鉴域外经验的裁判，从未将法律问题政治化。[20]同时，在标准必要专利的全球费率管辖权问题仍存在较大争议和解释空间的前提下，法官释法是解决问题的重要路径之一。法官解释具有文化、地域、历史的性质，且具有范式发展变化的模式，但这些目标和价值要得到广泛认可，必须具有趋同性，因此建构性解释也非纯粹主观和任意的。中国法院在相关案件中应采取更加强硬的立场，积极维护本国管辖权并反击他国对本国司法的侵犯，展现中国法院坚决维护本国司法主权的决心，在国际平行诉讼的博弈中争取主动权。[21]

3. 标准必要专利全球费率管辖权问题的全球治理路径设想

第一，组建国际仲裁机构避免标准必要专利全球费率的管辖权争夺。有学者指出，组建国际仲裁机构具备合理性与可行性：首先，在地缘政治背景下试图让不同司法辖区执行相同的命令或通过条约谈判达成一致，将管辖权移交给某特定机构希望渺茫。其次，与法院判决相比，仲裁还能化解域外执行可行性困境。再次，目前仲裁作为解决标准必要专利许可纠纷的有效机制已被世界多国认可并实施。最后，基于仲裁的高度专业性与效率性特征，越来越多的标准必要专利持有者和实施者也更倾向于将仲裁作为纠纷解决渠道。在机构设立方面，该专门仲裁机构可设立在一个公认的非政府国际机构之下，如国际标准化组织即为合理选择。[22]

第二，从根源上构建跨境知识产权侵权诉讼国际司法管辖的一般规则，并适用于标准必要专利全球费率管辖权问题中。有学者提出，应着眼于更为一般的跨境知识产权侵权诉讼国际司法管辖规则，解决专属管辖、特殊地域管辖、合并管辖、临时措施管辖以及国际诉讼竞合管辖等问题，在此基础上，标准必要专利相关纠纷的特殊因素只要纳入上述分析框架，就可以得出清晰的管辖结论。[23]

第三，中国法院应采取正确稳妥的司法举措，促成建立公正合理的国际知识产权裁判秩序，切实维护好国家的正当权益。落实立案登记制度，对当事人主动向人民法院申请立案的标准必要专利案件，均应依法采取相对开放的登记标准及时予以立案。只要被诉纠纷与我国存在合理管辖连接点，均应积极行使司法权，保障中国法院对案件的管辖权，维护司法主权。[24]

专家点评

标准必要专利的许可费问题是信息和通信产业中专利诉讼频发的最主要动因之一；而其中，涉及手机企业的标准必要专利纠纷尤甚。过去十几年间，随着全球智能手机产业竞争格局变化，一批中国手机企业脱颖而出，在全球化浪潮中蓬勃发展，从而也成为标准必要专利许可费全球争议中的主角。在过往，标准必要专利全球许可费争议的角力场主要是美国、德国、英国等域外法院，而本案是中国企业首次主动在中国法院发起诉讼以解决标准必要专利全球许可费争议，这对中国法院也提出了新挑战。

2020 年 10 月 16 日，深圳市中级人民法院就本案同时作出管辖权一审裁定和行为保全裁定（“禁诉令”），首次通过成文裁定的形式明确中国法院对标准必要专利全球许可费争议的管辖权；同时，通过法庭调查、法官释法等举措，化解了“反禁诉令”对本案后续审理的干扰，如一审裁定所述，“法院裁判全球费率有助于整体效率提升，可以从本质上解决原、被告之间的纠纷，有效避免双方当事人在不同国家多次诉讼，也更符合 FRAND 原则的本意”。

2021 年 8 月 19 日，最高人民法院知识产权法庭就本案作出管辖权异议终审裁定，明确了中国法院对标准必要专利全球许可费争议的管辖规则，这对中国法院后续审理同类案件具有示范和指导作用,也引起了全球知识产权界的广泛关注。

本案中,深圳市中级人民法院和最高人民法院知识产权法庭均采取了积极态度探索解决标准必要专利许可费争议的中国方案,依据"当事人具有达成全球许可的意愿"和"更密切联系原则"、"方便法院原则"确立了中国法院裁决全球许可费的管辖依据和管辖标准,兼顾了公平与效率,成为中国司法机关参与全球知识产权治理规则制定的里程碑式的典型案例。

在涉及标准必要专利许可纠纷管辖权争议案件中,司法上需要衡量以下三个重要的因素。

第一,专利纳入技术标准,构成了事实上的合同(契约)关系之基础。事实上的契约关系理论是德国法上的一个发现,揭示了现代社会中的事实契约关系。这是理解标准必要专利许可合同的一个切入口。由此,有关专利许可合同涉及的专利授权地、专利实施地,以及合同的磋商地、签署地、履行地等,都能够构成司法管辖的主要连结点。诚然,有可供扣押或者可供执行财产所在地,也是确定管辖的一个重要因素,但却不是决定性的。在这一过程中,当事人之间是否已经达成协议,也不是确定法院是否拥有管辖权的前提条件;只需要双方进行磋商,当事人之间"具有达成全球许可的意愿"即可,因为当事人之间的纠纷可能就在磋商过程之中产生,如果强求协议已然达成,就可能出现"专利劫持"现象。诚然,如果标准必要专利实施者进行恶意磋商,或者不承认权利人的权利,则可能构成专利侵权,要承担相应的侵权责任。显然,本案中,双方当事人均展开了积极磋商,有意达成全球许可条件。

第二,平行诉讼中的司法主权原则。标准必要专利问题涉及相关产业发展的基础,各国从本国利益出发开展管辖权争夺,产生了"禁诉令""反禁诉令""反反禁诉令"等,由此在国际平行诉讼中可能形成"诉讼僵局","司法礼让"原则似乎退居于"利益"之后。诚然,国际礼让原则是基于对国际义务的便利性考虑,必须建立在对等和互惠基础上;但在面对某些国家进行司法长臂管辖如过度管辖、滥用禁诉令,导致国家司法管辖权受到侵蚀时,司法主权原则应该优位。这一司法主权优位原则,也体现在最高人民法院《关于适用〈中华人民共和国民事诉讼法〉的解释》之中:中国法院可以受理平行诉讼案件,并排斥执行他国法院裁判,除非双方共同缔结或者参加的国际条约另有规定(第 531 条第 1 款)。事实上,司法主权也是国家主权的重要组成部分,也是民族国家存在的基石。

第三,"适当联系"下的积极管辖规则。"意思自治原则"和"最密切联系原则"是民商事冲突法中确立管辖权的两大基本原则。二者在法的"自由价值"和"公平价值"之间寻求平衡,以保障商事活动的稳定性和可预见性。诚然,意思自治即自由价值是基础。美国法学会制定的《知识产权:跨国纠纷管辖权、法律选择和判决原则》和欧洲马克斯·普朗克知识产权冲突法研究小组制定的《知识产权冲突法原则》,在管辖冲突的协调中,都采纳了最密切联系原则。在当事人无法达成合意,或是违反法院地国的强制性规范、严重影响公共利益时,法院应取舍排除。根据最高人民法院《关于适用〈中华人民共和国民事诉讼法〉的解释》第 530 条的规定,若我国法院为不方便法院,可以主动放弃管辖、中止诉讼或同意当事人接受外国法院的禁诉令。若我国法院与外国法院都为方便法院,则再依据"最密切联系原则"判断哪一法院为管辖该案的方便法院。

在本案中,深圳市中级人民法院以"适当联系"标准作为国际管辖权基础,分层次确立管辖范围。法院指出,中国是专利通信技术产品的主要生产地,且通信产业在全球市场中占据较大份额,因此中国法院管辖更符合双方许可谈判的目的。最高人民法院提出了"是否存在适当联系"的判断标准,包括专利权授予地、专利实施地、专利许可合同签订地或专利许可磋商地、专利许可合同履行地、可供扣押或可供执行财产所在地等管辖权基础,只要存在前述连结点,则应认为该案件与我国存在适当联系。同时,标准必要专利纠纷还可以结合涉案专利在相关技术标准、专利权人全球专利组合中的价值以及在全球市场实施和许可的现状进行综合考量,以判断具有更密切联系的方便法院,如在中兴诉康文森案中,中国作为涉案标准必要专利的主要实施地、主要营收来源地,具有更密切联系,审理该案更便利。

当前，全球市场竞争日趋激烈，技术标准与专利融合的势头强劲，技术标准制定权、行业话语权、市场主导权渐次交融。5G时代，技术标准会涉及更加多元化的产业及不同的产品形态，标准必要专利纠纷会更加纷繁复杂，中国司法机关应积极作为，发挥定分止争之职能，为企业提供公平竞争的市场环境，促进产业健康发展。

注 释

1 根据2022年3月22日最高人民法院审判委员会第1866次会议通过的《关于修改〈最高人民法院关于适用《中华人民共和国民事诉讼法》的解释〉的决定》修正，该修正内容自2022年4月10日起施行。原审判决时，引证最高人民法院《关于适用〈中华人民共和国民事诉讼法〉的解释》条款为第533条第1款。以下所用条款，为修正之后的条款。

2 参见最高人民法院民事裁定书，(2019)最高法知民辖终157号。

3 《反垄断法》第2条规定："……中华人民共和国境外的垄断行为，对境内市场竞争产生排除、限制影响的，适用本法。"

4 最高人民法院《关于审理因垄断行为引发的民事纠纷案件应用法律若干问题的规定》第4条规定："垄断民事纠纷案件的地域管辖，根据案件具体情况，依照民事诉讼法及相关司法解释有关侵权纠纷、合同纠纷等的管辖规定确定。"

5 参见最高人民法院民事裁定书，(2020)最高法知民辖终392号。

6 参见最高人民法院民事裁定书，(2019)最高法知民辖终157号。

7 《民事诉讼法》第29条规定："因侵权行为提起的诉讼，由侵权行为地或者被告住所地人民法院管辖。"

8 最高人民法院《关于适用〈中华人民共和国民事诉讼法〉的解释》第24条规定："民事诉讼法第二十九条规定的侵权行为地，包括侵权行为实施地、侵权结果发生地。"

9 参见最高人民法院民事裁定书，(2019)最高法知民辖终32号。

10 最高人民法院《关于适用〈中华人民共和国民事诉讼法〉的解释》第247条第1款规定："当事人就已经提起诉讼的事项在诉讼过程中或者裁判生效后再次起诉，同时符合下列条件的，构成重复起诉：(一)后诉与前诉的当事人相同；(二)后诉与前诉的诉讼标的相同；(三)后诉与前诉的诉讼请求相同，或者后诉的诉讼请求实质上否定前诉裁判结果。"

11 参见最高人民法院民事裁定书,(2020)最高法知民辖终 392 号。

12 参见最高人民法院民事裁定书,(2019)最高法知民辖终 157 号。

13 参见最高人民法院民事裁定书,(2019)最高法知民辖终 32 号。

14 参见仲春:《标准必要专利全球费率裁判思辨》,载《知识产权》2020 年第 10 期。

15 参见梅傲:《论涉外民商事审判中的选法规则》,载《北方法学》2016 年第 2 期。

16 参见祝建军:《标准必要专利全球许可条件的司法裁判研究》,载《知识产权》2022 年第 1 期。

17 参见祝建军:《标准必要专利全球许可费率司法裁判问题研究》,载《知识产权》2020 年第 10 期。

18 参见宁立志、龚涛:《标准必要专利全球费率裁判:实践、争议与对策》,载《北方法学》2022 年第 3 期。

19 参见张广良:《标准必要专利全球治理的中国探索》(上、下),载《法治日报》2022 年 5 月 18 日,第 9 版,5 月 25 日,第 9 版。

20 参见张广良:《标准必要专利全球治理的中国探索》(上、下),载《法治日报》2022 年 5 月 18 日,第 9 版,5 月 25 日,第 9 版。

21 参见仲春:《标准必要专利全球费率裁判思辨》,载《知识产权》2020 年第 10 期。

22 参见宗倩倩:《标准必要专利的全球许可费率管辖权争夺及其应对路径研究》,载《科技与法律(中英文)》2022 年第 1 期。

23 参见张鹏:《跨境知识产权侵权纠纷的民事诉讼管辖规则研究》,载《知识产权》2022 年第 1 期。

24 参见蒋华胜:《标准必要专利案件审理中的问题及应对》,载《人民法院报》2021 年 5 月 13 日,第 7 版。

04

惠氏有限责任公司与原广州惠氏宝贝母婴用品有限公司等侵害商标权和不正当竞争纠纷案

点评专家

吴汉东　中南财经政法大学文澜资深教授、校学术委员会主任

责任编辑　徐小奔　**编辑助理**　陈永康　袁鹭娟　杨依楠

案件概况

1979年10月至2006年9月，惠氏有限责任公司（以下简称惠氏公司）先后在中国申请注册"WYETH"[1]"惠氏"[2]"WYETH"[3]"惠氏"[4]（以下简称"惠氏""Wyeth"）商标，核定使用商品均为第5类"药品和其他医用或兽医用制剂"，并许可惠氏（上海）贸易有限公司（以下简称惠氏上海公司）使用。经过长期经营，上述商标在婴幼儿奶粉等产品中享有较高知名度，其中部分商标曾在行政判决中被认定为驰名商标。自2010年7月以来，陈泽英、管晓坤先后设立广州惠氏宝贝母婴用品有限公司（以下简称广州惠氏公司）、广州正爱日用品有限公司（以下简称正爱公司）、青岛惠氏宝贝母婴用品有限公司（以下简称青岛惠氏公司）等销售实体，通过商标申请、受让等方式取得"惠氏""Wyeth"等商标，且长期、大规模生产销售带有"惠氏""Wyeth"标识的母婴洗护产品，并在宣传推广中暗示其与惠氏公司存在特定联系。上述抢注、受让的商标现已被宣告无效。此外，杭州向笛母婴用品有限公司（以下简称向笛公司）曾使用"惠氏"作为企业字号，并与广州惠氏公司共同经营网店销售侵权产品。

2018年，惠氏公司与惠氏上海公司向浙江省杭州市中级人民法院提起诉讼，将陈泽英、管晓坤、广州惠氏公司、正爱公司、青岛惠氏公司、向笛公司列为共同被告，请求法院判令六被告停止商标侵权及不正当竞争行为，赔偿经济损失并适用惩罚性赔偿共计3000万元。2020年12月25日，杭州市中级人民法院作出（2019）浙01民初412号民事判决，认定六被告实施的侵权行为情节严重，主观恶意明显，应当适用惩罚性赔偿，并按照被告侵权获利的3倍计算赔偿金额，最终全额支持原告诉讼请求。上述六被告均不服，提起上诉。2021年4月26日，浙江省高级人民法院作出（2021）浙民终294号民事判决，驳回上诉，维持原判。

■ 当事人主张

▣ 上诉人(一审被告:陈泽英、管晓坤、广州惠氏公司、正爱公司、青岛惠氏公司、向笛公司)的主张

第一,一审被告所使用的商标来自合法受让,不构成商标侵权。一审被告经受让取得包括第1816489号“惠氏”商标在内的6件注册商标专用权,虽然2013年9月10日原国家工商行政管理总局商标评审委员会(以下简称原商评委)作出撤销上述6件注册商标专用权的裁定,但北京市第一中级人民法院判决撤销上述原商评委作出的裁定,并责令其重新裁定,北京市高级人民法院作出维持原判的二审判决。故在此情形下,一审被告系合法的商标受让人,基于其享有的有效商标权而使用被诉侵权标识,没有侵权的主观故意。最高人民法院作出的(2016)最高法民再85号民事判决(以下简称85号判决),判令一审被告中的广州惠氏公司停止在相关商品上使用“惠氏”及“Wyeth”标识。在该案判决之后,一审被告立即停止了被诉侵权行为,对一审原告的涉案商标权进行了合理的避让,亦不构成侵权。

第二,一审被告既没有侵权的主观恶意,也不存在情节严重的情形,不应当适用惩罚性赔偿。一审被告拥有注册商标专用权,在最高人民法院作出其再审85号判决后,一审被告立即停止了对被诉侵权标识的使用,不存在侵权的主观故意。且其营业收入较低,并没有给惠氏公司造成损害,亦不符合情节严重的构成要件。

第三,杭州市中级人民法院对侵权获利的计算存在计算期间、销售收入、利润率及贡献率四方面的不当。其一,关于计算期间。根据法律规定,一审原告提起本案诉讼时已超过诉讼时效,即便侵权行为在起诉时仍在持续,也应以起诉之日向前推算3年计算。其二,关于销售收入。因存在刷单以及退货等情形,故一审原告以天猫等电商平台的评价数确定销售数量不符合实际情况,其所提交的《惠氏综合经销合同》中确定的各经销商的进货数额仅为招商使用,非实际进货数额,不能以此计算一审被告的营业收入。

其三,关于利润率。一审被告没有侵权的主观故意,故一审法院以毛利率确定本案计算侵权获利的利润率错误。一审被告提交的相应财务数据能够证明其利润率较低,符合实际经营情况。其四,关于贡献率。一审被告在拥有自有合法商标权的情况下,亦投入了相应成本用于商品的宣传,故不能将获利均归因于一审原告的商标商誉。

▣ 被上诉人(一审原告:惠氏公司、惠氏上海公司)的主张

第一,一审被告的行为构成商标侵权和不正当竞争。一审被告受让"Wyeth""惠氏"等多个商标就是为了攀附一审原告涉案商标的商誉。在这些商标均被宣告无效的情况下,应视为自始不发生效力,且在商标无效、85号判决生效甚至本案一审判决之后,一审被告仍继续实施侵权行为的事实充分说明其侵权主观恶意明显。

第二,一审法院确定的赔偿数额合法合理。本案赔偿期间应从2012年12月20日起计算至2020年4月,其间,各上诉人因侵权行为的获利至少为210,578,121元,考虑到一审被告侵权主观恶意十分明显,且情节严重,故本案应适用惩罚性赔偿。

■ 法院认定的事实

▣ 一审原告的商标知名度情况

第一,媒体对一审原告及其商品开展大量宣传报道。自2003年起,先后有《民营经济报》《羊城晚报(全国版)》《新快报》《深圳晚报》等多家媒体针对一审原告对婴儿配方奶粉的研发进行了相关报道,其产品载入《中国婴幼儿喂养指南》《怎样选用婴幼儿配方奶粉》等专业书籍中。相关报道均对一审原告及其产品作出"具有强大的研发能力""引领行业的发展"等评价。

第二,一审原告相关商品的销售数量、市场份额和占有率较高。自2001年起,先后有《中国食品》《中国乳业》《北京晨报》《河南日报》《人民日报市场版》《消费日报》等多家媒体在报道中引用艾瑞咨询统计数据、星图数据、

AC尼尔森数据等相关权威机构的数据，数据显示一审原告相关商品在中国高端婴幼儿配方奶粉市场销售排名位居前三，市场占有率第一，广受消费者好评。

第三，一审原告涉案商标及商品获得多项行业奖项。自1999年至2016年，一审原告曾得到中国关心下一代工作委员会等机构颁发的各类奖项共计14项，多次荣登"妈妈最爱奶粉品牌""最受欢迎婴儿奶粉品牌"评选榜。

第四，一审原告广泛开展广告宣传和公益活动。一审原告自2001年起即开始举办覆盖全国的大规模活动，其中被媒体广泛报道的有两次助奥活动，一次是智力活动，另一次是全国巡展活动。除此之外，一审原告还策划了多项公益项目，捐赠物资数千万，并资助婴幼儿早期智力开发学术活动。

第五，一审原告的商标此前曾被认定为驰名商标。北京市知识产权法院于(2018)行73行初5818号行政判决中认为，至2013年1月11日，因"惠氏"品牌在销售收入、广告投入等方面已形成较大的市场规模，故认定使用在第5类商品上的本案一审原告第561819号、第5641776号"惠氏"商标已为公众熟知且达到驰名程度。

综上所述，杭州市中级人民法院和浙江省高级人民法院均认定，经过长期的宣传、使用，一审原告生产销售的商品及"惠氏""Wyeth"商标已经被相关公众知晓，具有较高知名度。

▣ 一审被告相关商标的无效情况

2011年7月26日，一审原告向原商评委提出商标评审申请，原商评委于2013年9月10日作出6份裁定，裁定撤销一审被告经受让取得的包括第1816489号"惠氏"商标在内的6件商标。一审被告不服前述裁定，起诉至北京市第一中级人民法院。北京市第一中级人民法院于2014年7月17日作出判决：撤销原商评委作出的前述裁定，责令其重新作出裁定。原商评委及一审原告不服前述判决，向北京市高级人民法院提起上诉；北京市高级人民法院于同年12月18日作出二审判决，维持了前述一审判决。

2015年4月21日，原商评委作出重审裁定，认为上述6件商标的注册构成《商标法》“以其他不正当手段取得注册”所指情形，对上述6件商标作出无效宣告。一审被告不服前述裁定，向北京市知识产权法院提起行政诉讼；北京市知识产权法院于2016年9月20日作出判决，维持了原商评委的上述6份重审裁定。一审被告仍不服，向北京市高级人民法院提起上诉；北京市高级人民法院经审理，认定本案一审被告的行为具有借助他人知名品牌进行不正当竞争或牟取非法利益的意图，故维持原商评委的裁定结果。[5]

本案二审法院浙江省高级人民法院认定，一审被告自有商标于2013年已被原商评委因具有不良影响而撤销，而该撤销裁定后续被行政判决撤销是因为法院认定一审被告系恶意注册，原商评委撤销裁定适用法律错误，因此责令其重作。北京市高级人民法院的相关行政终审判决已经维持原商评委的裁定结果。因此，一审被告的6件商标已经被判定无效。

▣ 被诉侵权行为的情况

一审原告委托北京顺城凯隆知识产权代理有限公司、北京万慧达（上海）律师事务所及代理人分别前往北京市国信公证处、上海市徐汇公证处、上海市长宁公证处办理相关证据公证，上述公证处均出具公证书对保全过程予以确认。根据公证书所确认内容可以认定以下侵权事实：

第一，一审被告分别在其自身网站、京东网、淘宝网及天猫网上使用“惠氏”和“Wyeth”商标。其一，在公证处提供的计算机浏览器上搜索“www.wyeth－baby.com”，进入一审被告的网站，页面中使用了“ ”“Wyeth”“惠氏”等标识。其二，在公证处提供的计算机浏览器上搜索“mall.jd.com/index－1000104845.html”，进入“惠氏洗护用品京东自营专卖店”，进入“惠氏（Wyeth）爽身粉婴儿痱子粉新生儿童洋甘菊松花粉防痱祛痱不含滑石粉带止痒粉扑 WR36 100g”链接，累计评价“6900＋”，页面还显示其商品销售授权来自一审被告中的广州惠氏公司。除京东自营专卖店外，在京东网上进入“Wyeth 惠氏旗舰店”“惠氏弘元正专卖店”“惠氏宝贝母婴专营店”“商霖母婴专营店”“晴朗童车专营店”“福客母婴专营店”，均可查询到使用了“惠氏”“Wyeth”标识的婴儿洗护用品、防蚊液、奶瓶、面霜等商品，且存在有效销售量，各店铺内的部分销售链接图片中显示其商品委托生产单位为一审被告中的广州惠氏公司。其三，在淘宝网上进入“惠氏宝贝企业店”，页面显示该店铺由一审被告中的正爱公司经营；进入“惠氏母婴用品店”，页面显示该店铺由一审被告中的青岛惠氏公司经营；进入“郑州婴儿用品奶粉店”“惠氏母婴企业店铺”“惠氏母婴用品企业店”，均可查询到使用了“惠氏”“Wyeth”标识的婴儿洗浴用品、奶瓶、防护喷雾等商品，且存在有效销售量，各店铺内的部分销售链接图片中显示其商品委托生产单位为一审被告中的广州惠氏公司。其四，在天猫网上进入“惠氏母婴旗舰店”，页面显示该店铺由一审被告中的向笛公司经营；进入“固展母婴专营店”，可查询到使用了“惠氏”“Wyeth”标识的商品。各店铺内的部分销售链接图片中显示其商品委托生产单位为一审被告中的广州惠氏公司。

第二，一审被告实际销售使用了“惠氏”“Wyeth”标识的商品。其一，一审原告委托代理人于上述店铺分别购买了相应商品并进行公证，所购买商品均使用了“惠氏”“Wyeth”“惠氏小狮子”标识，部分商品包装上标注委托生产单位为一审被告中的广州惠氏公司。其二，一审原告委托代理人同上海市徐汇公证处公证人员前往一审被告中的广州惠氏公司所在地，就加盟事宜与该公司进行了洽谈，并使用公证处提供的录音笔对谈话内容进行了录音。一审原告委托代理人在现场购买了几款商品，获得了“惠氏萌系纸尿裤(单片试用装)”4 份、“名片”1 张、“宣传资料”1 份、“2018 年惠氏综合经销合同”1 份、“广州惠氏宝贝指定收款账户”文件 1 份、“惠氏小狮子系列代理订货表”1 份及“样品清单”1 份。徐汇公证处对该些证据出具(2018)沪徐证经字第 12641 号公证书。公证书及所附打印件显示，一审被告中的广州惠氏公司的装潢、样品展示台、商品、包装、价目表、名片、宣传册、经销合同等处使用了“惠氏”“惠氏小狮子”“Wyeth”标识。

第三，在 85 号判决生效后，一审被告仍在使用“惠氏”“Wyeth”商标。在杭州市中级人民法院作出一审判决之后，一审被告使用了“惠氏”“Wyeth”“惠氏小狮子”标识的奶瓶清洗液、洋甘菊松花爽身粉、洗手液、婴儿纱布毛巾、妈咪保温洁面乳、妈咪保湿精华液、宝宝润唇膏、无硅油洗发露等商品仍在京东、淘宝、拼多多等网络平台销售，从显示的保质期推算出部分商品的生产日期在85号案件判决日期之后。

针对以上事实，一审被告认可被诉侵权商品系其生产，且公证书对应的部分网店系其开设，被诉侵权商品上使用的标识与涉案商标构成相同或近似。

与赔偿数额有关的事实

第一，一审被告提供的财务数据。一审被告提交了其《企业所得税汇算清缴报告》(2016～2018年度)及资产负债表、利润表，其2016年的营业收入为4,901,671.88元，2017年为2,542,546.33元，2018年为4,042,897.4元，由此计算年平均营业收入为3,829,038.55元。

第二，一审被告的经销商数量及购货指标。从一审被告在商标无效程序中自认的经销商数量来看，2014年为42个地级经销商，2016年为133个地级经销商，据其大区经理陈述2018年全国约有90个地级经销商；《2018年惠氏综合经销合同》中约定的地级经销商一年的购货指标为60万元，与大区经理关于地级经销商每月购货指标五六万元的陈述可相互印证。

第三，双方针对赔偿计算中所适用的利润率提供的行业数据。一审原告提交了上海家化公司和拉芳公司的年报中载明的毛利率。上海家化公司的年度报告显示，该公司洗护类商品毛利率在2017年为59.59%，2018年为58.58%。拉芳公司的年度报告显示，该公司洗护类商品毛利率在2017年为60.88%，2018年为61.07%。一审被告提交了爱婴室、未来发展控股、孩子王公司等三家公司年报或招股说明书中的毛利率，上述三家公司的年平均毛利率分别为28.96%、25.77%、29.95%。

裁判意见

浙江省高级人民法院认为，根据《民法典》第1185条的规定，“故意侵害他人知识产权，情节严重的，被侵权人有权请求相应的惩罚性赔偿”。一审被告受让的商标已被宣告无效,均应视为自始不存在,涉案被诉行为显然构成商标侵权。围绕惩罚性赔偿的适用,本案争议焦点有四:一是适用惩罚性赔偿是否妥当;二是如何确定惩罚性赔偿的基数;三是如何确定惩罚性赔偿的倍数;四是如何计算损害赔偿的总额。具体裁判意见论述如下。

▣ 关于惩罚性赔偿方式的适用

“故意”和“情节严重”是惩罚性赔偿适用的主观要件和客观要件,根据最高人民法院《关于审理侵害知识产权民事案件适用惩罚性赔偿的解释》(以下简称《知识产权惩罚性赔偿解释》)第 1 条第 2 款、第 3 条、第 4 条的规定,本案应当适用惩罚性赔偿。

第一,一审被告具有侵害知识产权的主观故意。对于侵害知识产权的故意的认定,人民法院应当综合考虑被侵害知识产权客体类型、权利状态和相关商品知名度、被告与原告或者利害关系人之间的关系等因素。在本案中,涉案“惠氏”“Wyeth”等商标为具有较高显著性的臆造商标,经过一审原告的在先持续使用和长期宣传,已具有较高的市场知名度,一审被告作为从事母婴商品的同业竞争者,理应知晓相关商标。一审被告虽主张其商标系受让取得,但其商标早在 2013 年就已被原商评委撤销,即使该撤销结果因适用法律错误而被法院责令重作,但在后续的异议程序及行政诉讼中,原商评委及法院均确认一审被告在受让商标时具有主观恶意。结合一审原告商标的知名度和显著性,综合一审被告自 2009 年即开始设立相同字号的企业,受让、抢注与涉案商标完全相同的商标标识,持续多年在类似商品上使用等行为,足以证明一审被告具有攀附一审原告商标知名度的主观故意,符合适用惩罚性赔偿的故意要件。

第二,一审被告的侵权行为符合情节严重标准。对于侵害知识产权情节严重的认定,人民法院应当综合考虑侵权手段,侵权行为的持续时间、地域范围、规模、后果和侵权人在诉讼中的行为等因素。在本案中,从设立目的、设立过程、使用侵权标识的规模、生产的商品品类等因素来看,一审被告均系以侵害知识产权为业。除了自行使用,一审被告还授权全国范围内 900

多家经销商使用涉案商标，侵权持续时间长、地域范围广，获利数额极大。即使在关联诉讼及本案一审判决确认侵权后，一审被告仍未完全停止侵权行为，此外，本案涉案商标商品还关乎母婴身体健康。结合上述因素，足以认定被诉侵权行为符合惩罚性赔偿的情节严重要件。

▣ 关于惩罚性赔偿基数的确定

《知识产权惩罚性赔偿解释》第 5 条第 1 款规定，“人民法院确定惩罚性赔偿数额时，应当分别依照相关法律，以原告实际损失数额、被告违法所得数额或者因侵权所获得的利益作为计算基数……”在本案中，一审原告与法院均确认依据侵权所获利益确定赔偿数额，并以侵权商品销售收入与利润率的乘积计算侵权获利，利润率应参照与一审被告经营范围相近的企业的平均利润率进行计算，本案中的平均毛利率为 28.23%。据此，根据侵权商品销售收入计算方式的不同，本案存在以下两种计算惩罚性赔偿基数的方式。

第一，根据一审被告的平均营业收入计算赔偿基数。根据一审被告提交的财务数据，其年平均营业收入为 3,829,038.55 元。侵权行为自 2012 年 12 月持续至 2020 年 4 月，赔偿数额的计算期间为 7.3 年。按照此种计算方式，被告的侵权所得利润为“年平均收入”×“计算期间”×“毛利润率”=789.08 万元。

第二，根据一审被告的许可经销模式计算赔偿基数。由于一审被告主要通过许可经销商销售的模式获取利润，故可以经销商数量与年购货指标计算其销售收入。根据一审被告自认的事实，自 2014 年至 2018 年，其经销商从 42 个增长至最高 133 个，单个经销商每年的购货指标为 60 万元。即便选择经销商数量最低的年份进行计算，一审被告每年销售侵权商品的收入也达到 2520 万元，故其侵权所得利润为“经销商数量”×“年购货指标”×“计算期间”×“毛利润率”=5193.19 万元。

综合上述两种计算方式，法院确定本案惩罚性赔偿基数的区间为 789.08 万元～5193.19 万元。

▣ 关于惩罚性赔偿倍数的确定

最高人民法院《知识产权惩罚性赔偿解释》第 6 条规定,“人民法院依法确定惩罚性赔偿的倍数时,应当综合考虑被告主观过错程度、侵权行为的情节严重程度等因素”。在本案中,一审被告侵害商标权的主观恶意较为明显,侵权行为持续时间长达 7 年以上,大规模实施侵权行为,不仅在全国 100 多个地级市发展经销商,还通过设立多家公司在线上开设店铺实施侵权行为,给一审原告及市场秩序造成了极大损害。因此,法院确定以 3 倍作为惩罚性赔偿计算的倍数。

▣ 关于损害赔偿总额的计算

惩罚性赔偿的基数和倍数数额应当分别计算,即赔偿总额应为基数数额加上惩罚性赔偿数额之和。因本案法院确认以 3 倍作为惩罚性赔偿计算的倍数,故本案赔偿总额应为基数的 4 倍。据此,本案损害赔偿总额的区间为 3156.32 万元(789.08 万元 ×4 =3156.32 万元) ~20,772.76 万元(5193.19 万元 ×4 =20,772.76 万元)。由于该区间下限已超出一审原告关于损害赔偿的诉讼请求数额,故而法院对其有关赔偿数额的诉讼请求予以全额支持,并对一审法院确定的赔偿数额予以维持。

■ 裁判结果

▣ 一审裁判结果

杭州市中级人民法院于 2020 年 12 月 25 日作出(2019)浙 01 民初 412 号民事判决:

第一,一审被告于判决生效之日起立即停止在其生产、销售的婴幼儿洗浴、护肤、喂哺、洗衣、尿裤,驱蚊湿巾商品以及成人用洗护和孕妇商品、商品包装、广告宣传以及其他商业活动中使用“惠氏”及“Wyeth”商标;

第二,一审被告中的青岛惠氏公司立即在企业名称中停止使用“惠氏”

字样,并于判决生效之日起 30 日内变更企业名称,变更后的企业名称不得包含“惠氏”字样;

第三,一审被告中的广州惠氏公司、陈泽英、管晓坤于判决生效之日起 10 日内连带赔偿一审原告经济损失 3000 万元,及为制止侵权所支出的合理费用 55 万元,共计 3055 万元。一审被告中的向笛公司就其中的 1500 万元承担连带赔偿责任,正爱公司就其中的 10 万元承担连带赔偿责任,青岛惠氏公司就其中的 60 万元承担连带赔偿责任。

二审裁判结果

浙江省高级人民法院于 2021 年 4 月 26 日作出(2021)浙民终 294 号民事判决:驳回上诉,维持原判。

类案梳理

本案裁判要旨

本案较为全面阐释了在商标惩罚性赔偿适用中如何认定侵权故意与情节严重,并在惩罚性赔偿数额计算方面全面支持了原告的诉讼请求,展现了法院保护权利人的决心,有效地威慑了商标侵权行为。对于侵权故意的认定,法院综合考虑被侵害知识产权的类型、权利状态和相关标识知名度、被告与原告或者利害关系人之间的关系等因素;对于侵权情节严重的认定,法院综合考虑侵权手段、次数,侵权行为的持续时间、地域范围、规模、后果,侵权人在诉讼中的行为以及是否以侵害知识产权为业等因素。法院在判决中主张惩罚性赔偿的基数和倍数数额应当分别计算,选择以侵权获利方式计算基数时可参考同行业利润率,在综合考虑销售规模和数量等证据的基础上确定相应的范围,最终确定的赔偿总额应为基数数额加上惩罚性赔偿数额之和。

《民法典》第 1185 条[6] 确立了知识产权惩罚性赔偿制度，彰显了全面加强知识产权保护的决心。2021 年，法院受理、审结知识产权案件数量双双突破 60 万件，在 895 件案件中对侵权人判处了惩罚性赔偿，极大地加强了知识产权保护力度。在落实知识产权惩罚性赔偿制度的过程中，各级人民法院不断总结适用认定标准与数额计算规则，形成了具有中国特色的司法经验。

1. 惩罚性赔偿的构成要件

第一，主观故意。法院一般就产品知名度、侵权警告、原被告特殊关系、在先行政处罚或判决等因素进行认定。例如在“鄂尔多斯公司诉米琪公司侵害商标权纠纷案”中，法院认定被告作为同行业经营者“突出使用与原告知名度较高的商标完全相同的标识”，主观恶意明显；[7] 在“平衡身体公司诉永康一恋公司侵害商标权纠纷案”中，法院认定被告早已因涉嫌侵权被原告发函警告，在与原告签署和解协议后被告再次实施侵权，恶意极其严重；[8] 在“广州天赐公司等诉华某、安徽纽曼公司等侵害技术秘密纠纷案”中，法院认定被告华某作为原告产品研发负责人，非法获取披露原告技术秘密，被告刘某、安徽纽曼公司明知华某非法披露原告天赐公司技术秘密仍予以获取并使用，属故意侵权；[9] 在“小米科技公司等诉中山奔腾公司等侵害商标权及不正当竞争纠纷案”中，法院认定被告直到二审期间仍在持续宣传、销售被诉侵权产品，具有明显的侵权恶意。[10]

第二，情节严重。法院一般综合重复侵权、以侵权为业、举证妨碍、危害公共安全、侵权获利或权利人受损巨大等因素进行认定。例如在“阿迪达斯公司与阮国强等侵害商标权纠纷案”中，法院认定被告曾三次因销售侵权商品被处以行政处罚后，再次实施相同侵权行为，构成重复侵权；[11] 在“广州天赐公司等诉华某、安徽纽曼公司等侵害技术秘密纠纷案”中，法院认为，被告明知侵权，仍以实施侵权作为公司主营业务，构成以侵害知识产权为业，同时被告在原审阶段无正当理由拒不提供相关会计账册和原始凭证，构成举证妨碍；[12]在“欧普公司诉华升公司侵害商标权纠纷案”中，法院认定被告通过多渠道、多途径销售侵权产品，持续时间长且销售数量大，侵权获利巨大，同时还因产品质量不合格严重危害公共安全，以上均可作为认定“情节严重”的参考因素。[13]

2. 数额计算规则

（1）计算基数的认定

计算基数主要表现为“实际损失”与“侵权获利”，在二者均难以确定的情况下，法院依法参照“许可使用费的合理倍数”确定计算基数。

在计算“实际损失”时，法院注重以被告侵权与原告损失之间的直接因果关系认定实际损失。例如在“巴洛克木业（中山）有限公司诉浙江生活家巴洛克木板有限公司等侵害商标权纠纷案”中，法院依据因果关系将原告实际损失分为销售流失、价格侵蚀、商誉损害进行分别认定。[14]

在计算“侵权获利”时，法院注重灵活运用举证妨碍规则，合理分配举证责任。例如在“平衡身体公司诉浙江永康一恋公司侵害商标权纠纷案”中，法院采取“侵权商品数量 × 侵权商品单位利润”的计算方式，在侵权商品销售量认定上，由于被告拒绝履行证据披露义务，又未能举证否定其在相关宣传中自认的侵权商品销量，法院基于优势证据标准采纳了原告主张的侵权数量，在侵权商品单位利润认定上，法院结合案外同类产品利润率、被告自认等因素，适用可比价格法合理酌定侵权商品单位利润。[15]

在计算“许可使用费的合理倍数”时，法院注重综合运用市场定价信息确定基础数额。例如在“欧普公司诉华升公司侵害商标权纠纷案”中，原告欧普公司已尽力举证，但根据现有证据难以确定权利人实际损失与侵权人获利，故法院依据优势证据规则认定“原告对同行业销售商的年度许可使用费”、在前者基础上“由被告使用程度与范围决定的合理倍数”“被告侵权时长”等因素，并以三者之积认定“许可使用费的合理倍数”。[16]

（2）计算倍数的认定

在认定计算倍数时，法院一般综合考虑被告主观过错程度与侵权行为的情节严重程度等因素，例如在“平衡身体公司诉浙江永康一恋公司侵害商标权纠纷案”中，法院认定被告攀附原告商誉的主观意图明显，签订和解协议后仍实施侵权行为且侵权获利巨大，主观恶意明显，侵权情节严重，故确定3倍惩罚性赔偿。[17]在个别案件中，倘若二审法院认定原审法院未充分考虑上述因素，还可以提升计算倍数，如在“广州天赐公司等诉华某、安徽纽曼公司等侵害技术秘密纠纷案”中，二审法院指出一审法院未充分考虑侵权行为人的主观恶意程度和以侵权为业、侵权规模大、持续时间长、存在举证妨碍行为等严重情节，遂将惩罚性赔偿倍数提升至顶格5倍。[18]

2021年3月，最高人民法院在总结各级法院司法经验的基础上，发布了《知识产权惩罚性赔偿解释》。《知识产权惩罚性赔偿解释》明确了惩罚性赔偿的适用范围、适用标准和计算规则，旨在通过统一裁判标准，推动各级法院正确适用惩罚性赔偿，依法惩处严重侵害知识产权的行为。《知识产权惩罚性赔偿解释》的出台彰显了中国加强保护知识产权的决心，必将进一步优化科技创新法治环境。

▣ 学术观点综述

《民法典》正式承认了惩罚性赔偿是一种特别的民事责任。惩罚性赔偿较填补型赔偿的特殊之处在于，惩罚是核心功能，补偿是基础功能，遏制是目标。[19]惩罚性赔偿的功能符合强化知识产权保护的现实需要，有助于充分发挥法律的威慑与预防作用。[20]随着《民法典》时代的到来，有关惩罚性赔偿的研究重心从是否引入惩罚性赔偿及其正当性问题转向如何规范法律适用，防止惩罚性赔偿滥用引发的过度赔偿问题，从而维护各方市场主体的利益与自由。

设定科学合理的惩罚性赔偿构成要件是正确发挥惩罚性赔偿制度功能的有效举措。《民法典》确立了“故意+情节严重”的法律适用规则，但如何进行司法适用仍有较大的讨论空间。对于“故意”的法律适用，学界通说认为，“故意”是指行为人预见到损害后果的发生并希望或放任该结果发生的心理状态，[21]既往立法规定的“恶意”包含在“故意”范围内，[22]在主观要件认定时无需将“故意”限缩解释为严重程度与道德谴责性更高的“恶意”，[23]因为只有将侵权行为的恶性因素判断交给“情节严重”这一客观要件，才能实现主观与客观要件的条件与功能区分，[24]并且有利于“与民法上故意侵权规制体系协调一致”[25]。对于“情节严重”的法律适用，根据相关司法解释，其考量因素包括侵权手段、次数，侵权行为的持续时间、地域范围、规模、后果，侵权人在诉讼中的行为等，[26]学界对“情节严重”认定的探讨主要表现为对上述因素的总结、补充与细化，并且就侵权实践总结“情节严重”的特殊情形，如“由多个主体实施不同种侵权行为形成上下游产业链的互联网生态型侵权”[27]。对于“故意”与“情节严重”之间的关系问题，通说认为“故意”与“情节严重”是独立并列的主观要件与客观要件，虽然在实践中二者的认定因素存在重叠，如重复侵权既可证明行为人对侵权后果的预见与追求，也可证明行为人的行为恶劣程度，[28]但认定因素的重叠不等于内涵的交叉，应当将侵权行为的恶性因素判断交给“情节严重”这一客观要件，让“故意”的判断回归基于间接的、外部的证据的认知推定。[29]

惩罚性赔偿的数额计算是惩罚性赔偿发挥侵权预防功能的关键。学界对数额认定的探讨主要集中于法定赔偿能否作为惩罚性赔偿的基数，核心争点在于二者是否存在惩罚功能的重叠，并分成了反对说、支持说与折中说。反对说认为，法定赔偿与作为惩罚性赔偿基数的补偿性赔偿的法律性质不同，将法定赔偿作为基数并无法律依据，[30]而且法定赔偿数额认定包含对惩罚性要素的自由考量，以法定赔偿作为惩罚性赔偿基数属于双重惩罚。[31]支持说则认为，法定赔偿实质上还是补偿性赔偿，不能通过法院对“故意”“情节严重”等因素的笼统考量就认定法定赔偿具有惩罚功能，[32]还有学者总结出了惩罚性赔偿与法定赔偿的关系表现为“单一模式”“分立模式”“融合模式”三种样态，认为只有在“单一模式”与“分立模式”下的法定赔偿才具有惩罚功能，立法应当选择“融合模式”，使法定赔偿回归补偿性本质，以此作为惩罚性赔偿计算基数。[33]折中说则认为，当事人虽尽力举证但仍无法实现“实际损失”“侵权获利”计算的情形仍普遍存在，一概排除法定赔偿作为惩罚性赔偿基数的适用可能使相关条款闲置，建议在限定适用情形下以法定赔偿作为惩罚性赔偿计算基数。[34]

专家点评

2021年4月26日，在第21个世界知识产权日，浙江省高级人民法院二审开庭审理并当庭宣判惠氏商标侵权案：被告广州惠氏公司及相关销售实体被判惩罚性赔偿3000万元及赔偿合理费用55万元。

本案原告惠氏公司是全球最大的制药和保健品公司之一，名列世界企业500强名录。其"惠氏""Wyeth"商标是美国的百年品牌，自20世纪80年代起即在中国注册和使用，已形成相当的知名度。本案历经两审，不仅认定了惠氏公司对惠氏系列商标享有的专有权利，同时对被告的恶意侵权行为处以了高额惩罚性赔偿，彰显了中国平等保护国内外企业权益，营造了法治化市场环境的司法立场。该案是浙江适用《知识产权惩罚性赔偿解释》的第一案，入选最高人民法院"2021年中国法院十大知识产权案件"，受到法律界的高度关注和社会的广泛好评。

知识产权惩罚性赔偿，在法律适用方面有两大难题：(1)惩罚性赔偿责任的构成要件，即如何适用主观要件和行为要件的裁判标准，把握主客观要件的相互关系；(2)惩罚性赔偿数额的计算法则，即如何核定计算基数和确定倍比，保持惩罚性赔偿数额与补偿性赔偿数额之间的合理比例关系。惠氏商标侵权案在规范解读、案情分析和司法经验描述等方面作出了有益的贡献。

惠氏商标案判决明确了惩罚性赔偿的适用条件。根据《商标法》规定，该案采用如下认定标准：第一，以恶意为表征的主观要件。最高人民法院司法解释明确该文件所称的"故意"，包括《商标法》规定的"恶意"。可以认为，恶意相对于一般故意而言具有更为严重的主观恶性。《商标法》对此作出有别于《专利法》《著作权法》的规定，持有一种限定适用范围的立法取向。本案根据司法解释指引，将侵权人的主观心理状态与特定侵权对象、特定法律关系结合起来进行考察，强调了被告主观动机的恶劣性和可归责性。

第二，以情节严重为要义的行为要件。我国知识产权法在规定惩罚性赔偿的同时，引入了公法责任常见的“情节严重”要件。在《商标法》中，情节严重是与恶意这一主观要件相并列的客观要件（主观要件表征了行为的应受谴责性，而客观要件说明了行为应受谴责的程度），属于行为要件而不是结果要件的范畴（在惩罚性赔偿制度中，知识产权侵权责任构成的行为要件与产品侵权责任、环境侵权责任规定的结果要件有明显不同）。情节严重通常是指行为、事件和后果的性质恶劣、影响坏、危害大等情形。对此，法官并不拘泥于某种特定因素，而只要某一因素达到较高严重程度即可认定。在本案中，被告恶意注册并使用他人驰名商标、攀附他人商标信誉，侵权持续时间长、地域范围广、获利数额大，其侵权行为的性质、影响、后果等足以达到严重程度。

惠氏商标侵权案判决体现了司法定价原则及其适用方法。惩罚性赔偿就其数额认定而言，是一种加重赔偿或额外赔偿，其要点是把握知识产权所产生的市场价值与裁判活动中司法定价的关系。美国著名经济学家康芒斯在《制度经济学》一书中，将“合理价值学说”作为知识产权损害赔偿裁判标准的思想基础。可以认为，知识产权的惩罚性赔偿数额的认定，须遵循以市场价值为基础的“合理性要求”。本案判决根据最高人民法院司法解释，以当事人提交的证据为基础，精确计算出侵权获利的上限和下限；在核定“非法所得”的基数之上，根据主观恶意和情节严重的程度以确定该案赔偿总额。可以认为，惩罚性赔偿的司法定价是以合理性为裁判标准的，它既是一个经济标准，即考量商标信誉的市场价值，以商标所在商品市场份额丧失或功能价值损害为计算基础；同时更是一个法律标准，需要法官根据个案作出自由裁量，即对严重侵犯驰名商标行为进行定性后而作出总额计量。在本案中，司法定价的合理性，表现为厘清赔偿基数和合理倍数的计算法则。对于损害赔偿数额的认定，二审法院纠正了一审判决以裁量方法确定基数的偏差，将惩罚性赔偿的基数和倍数分别计算，以“基数（非法所得）×倍数（3倍）”确定赔偿总额。这一裁判规则的适用，有利于对以侵权为业的行为进行严厉而精准的制裁，在知识产权司法裁判中具有“案例引证”的参考价值。

知识产权损害赔偿数额的认定,是一个世界性难题。知识产权惩罚性赔偿更非国际法治通例,相关制度经验可资借鉴比较有限。解决上述问题,不仅在于相关立法的科学规定,更在于司法裁判的经验总结和提高。本案是我国知识产权惩罚性赔偿规范适用的代表性案例,对解决司法实践中损害赔偿计算难、举证难、认定难之困扰,提供了许多有价值的思想资料。

注　释

1　该商标于1982年2月27日经核准注册,商标注册号为第154650号,核定使用商品为第5类的"药剂,药膏,婴儿及病愈者食品"。

2　该商标于1991年8月20日经核准注册,商标注册号为第561819号,核定使用商品为第5类的"医用药物,婴儿食品"。

3　该商标于2010年8月14日经核准注册,商标注册号为第5642019号,核定使用商品为第5类的"人用药、医药制剂、医用营养品、医用营养添加剂、医用营养食物、医用营养饮料、医用食物营养制剂、婴儿奶粉、孕妇及哺乳期妇女用医用粉末状营养品、化学盥洗室用消毒剂、兽医用制剂、兽医用药、杀虫剂、牙用光洁剂"。

4　该商标于2010年9月7日经核准注册,商标注册号为第5641776号,核定使用商品为第5类的"人用药、医药制剂、医用营养品、医用营养添加剂、医用营养食物、医用营养饮料、医用食物营养制剂、婴儿奶粉、孕妇及哺乳期妇女用医用粉末状营养品、化学盥洗室用消毒剂、兽医用制剂、兽医用药、杀虫剂、牙用光洁剂"。

5　北京市高级人民法院于2018年分别作出(2017)京行终487号、(2017)京行终838号、(2017)京行终839号、(2017)京行终870号、(2017)京行终871号及(2017)京行终873号终审行政判决,维持了一审判决。

6　《民法典》(2020年发布)第1185条规定:"故意侵害他人知识产权,情节严重的,被侵权人有权请求相应的惩罚性赔偿。"

7　参见北京知识产权法院民事判决书,(2015)京知民初字第1677号。

8　参见上海市浦东新区人民法院民事判决书,(2018)沪0115民初53351号。

9　参见最高人民法院民事判决书,(2019)最高法知民终562号。

10　参见江苏省高级人民法院民事判决书,(2019)苏民终1316号。

11　参见浙江省温州市中级人民法院民事判决书,(2020)浙03民终161号。

12 参见最高人民法院民事判决书,(2019)最高法知民终 562 号。

13 参见广东省高级人民法院民事判决书,(2019)粤民再 147 号。

14 参见江苏省高级人民法院民事判决书,(2017)苏民终 1297 号。

15 参见上海市浦东新区人民法院民事判决书,(2018)沪 0115 民初 53351 号。

16 参见广东省高级人民法院民事判决书,(2019)粤民再 147 号。

17 参见上海市浦东新区人民法院民事判决书,(2018)沪 0115 民初 53351 号。

18 参见最高人民法院民事判决书,(2019)最高法知民终 562 号。

19 参见吴汉东:《知识产权惩罚性赔偿的私法基础与司法适用》,载《法学评论》2021 年第 3 期。

20 参见王利明:《论我国民法典中侵害知识产权惩罚性赔偿的规则》,载《政治与法律》2019 年第 8 期。

21 参见吴汉东:《知识产权惩罚性赔偿的私法基础与司法适用》,载《法学评论》2021 年第 3 期。

22 参见《商标法》第 63 条第 1 款规定:"……对恶意侵犯商标专用权,情节严重的,可以在按照上述方法确定数额的一倍以上五倍以下确定赔偿数额……";《反不正当竞争法》第 17 条第 3 款规定:"……经营者恶意实施侵犯商业秘密行为,情节严重的,可以在按照上述方法确定数额的一倍以上五倍以下确定赔偿数额……"

23 参见张红:《恶意侵犯商标权之惩罚性赔偿》,载《法商研究》2019 年第 4 期。

24 参见朱理:《专利侵权惩罚性赔偿制度的司法适用政策》,载《知识产权》2020 年第 8 期。

25 王国柱:《论商标故意侵权的体系化规制》,载《东方法学》2020 年第 5 期。

26 参见最高人民法院《关于审理侵害知识产权民事案件适用惩罚性赔偿的解释》(2021 年发布)第 4 条。

27 李扬、陈曦程:《论著作权惩罚性赔偿制度——兼评〈民法典〉知识产权惩罚性赔偿条款》,载《知识产权》2020 年第 8 期。

28 参见张红:《恶意侵犯商标权之惩罚性赔偿》,载《法商研究》2019 年第 4 期。

29 参见李宗辉:《〈民法典〉视域下知识产权侵权惩罚性赔偿的"情节严重"要件研究》,载《暨南学报(哲学社会科学版)》2021 年第 5 期。

30 参见蒋华胜:《知识产权惩罚性赔偿制度研究:立法检视与司法适用——兼论我国〈民法典〉第 1185 条法律规范的体系化构建》,载《中国应用法学》2021 年第 1 期。

31 参见袁秀挺:《知识产权惩罚性赔偿制度的司法适用》,载《知识产权》2015 年第 7 期。

32 参见徐聪颖:《制度的迷失与重构:对我国商标权惩罚性赔偿机制的反思》,载《知识产权》2015 年第 12 期。

33 参见焦和平:《知识产权惩罚性赔偿与法定赔偿关系的立法选择》,载《华东政法大学学报》2020 年第 4 期。

34 参见丁文严、张蕾蕾:《知识产权侵权惩罚性赔偿数额的司法确定问题研究》,载《知识产权》2021 年第 2 期。

05

百威投资（中国）有限公司与广州市东方科苑进出口有限公司侵犯商标权纠纷案

点评专家

彭学龙　中南财经政法大学知识产权研究中心主任、教授

责任编辑　付丽霞　**编辑助理**　林妍池

案件概况

2013年7月至2015年2月,SPATEN – FRANZISKANER – BRAU GMBH(以下简称弗兰齐丝卡纳公司)在我国申请注册了“**Franziskaner**”[1]“”[2]商标,核定使用商品均为第32类“啤酒、无酒精饮料等”,并将上述注册商标向海关申请了知识产权保护备案。2019年2月4日,弗兰齐丝卡纳公司以普通许可形式将上述商标许可给百威公司及其关联的两家销售公司在中国境内使用。经长期经营与广泛宣传,上述商标在啤酒行业具有一定知名度。2018年12月17~18日,广州市东方科苑进出口有限公司(以下简称东方科苑公司)向中国海珠海关申报进口带有上述商标的啤酒8640箱。海珠海关应弗兰齐丝卡纳公司的申请对该批啤酒予以扣留,后经调查于2019年2月22日向弗兰齐丝卡纳公司发出通知,作出“不能认定货物是否侵权”的结论,并告知其可通过司法渠道解决该批啤酒所涉知识产权侵权问题。

2019年3月7日,百威公司基于弗兰齐丝卡纳公司的授权文件向广州市越秀区人民法院提起诉讼,请求法院判令东方科苑公司(一审被告、二审上诉人)停止侵权、销毁侵权产品,并赔偿经济损失及合理维权费用等55.3万元。广州市越秀区人民法院作出(2019)粤0104民初11378号民事判决,认定东方科苑公司构成对百威公司商标权的侵犯,判决其停止进口并销毁全部涉案啤酒商品,赔偿百威公司经济损失及合理维权费用共计205,180元。东方科苑公司不服,提起上诉。2021年4月16日,广州知识产权法院作出(2020)粤73民终1944号民事判决,认为一审法院认定事实部分不清,适用法律错误,裁判结果不当,依法撤销一审法院判决,改判驳回百威公司全部诉讼请求。

当事人主张

上诉人(一审被告:东方科苑公司)的主张

第一,一审被告所进口商品具有合法来源,属于平行进口商品。一审被告东方科苑公司在一审、二审中提交的证据能够充分证明,涉案啤酒由商标权人弗兰齐丝卡纳公司生产制造,其获得了商标权人母公司百威英博集团及其控股企业的合法授权,从涉案商标品牌合法经销商新加坡 OKUNI TRADING 公司合法购入,并依法履行了进口报关手续,属于平行进口贸易中的合法进口产品。一审法院有关涉案啤酒非平行进口的正品商品之事实认定存在错误,应当予以纠正。

第二,一审被告的平行进口行为不构成商标侵权,不应承担任何赔偿责任。一审被告东方科苑公司作为涉案啤酒的进口商,对商标权人涉案商标标识的使用行为仅限于在进口啤酒商品上使用,并未以其他方式使用涉案商标标识,也未更改、遮盖或损毁涉案产品本身附带的涉案品牌标识,附加其他标识等,其行为未割裂涉案商标标识与商标权人指向关系的唯一性,不构成商标侵权。

被上诉人(一审原告:百威公司)的主张

第一,一审被告在一审阶段提交的证据不足以证明涉案啤酒的合法来源,其进口行为不属于平行进口。在本案一审阶段,被告东方科苑公司证明合法来源的证据是《原产地证书》《健康证书》,其未经公证转递手续,且内容上无相关单据加以印证,难以充分证明涉案产品具有合法来源,且源于商标权人。一审被告在二审中提交的用于证明涉案啤酒合法来源的证据在一审中未提交,一审法院根据当时提交的证据认定事实无误。

第二,一审被告的进口行为构成商标侵权行为,应当依法承担侵权责任。在无法证明涉案啤酒合法来源的前提下,一审被告东方科苑公司进口的啤酒商品上使用的商标与一审原告百威公司获得许可使用的商标构成近似，实质上损害了其商标的识别商品来源功能，容易造成消费者混淆。故一审被告的进口行为侵犯了一审原告的商标权，应当承担停止侵权、销毁侵权产品、赔偿损失等侵权责任。

■ 认定的事实

▣ 一审原告百威公司的商标权利来源及使用情况

第一，弗兰齐丝卡纳公司系涉案商标的原始权利人。原中华人民共和国国家工商行政管理总局商标局于 2016 年 6 月 23 日与 2016 年 10 月 21 日出具的两份《商标注册证明》可证明，注册号为 G807592 号的“**Franziskaner**”商标与注册号为 G1241072 号的“”商标的注册人均为弗兰齐丝卡纳公司，核定使用商品均为第 32 类的“啤酒、矿泉水和汽水以及其他不含酒精的饮料；水果饮料以及水果汁；糖浆以及其他制饮料制剂”，两份商标分别向海关申请了知识产权保护备案。

第二，百威公司通过商标许可获得涉案商标使用权，系涉案商标的继受权利人。2019 年 2 月 4 日，弗兰齐丝卡纳公司向百威公司出具一份《商业标识许可及维权授权》，以普通许可的形式授权百威公司、百威（中国）销售有限公司、百威（上海）啤酒销售有限公司在中国境内进口、销售、宣传带有许可商业标识的啤酒及相关产品，并有权以自己的名义授权他方使用许可商标标识。百威公司与弗兰齐丝卡纳公司就上述授权协议在德国进行了公证，并于 2019 年 3 月 5 日由中国驻德国慕尼黑总领事馆办理了认证转递手续。

第三，涉案商标及商品在业界具有一定知名度。“Franziskaner Weissbier”啤酒分别获得 2014 年“啤酒世界杯”银奖及 2016 年“啤酒世界杯”金奖。另外，百威（中国）销售有限公司于北京、上海、天津、大连等地多次举办“Franziskaner Weissbier”啤酒节、啤酒嘉年华等宣传活动，使“Franziskaner Weissbier”啤酒在啤酒行业获得了一定的知名度。

▣ 一审被告东方科苑公司的被控侵权行为情况

2018年12月17～18日,东方科苑公司向中华人民共和国海珠海关申报进口了“Franziskaner”啤酒8640箱(共103,680升),弗兰齐丝卡纳公司以该批啤酒涉嫌侵犯其商标权为由向海珠海关申请扣留。海珠海关经调查后作出“不能认定货物侵权”的结论,并通知弗兰齐丝卡纳公司转由司法程序解决侵权争议。2019年3月7日,百威公司基于弗兰齐丝卡纳公司的授权向一审法院提起诉讼。本案一审法院查封、扣押涉案“Franziskaner”教士小麦啤酒8640箱(共103,680升),并随机抽取涉案被诉侵权啤酒商品中的第79托第一箱(24罐,500毫升)被控侵权啤酒作为比对样品。经一审法院对涉案注册商标及被控侵权啤酒进行当庭查验比对,认为被控侵权啤酒的正、背面使用了“”标识,与涉案注册商标构成近似。

▣ 一审被告东方科苑公司的涉案啤酒来源情况

第一,涉案啤酒系商标注册权人弗兰齐丝卡纳公司于德国生产,并由百威英博集团控股的子公司出口至新加坡OKUNI TRADING公司的正品啤酒商品。东方科苑公司出示的《比利时王国联邦食品和其他产品健康证书》及《国际商会ICC原产地证书》均载明了涉案啤酒的生产及进口信息,包括:生产商名称(弗兰齐丝卡纳公司)、出口商名称(INBEV BELGIUM,百威英博公司)、出口目的国(新加坡)、收件人(OKUNI TRADING公司)、原产地(德国)等。上述文件均经过公证认证,其真实性能够得到确认,足以证明涉案啤酒的生产、销售、出口流程为:商标权利人弗兰齐丝卡纳公司在德国生产后,经由百威英博集团子公司Anheuser-Busch InBev NV/SA对外出口销售至新加坡OKUNI TRADING公司。

第二,涉案啤酒系东方科苑公司从新加坡授权经销商OKUNI TRADING公司合法购得,并依法申报进口的正品啤酒商品。其一,百威英博中国有限公司出具的《范佳乐教士啤酒正式进口商和净销售信件》证明,OKUNI TRADING公司是涉案啤酒品牌在新加坡的授权进口商兼经销商。

其二，东方科苑公司提交的《销售合同》证明，2018 年 10 月，STARBEV PTE LTD 公司向 OKUNI TRADING 公司购买涉案啤酒 8640 箱。其三，东方科苑公司提交的《代理进口协议》《合同》证明，东方科苑公司代理案外人广州拓浦商贸有限公司向 STARBEV PTE LTD 公司进口涉案啤酒 8640 箱。其四，海珠海关提供的《进口货物报关单》、中文标签以及《入境货物检验检疫证明》载明了涉案啤酒商品信息、合同信息及货运信息等，能够证明东方科苑公司系合法购得涉案啤酒，并依法办理了进口申报手续。

▣ 一审原告百威公司与百威英博集团间的股权控制情况

百威公司是 2003 年 7 月 2 日登记成立的台港澳合资公司，主要经营啤酒等业务，其股东为百威啤酒香港有限公司和百威集团控股有限公司。根据百威公司在二审庭审中的认可，上述两股东公司及涉案啤酒制造商（涉案商标注册权人）弗兰齐丝卡纳公司均属于百威英博集团投资控股的子公司。另外，根据东方科苑公司出具的《卫生证书》及《原产地证书》，涉案啤酒欧洲出口商 Anheuser - Busch InBev NV/SA 公司同属于百威英博集团 100% 控股的子公司。因此，本案一审原告百威公司与涉案啤酒制造商弗兰齐丝卡纳公司、出口商 Anheuser - Busch InBev NV/SA 公司均系百威英博集团名下的关联公司。

■ 裁判意见

广州知识产权法院认为，本案属于侵害商标权纠纷。结合本案双方诉辩意见及法院查明事实，本案的争议焦点可归纳为以下三点：一是被诉侵权商品是否属于平行进口的正品；二是被诉行为是否构成商标侵权；三是允许商标平行进口是否符合我国公共政策。具体裁判意见论述如下。

▣ 关于被诉侵权商品是否属于平行进口的正品

商标平行进口是指，由商标权人在境外生产或销售的合法贴附商标的商品,未经商标权人或者其被许可人的同意,通过海关进口到本国境内以及进行销售的跨境贸易方式。一般具有以下构成要件:(1)权利人对商品上贴附的商标在出口国与进口国均享有合法权利;(2)平行进口商品为正品而非假冒品;(3)出口国与进口国的商标权实质性归属于同一权利人;(4)未经商标权人同意或授权;(5)履行了正常合法的海关监管手续。结合上述要件对本案进行考量,被诉侵权商品属于东方科苑公司平行进口的正品。

第一,本案被诉侵权商品属于平行进口的正品。本案中,被诉侵权商品的生产、销售、出口的流程即由商标权人弗兰齐丝卡纳公司在德国生产,后经由百威英博集团100%控股的子公司 Anheuser – Busch InBev NV/SA 公司对外销售给新加坡的 OKUNI TRADING 公司,再由其合法销售给东方科苑公司。且本案涉及的制造商、销售商、进口商之间流转的销售合同、代理合同、货物清单、运输单证等文件均能够单单对应,相互印证被诉侵权商品属于平行进口的正品。

第二,本案被诉侵权商品与商标权人授权销售的商品不存在实质性差异。本案中,被诉侵权商品属于正牌啤酒,其状况并未被改变或者损害,产品经过定性与定量分析,在酒精度、成色、容积、工艺、做法、发酵方法、保质期方面,无论是可见度还是物理属性,均与商标权人授权销售商品的质量不存在实质性差异,两者属于同一商品,权利人对两者均具有质量控制能力。

第三,本案被诉侵权商品与授权商品由同一主体实质控制。百威英博集团的公司网站以及对外投资股权控制说明、全球子公司的股东以及股权结构、公司对全球品牌以及地区品牌的资源配置、公司业务的战略安排均充分说明,被诉侵权商品是由商标权人在德国慕尼黑工厂生产的正品,与本案授权商品均受到商标权人的实际控制。当平行进口商品与授权商品的商标均是由同一主体或者同一控制主体所有或者控制时,商标权人对授权商品与被诉侵权商品均能够进行控制,其共同控制的平行进口商品不构成侵权。

第四,被诉侵权商品未违反中国海关法律法规的规定。海珠海关依法进行检验后,认定被诉侵权商品属于合法进口的产品。后因权利人申请海关扣押,海珠海关仍然认为不能认定进口商品是否构成侵权。由此可以认定，被诉侵权商品输入中国不违反中国海关法律法规的规定。

▣ 关于被诉行为是否构成商标侵权

人民法院在判定商标平行进口是否构成侵害商标权时，应当回归法律规定，坚持以商标基本功能是否遭受破坏、商品使用行为是否会容易导致混淆误认以及是否会使商标的质量保证功能受到损害进而影响商誉为判断标准，以实现对消费者利益的保护。据此，本案中东方科苑公司的平行进口行为不构成商标侵权。

第一，被诉侵权行为不会导致混淆可能性。本案中，被诉侵权商品是由商标权人弗兰齐丝卡纳公司生产的正品，其贴附的商标与本案注册商标均指向商标权人弗兰齐丝卡纳公司。因此，被诉侵权商标不会割裂商标权人与贴附相同商标标志的平行进口商品之间的唯一指向关系，不会导致中国市场的相关公众混淆误认的可能性，故被诉侵权行为难以认定为侵害商标权的行为。

第二，被诉侵权行为不会损害涉案商标的质量保证功能。本案中，商标所指向的商品以及商标所积累的商誉均源于商标权人弗兰齐丝卡纳公司。被诉侵权商品是由商标权人在境外生产、销售的正品，与商标权人同意在国内市场销售的授权商品品质相同，二者均属于权利人控制的产品质量体系，故被诉侵权商品通过平行进口方式进入国内不会损害商标权人的商誉，也不会损坏商标所具有的质量保证功能。

第三，被诉侵权行为不会损害消费者权益。平行进口商品进入中国市场后，会与授权销售的商品在同一市场中竞争，提高市场竞争水平，从而进一步提升商品服务质量，丰富商品类别，降低商品价格，满足消费者的个性化选择。这一跨境商业方式能够促进全球商品流通，扩大消费者获得商品的渠道，符合商标法保护消费者利益的公益目的，不仅不会损害消费者权益，还会进一步提升消费者福利。

▣ 关于允许商标平行进口是否符合我国公共政策

从国家公共政策的角度看，东方科苑公司通过正常的跨境贸易进口了被诉侵权商品,并依法履行了合法的进口报关手续,不违反我国公共利益和法律的禁止性规定,且符合当下经济全球化背景下鼓励跨境货物自由流动的目标。商标平行进口是国际跨境贸易的重要方式,这一贸易方式符合经济全球化与贸易自由化的价值导向,不应当受到司法的否定性评判。当商标平行进口的商品并未经过任何加工、改动,而是以原包装形式出售,仅仅是商品流动的市场范围扩大,并未改变商品市场流通的本质时,这一行为不会损坏商标权人的利益,且能够促进全球贸易自由化。商标权人的商品之间的市场竞争可以促进国际自由贸易、鼓励价格竞争,从而增加消费者的选择机会。不仅如此,允许平行进口也可以加强商标权人、国内商标被许可人、平行进口行为人的价格与服务品质竞争,形成市场竞争的良性循环,激励市场并最终实现促进国内外经济繁荣的目的。

裁判结果

一审裁判结果

广州市越秀区人民法院作出(2019)粤 0104 民初 11378 号民事判决:

第一,东方科苑公司立即停止进口涉案侵犯百威公司享有的 G1241072 号“”以及 G807592 号“Franziskaner”注册商标专用权的啤酒商品;

第二,东方科苑公司销毁存放在百威公司租赁的日通国际物流(中国)有限公司广州分公司仓库内标有“”标识的啤酒商品;

第三,东方科苑公司应于判决发生法律效力之日起 10 日内赔偿经济损失及合理维权费用共计 205,180 元给百威公司;

第四,驳回百威公司的其他诉讼请求。

二审裁判结果

广州知识产权法院作出(2020)粤 73 民终 1944 号民事判决:

第一,撤销广东省广州市越秀区人民法院作出的(2019)粤 0104 民初

11378号民事判决；

第二，驳回百威公司的全部诉讼请求。

类案梳理

本案裁判要旨

商标平行进口是否构成侵权通常是相关司法裁判的核心争议。我国商标立法对于商标平行进口的法律性质问题并未作出明确规定，导致司法实践中对该类问题的判决结果不尽相同。本案中，二审法院主要从以下几个方面判断被控商标平行进口行为是否侵犯国内商标专用权：第一，平行进口是否损害商标的来源识别功能，导致混淆可能性；第二，平行进口是否损害商标的品质保障功能，进而损害商标权人商誉；第三，平行进口是否损害消费者权益，并从以上三个方面结合案情进行详细论证，综合得出本案平行进口行为不构成商标侵权的结论。此外，平行进口不仅关乎私主体知识产权保护问题，也牵涉到一国国家的对外贸易政策问题。因此，除以上三方面的考量外，本案二审法院进一步针对平行进口是否符合我国公共政策进行了说理，并得出肯定性结论，认为允许平行进口符合当下经济全球化与贸易自由化的价值导向与政策选择。

类案裁判综述

在经济全球化背景下，平行进口成为一种日渐普遍的国际贸易方式。我国商标法尚未对商标平行进口的法律属性作出明确规定，因此，平行进口中的商标权侵权纠纷通常成为我国司法裁判的难题。多年来，我国各级人民法院审理商标平行进口争议案件，产生了一系列典型案例，并针对以下两个问题形成了具有参考价值的裁判经验。

1. 商标平行进口的构成认定

在有关商标平行进口侵权的司法裁判中，审理法院通常以“进口商品系具有合法来源的正品”“进口商品商标与商标权人商标同源”“进口商品与权利人商品不存在实质性差异”“进口方办理了合法进口手续”为要件，认定被控侵权行为是否构成商标平行进口。例如在“上海利华公司与广州进出口公司商标侵权纠纷案”中，法院以“被告无足够的证据证明涉案香皂系来源于商标注册人或者经过商标注册人许可，涉案香皂产品无合法来源”为由，认定被告构成商标侵权而非平行进口行为；[3] 在“斐乐公司与阎寒侵害商标权纠纷案”中，法院认为，涉案商标与韩国 Fila 商标已分属不同主体，不属于商标同源，认定被告行为不属于平行进口，构成商标侵权；[4] 在“法国大酒库公司与慕醍公司侵害商标权纠纷案”中，法院认为，“被告未对三种葡萄酒有任何形式的重新包装或改动，其进口行为未致使商品产生实质性差异”，从而认定被控行为构成平行进口而非商标侵权行为；[5] 在“之宝公司诉李广生侵害商标权案”中，法院认为，被告对原告的光板打火机雕刻图案后再行销售的行为已经构成对进口商品的实质性改变，并因此认定被告构成商标侵权而非平行进口。[6]

2. 商标平行进口的侵权认定

在认定被控侵权行为属于商标平行进口的基础上，司法机关通常还需对涉案平行进口行为是否构成商标侵权进行认定。在这一过程中，审理法院通常从“是否损害商标功能”“是否造成消费者混淆”“是否超出平行进口使用商标的合理边界”等方面认定被控平行进口行为是否构成对权利人商标权的侵害。

(1)“损害商标功能”的侵权认定

在认定被控平行进口行为是否损害商标功能时，人民法院通常从商标的来源识别功能、品质保障功能、信誉承载功能及广告宣传功能等角度对案涉平行进口行为进行考量。例如在“绝对公司、保乐力加公司与隆鑫源公司不正当竞争案”中，法院认为，被告在原产品上加贴中文标签并磨去产品识别码后销售的行为不仅破坏了原商品的完整性和美观感受，也影响了商标的来源识别与品质保障功能，构成对注册商标专用权的侵害；[7] 在“百威公司与古龙公司侵害商标权纠纷案”中，法院认为，古龙公司在进口货物报关单、入境货物检验检疫证明以及加贴的中文标签上使用“卡罗娜”标识的行为割裂了涉案商标与商品之间的对应关系，削弱了涉案商标的来源识别作用，构成商标侵权；[8] 在“大王制纸株式会社与俊奥公司侵害商标权纠纷案”中，法院认为，俊奥公司未对平行进口的纸尿裤重新包装或对商标标识进行改变，亦未对商品进行改动，并未损害涉案商标的标识来源功能、品质保证功能及商标所承载的信誉，故不构成商标侵权行为；[9] 在“吉励贝公司与洋品行公司侵害商标权纠纷案”中，法院认为，被控侵权商品虽然属于平行进口的正品商品，但其不符合我国食品安全标准，破坏了权利商标保证商品质量和商品提供者信誉的作用，据此认定被告构成商标侵权。[10]

（2）“造成消费者混淆”的侵权认定

在认定被控平行进口行为是否造成消费者混淆时，人民法院通常并不仅以被诉商品商标标识与商标权人商标标识相同或近似作为唯一认定标准，而是结合相关市场与消费者认知来判断平行进口行为是否会导致混淆可能性。例如在“维秘公司与锦天服饰公司侵害商标权案”中，法院认为，锦天公司销售的商品是合法购买并进口的正牌商品，其在商品吊牌、衣架、包装袋等处使用维密公司注册商标的行为属于销售行为的一部分，不会造成相关公众对商品来源的混淆、误认，因此其不构成商标侵权行为；[11] 在“大西洋 C 公司与四海致祥公司侵害商标权纠纷案”中，法院认为，四海致祥公司平行进口的啤酒上标注的商标与生产厂家均能够指向库斯亭泽公司，商标与商品来源的对应关系真实，并不会导致消费者混淆误认，因此其平行进口行为并不构成对涉案商标专用权的侵害；[12] 在“德克斯公司与胡晓蕊等侵害商标权纠纷案”中，法院认为在涉案商品商标并非与德克斯公司商标同源的情形下，被告胡晓蕊仍然通过淘宝网展示涉案商品信息并实施代购行为，使普通消费者极易对产品来源产生混淆，并据此认定被告构成商标侵权。[13]

（3）“超出商标使用合理范围”的侵权认定

在商标平行进口的侵权认定中，人民法院除考察被控侵权商品上的商标使用外，通常还会考察被控侵权人是否还实施了其他超出合理范围的商标使用行为。对此，人民法院通常从使用目的的正当性、使用需求的必要性、使用限度的适当性、使用结果的非混淆性等方面，认定上述商标使用行为是否构成商标侵权。例如在“博柏利公司与法蔻公司侵害商标权纠纷案”中，法院认为法蔻公司在开设的涉案店铺门头、外墙及橱窗上醒目标注“BURBERRY”字样，超出了说明其所销售商品品牌的合理限度，易使相关公众误认为涉案店铺系博柏利公司的直营店铺，继而认定构成商标侵权；[14]在“芬迪公司与益朗公司等侵害商标权纠纷案”中，法院认定益朗公司在涉案店铺的店招中单独使用“FENDI”标识会导致相关公众产生“涉案店铺由芬迪公司经营或授权经营”的认知，其行为并不属于基于善意目的的合理使用，侵害了芬迪公司的商标权；[15]在“普拉达公司与沈氏富成公司商标权侵权纠纷案”中，法院认为被告在门头、灯箱广告、外墙上使用涉案商标时未加注任何说明性的文字陈述，易使消费者产生该店与原告之间存在某种特定商业关系的误认，超出了商标合理、规范使用的范畴，构成了对普拉达公司商标权的侵害。[16]

▣ 学术观点综述

由于立法层面具体规则的缺位，商标平行进口已然成为学界多年来争议不断的问题。纵观学理界对商标平行进口的相关探讨，其核心争议可总结为三点。

1. 商标平行进口的概念界定

由于目前国际公约与国内立法均未对商标平行进口作出明确界定，因此，学界对于商标平行进口概念的认知不尽相同，目前主要存在以下三种学说：(1)“未经授权说”在概念表述上强调平行进口系未经本国商标权人授权的行为，具有认定其违法性的价值倾向。如学者王春燕认为，“平行进口一般指未经相关知识产权权利人授权，将由权利人自己或经其同意投放特定市场的产品，向知识产权人或独占被许可人所在国或地区的进口”[17]。(2)“灰色市场说”对商标平行进口的语义表述通常较为抽象，似乎认定其介于合法与违法之间。如学者李明德认为，“平行进口，又称‘灰色市场’，是指在国外生产的带有本国商标的商品，未经商标所有人的许可而输入到本国的行为"[18]。(3)"平行输入说"则通常从客观事实层面对平行进口行为进行描述,不涉及主观价值判断。如我国台湾学者曾陈明汝认为"平行进口是'真品商品的平行输入问题',也就是第三人未经国内商标权人之同意或独家经销商之正常输入行为,且在国内市场上竞销"[19]。

2. 商标平行进口的正当性与合法性

商标平行进口的正当性与合法性是相关学理研究的核心所在。对此,存有"支持说"与"反对说"两派观点。

支持商标平行进口合法化的观点主要基于以下理由:(1)平行进口提供的是具有合法来源的正品,既不会导致消费者混淆,也不会损害商标的基本功能,更因其价格优势而增加了消费者福利,因此平行进口并不违反商标法的立法宗旨,不应予以禁止。[20](2)依据国际权利穷竭原则,商标权人一旦同意将标有其商标的商品投入市场,即意味着其在该商品上的商标权已经用尽,无权再以其享有商标权为由干涉该商品的后续流转行为。因此,平行进口的商品因其上的商标权利用尽而具有合法性。[21](3)平行进口的商品具有价格优势,能够有效打破商标权人对市场和价格的垄断,促进市场竞争,提升市场活力,从而推动进口国的经济发展。[22](4)允许平行进口符合国际自由贸易政策与经济全球化的发展趋势,有利于世界资源的充分利用与世界经济的合作与发展。[23]

反对商标平行进口合法化的观点则往往出于以下考量:(1)由于商标权具有地域性,即依据一国法律产生的商标权其效力范围也仅延及本国地域范围之内,相应地,商标的权利穷竭也应当仅限于国内穷竭。[24]因此,商标权人有权依据其在域外享有的商标权制止商标平行进口行为。[25](2)平行进口的商品可能因缺乏质量保障或售后服务差异等,引起消费者产生误认,损害商标权人的良好信誉,应当予以禁止。[26](3)平行进口商品在国内的销售在很大程度上凭借了商标权人的先期宣传投资和经营劳动,[27]商标平行进口构成对其商誉积累的"搭便车",属于一种不正当竞争行为。[28](4)从长远来看,允许商标平行进口会造成市场分割,损害本国商标权人的合法利益,此种制度选择不利于我国知识产权保护格局的构建,也不利于我国产业技术的创新升级。[29]

3. 针对商标平行进口的法律对策

在经济全球化与国际贸易自由化的趋势下，学界对商标平行进口的法律对策逐渐形成了主流观点，即以允许商标平行进口为原则，以特定情形下禁止平行进口为例外，如“实质性差异例外”“独占许可例外”等，从而合理平衡商标权保护与国际贸易保护之间的关系。[30]同时，应当对平行进口行为进行一定的规范和限制，以防范平行进口商出现“搭便车”情形，如要求平行进口商在进口商品上善尽标识义务，提醒消费者该商品为平行进口；[31]又如要求平行进口商诚实披露其商品与国内商品在质量、售后服务方面的差别等。[32]

总之，商标平行进口是一个涉及知识产权保护、国家贸易政策、多主体利益权衡等多方因素考量的问题。[33]对此，我国《商标法》应当立足于我国现实国情及发展需求，综合考量商标法立法宗旨、当前国际贸易趋势以及商标权人、进口商与消费者群体间的利益平衡等因素，对商标平行进口作出明确的制度规范，为相关司法裁判提供更加明晰的规则指引与裁判方向。

专家点评

在经济和贸易全球化背景下，商标平行进口现象日益普遍。由于商标具有鲜明的地域性以及各主要国家就商标确权普遍采取注册产生权利的立法模式，即便仍然坚持商标权源于使用的美国亦建立了独具特色的注册制度，故在不同国家注册的商标相互独立自属题中之义。在这种情况下，跨国公司为了在全球实施一体化的商标品牌战略，往往就同样的商品在其市场所及之国注册相同或者大致相同的商标。在这些国家的商标注册人即专用权人要么是作为母公司的跨国公司，要么是其关联公司或者其有完全控制权的子公司。无论各国实际的注册人属于上述哪种情形，根据商标法基本法理和《保护工业产权巴黎公约》基本原则，这些分别在不同国家注册的商标及其上的权利都是相互独立的。

如果贴附一国注册商标的商品仅限于在该国流通和销售，跨国公司尽可根据不同国家经济发展程度、消费文化偏好、风土人情变化和价格水平高低，在同一商标品牌之下结合商品包装、品质、风味和价格等制定既有全球一体性又不乏地域国别差异的营销战略乃至商品品质、价格细分战略，以便在全球范围内获取最高利润、最大利益。一旦从事国际贸易的其他企业基于谋求地域国别价差可能带来的利润的目的，或为了满足一国消费者对同一商品品质品位多样性诉求产生的商机，将贴附同一商标的商品从一国进口到另一国，就可能对跨国公司全球化品牌战略和营销策略造成冲击，从而遭到进口国商标注册人基于其商标专用权的狙击，遭遇商标侵权诉讼。这就是平行进口商品商标侵权之诉。

那么，在这种情况下，商标侵权是否成立呢？这一问题的答案既牵涉商标权穷竭是仅限于一国还是及于全球的法理之辩，又取决于各国国际贸易政策的选择。就权利穷竭而言，如果坚守各国商标和商标权独立的地域性原则，则在出口国所贴附商标的权利穷竭自然只限于该国境内。其原因就在于，进口国商标尽管与之完全相同或者大致相同，且权利人与出口国商标权人或为同一公司，或为关联公司，但该商标在法律上却属于另一商标，实际上，出口国的商标和进口国的商标连“国籍”都不相同。这样，商标权在一国（出口国）穷竭的效力又怎能及于另一国（进口国）的商标？另外，进口国和出口国商标权利人相同或者在利益、产权上紧密关联，且出口国、进口国贴附相同或者大致相同商标的同一商品系在同一企业或者关联企业控制下生产并进入市场，允许进口国商标权人阻止平行进口，无异于鼓励人为分割市场，与经济全球化和贸易自由化背道而驰。正因如此，世界贸易组织《与贸易有关的知识产权协定》对知识产权权利穷竭问题不作规定，将其留给成员自主决策。

在国际贸易政策上，如果各国禁止平行进口，则唯一的受益者为跨国公司。易言之，跨国公司可凭据主权国家的国境国界或者独立关税区的边境边界，以在各国注册的独立商标权为武器，恣意分割各国（独立关税区）市场,在全球范围内获取最大利润。如果各国有条件地允许商标平行进口,则可以增加各国市场内同品牌商品的竞争,增加消费者选择空间满足其多样性偏好,并有利于降低商品价格。这些条件包括:相同或者大致相同的两商标在出口国和进口国的权利人为同一主体,或者为利益关联公司(如母子公司);出口国和进口国贴附同一商标的商品均在同一主体或者关联主体的控制下生产并投入市场;出口国和进口国贴附同一商标的商品的品质大致相同,或者,如果品质存在区别,在进口商品或者包装上以明确或者醒目的方式标示出来。因此,有条件允许商标平行进口逐渐成为世界各国司法机构的共同选择。我国法院在审理此类案件的过程中,经过一段时间的探索,对商标平行进口亦采取了上述国际通行的立场。

就本案而言,二审判决事实认定清楚,法理分析透彻,不失为一则具有参考价值和指引意义的典型案例。具体说来,在事实层面,国内销售商百威公司所使用注册号为 G807592 号的“**Franziskaner**”商标与注册号为 G1241072 号的“”商标的注册人均为弗兰齐丝卡纳公司,在中国境内,百威公司获得了弗兰齐丝卡纳公司使用上述商标的普通许可,且相关手续和合同资料既满足法律要求,又符合国际惯例;被诉平行进口啤酒上使用的“”标识与弗兰齐丝卡纳公司在中国注册的上述商标大致相同(判决中所谓“近似”);被诉平行进口啤酒系在弗兰齐丝卡纳公司控制下在德国制造的,其上“”标识亦由弗兰齐丝卡纳公司使用,啤酒进口手续齐全,符合中国海关要求;百威公司在中国境内销售的使用涉案注册商标的啤酒系在弗兰齐丝卡纳公司控制下生产的,与被诉啤酒品质相当;本案一审原告百威公司与涉案啤酒制造商弗兰齐丝卡纳公司、出口商 Anheuser - Busch InBev NV/SA 公司均系百威英博集团名下的关联公司。

就二审法院法理分析和判决说理而言,值得强调的有以下几点:第一,本案被诉侵权商品未违反中国海关法,属于平行进口的正品,与商标权人授权销售的商品不存在实质性差异,二者的生产、制造乃至品质由同一主体实质控制。第二,被诉侵权商品的进口乃至在国内市场的销售不会导致消费者混淆。两者所使用商标基本相同,商品均为啤酒,产品出处均为弗兰齐丝卡纳公司,其并行于市只会强化涉案商标的识别功能,而不会导致混淆。第三,两造商品品质相同,其生产均由涉案商标注册人控制,进口行为不会损害涉案商标的品质保证功能。第四,被诉进口行为不会损害消费者利益。进口行为能够促进同品牌啤酒在国内市场的竞争,有利于丰富消费者选择,降低产品价格。第五,允许商标平行进口符合我国鼓励跨境货物自由流动的公共政策,符合经济全球化和贸易自由化的价值导向。

进而言之,在当下中国消费市场,由于国内品牌在品质和服务,尤其在营销策略和声誉上暂时还难以与跨国品牌匹敌,故跨国公司利用国内消费者对国际大牌的追捧心理,对包括洋酒、化妆品、时装、时尚产品、电子产品乃至小汽车在内的大量商品的定价远高于国际上其他市场乃至发达国家市场同类商品,而所供商品在品质上又往往逊色于供于国外市场的商品,严重损害我国消费者利益。也正是同品质同品牌同类商品在国内外市场上显著乃至巨大的价差让从事国际贸易的企业看到了商机,导致商标平行进口在我国日趋普遍。这就更需要我国法院认真对待此类案件,形成明确的审判规则,在定分止争的同时,为商标平行进口确定准则。应该说,类如本案的平行进口在丰富国内市场国际品牌商品供给、促进同类商品品牌内竞争的同时,还有利于降低国际品牌商品畸高不下的价格,降低国内消费者对国际品牌的盲目崇拜,促成理性消费。

综上所述,根据本案事实,无论是基于商标法基本法理和国际惯例,还是立足于我国有关国际贸易的公共政策和出于维护消费者利益的考量,本案判决堪称例案,值得重视。

注　释

1　该商标于2013年7月15日核准注册,商标注册号为G807592号,核定使用商品为第32类的“啤酒、不含酒精的啤酒;与不含酒精的饮料混合的啤酒”。

2　该商标于2015年2月6日核准注册,商标注册号为G1241072号,核定使用商品为第32

类的“啤酒、矿泉水和汽水以及其他不含酒精的饮料;水果饮料以及水果汁;糖浆以及其他制饮料制剂”。

3 参见广东省广州市中级人民法院民事判决书,(1999)穗中法知初字第82号。

4 参见浙江省杭州市余杭区人民法院民事判决书,(2019)浙0110民初11696号。

5 参见天津市高级人民法院民事判决书,(2013)津高民三终字第0024号。

6 参见广东省广州市中级人民法院民事判决书,(2012)穗中法知民初字第54号。

7 参见江苏省苏州市中级人民法院民事判决书,(2013)苏中知民初字第175号。

8 参见浙江省高级人民法院民事判决书,(2020)浙民终326号。

9 参见浙江省杭州市中级人民法院民事判决书,(2016)浙01民终2178号。

10 参见北京市东城区人民法院民事判决书,(2018)京0101民初13472号。

11 参见上海市第二中级人民法院民事判决书,(2012)沪二中民五(知)初字第86号。

12 参见北京市高级人民法院民事判决书,(2015)高民(知)终字第1931号。

13 参见浙江省杭州市余杭区人民法院民事判决书,(2016)浙0110民初16168号。

14 参见浙江省高级人民法院民事判决书,(2019)浙民终939号。

15 参见上海知识产权法院民事判决书,(2017)沪73民终23号。

16 参见新疆维吾尔自治区乌鲁木齐市中级人民法院民事判决书,(2015)乌中民三初字第201号。

17 王春燕:《平行进口法律规制的比较研究》,中国人民大学出版社2012年版,第4页。

18 李明德主编:《知识产权法》,社会科学文献出版社2007年版,第368页。

19 转引自杜颖:《商标法》,北京大学出版社2010年版,第110页。

20 参见王心阳:《电商时代商标平行进口的合法性分析(下)》,载《电子知识产权》2016年第2期。

21 参见陶钧:《商标侵权纠纷中“权利用尽”规则与“平行进口”的法律规制》,载《中国市场监管研究》2018年第7期。

22 参见杜颖、张建强:《平行进口与商标权保护的法律实践》,载《中华商标》2018年第12期。

23 参见王心阳:《电商时代商标平行进口的合法性分析(下)》,载《电子知识产权》2016年第2期。

24 参见高华:《国际贸易中的商标产品平行进口问题法律研究》,载《法学杂志》2007年第1期。

25 参见何国华:《商标平行进口关系重心的位移与反不正当竞争法的补充规制》,载《学术论坛》2019 年第 6 期。

26 参见高华:《国际贸易中的商标产品平行进口问题法律研究》,载《法学杂志》2007 年第 1 期。

27 参见张今:《平行进口法律问题研究》,载《政法论坛》1999 年第 3 期。

28 参见吴伟光:《商标平行进口问题法律分析》,载《环球法律评论》2006 年第 3 期。

29 参见陈国坤:《海外代购中商标平行进口问题的困境与对策》,载《国际经济合作》2016 年第 7 期。

30 参见严桂珍:《论我国对商标平行进口的法律对策——兼评长沙 MICHELIN 牌轮胎平行进口案》,载《同济大学学报(社会科学版)》2012 年第 3 期。

31 参见莫纪平、谈建俊:《商标权领域中的平行进口问题探析》,载《当代法学》2000 年第 2 期。

32 参见李娟:《美国商标平行进口法律评述及对我国的启示》,载《学术界》2011 年第 12 期。

33 参见龙著华:《论商标平行进口》,载《国际经贸探索》2003 年第 3 期。

06

金光春、北京芭黎贝甜公司与艾丝碧西公司侵害商标权及不正当竞争纠纷案

点评专家

管育鹰　中国社会科学院知识产权中心主任、研究员

责任编辑　瞿昊晖　**编辑助理**　覃楚翔

■ 案件概况

2006 年 10 月至 2010 年 10 月，SPC 集团旗下巴黎克鲁瓦桑公司（PARISCROISSANTCO. LTD）在中国先后注册了“贝甜”“PARIS BAGUETTE 及图”商标，“贝甜”核定使用商品为第 30 类“蛋糕等”和第 43 类“快餐店”等服务，“PARIS BAGUETTE 及图”核定使用商品为第 30 类“蛋糕等”和第 32 类“果汁等”，许可艾丝碧西公司在中国境内独占使用“巴黎贝甜”和“PARIS BAGUETTE 及图”商标标志，并授权艾丝碧西公司就上述合法权益的侵权行为采取法律行动。经过长期经营，上述商标在快餐店等产品中享有较高知名度。

金光春曾经是北京芭黎贝甜公司的法定代表人，自 2014 年 7 月以来，北京芭黎贝甜公司将“BARIS BAGUETTE”文字商标在第 35 类“饭店商业管理”和第 43 类“饭店”等服务上，将“芭黎贝甜”文字商标在第 40 类“面粉加工”和第 43 类“饭店”等服务上，并在网页、微信等平台上大肆宣传。此外，北京芭黎贝甜公司多次起诉艾丝碧西公司侵权，向其和相关关联公司发出警告函、举报书等，并向各地相关部门多次投诉。

2018 年，艾丝碧西公司向北京知识产权法院提起诉讼，将金光春、北京芭黎贝甜公司列为共同被告，请求法院判令两被告停止商标侵权及不正当竞争行为，承担连带责任，赔偿经济损失共计 900 万元，承担一审原告相关合理费用 106.3315 万元，并在（原）《中国工商报》刊登道歉声明以消除影响，为期 1 个月。

2020 年 12 月 25 日，北京知识产权法院作出（2018）京 73 民初 316 号民事判决，认定两被告实施的行为，侵犯了原告未注册驰名商标，且构成了不正当竞争，但并未构成商业诋毁，最终部分支持原告的诉讼请求。上述两被告均不服，提起上诉。2022 年 1 月 10 日，北京市高级人民法院作出（2021）京民终 438 号民事判决，驳回上诉，维持原判。

当事人主张

上诉人(一审被告:金光春、北京芭黎贝甜公司)的主张

第一,一审法院不应主动认定驰名商标,且提交证据不足以证明一审原告商标达到驰名程度。驰名商标认定实行按需认定原则,一审原告并未提出需要,故北京知识产权法院没有必要认定"巴黎贝甜"和"PARIS BAGUETTE及图"商标在"快餐店"服务上为驰名商标,且一审原告提交的证据不足以证明上述商标在第43类"快餐店"服务上达到驰名程度,从而构成驰名商标。

第二,一审被告是描述性地使用了相关词语,并不构成商标侵权,一审法院判决其连带赔偿责任缺乏依据。虽然一审被告中的北京芭黎贝甜公司在其网站上使用了"巴黎""PARIS",但上述词语系对产品口味、特点以及品质特征的描述性使用,不属于商标意义上的使用,从而一审两被告并未构成商标侵权,也就并不存在共同侵权,进而北京知识产权法院不应判决其承担连带赔偿责任。

第三,一审被告并不存在恶意申请和转让商标,其相关行为也不构成不正当竞争,赔偿数额明显过高。北京知识产权法院不能因一审两被告申请商标数量过多而推定其具有恶意,一审两被告并未主动向一审原告提出商标转让并索要高价,其投诉及发送函件行为属于正常行使法律赋予的权利,他人无权干涉,因此相关被诉行为未构成不正当竞争。另外,一审两被告与一审原告之间不属于同类经营关系,不符合不正当竞争的构成要件。北京知识产权法院以一审两被告并不构成的不正当竞争和主观恶意为由,判决一审两被告赔偿共计150万元,赔偿数额明显过高。

被上诉人(一审原告:艾丝碧西公司)的主张

第一,一审两被告的行为构成不正当竞争,且存在恶意诉讼等行为,应连带赔偿一审原告相关损失,登报消除影响。一审两被告应立即停止对一审原告的不正当竞争行为,包括:其一,向一审原告直营店、加盟店、供应商

发送"商标侵权警告函"和上门骚扰行为。其二,向媒体、会计师事务所和其他机构发送"商标侵权警告函"等文件的行为。其三,向腾讯公司投诉请求关闭一审原告微信公众号的行为。其四,向各地市场监督管理机关投诉一审原告店铺的行为。其五,向(原)国家工商行政管理总局等行政机关和新闻媒体等发送举报书的行为。其六,起诉一审原告直营店、加盟店和与一审原告有合作关系的电子商务平台的行为。请求判令一审两被告撤回所有尚未判决的针对一审原告直营店、一审原告加盟店和与一审原告有合作关系的电商平台的民事诉讼;一审两被告因恶意提起知识产权诉讼和进行其他不正当竞争行为连带赔偿一审原告经济损失 600 万元;一审两被告应当在《中国工商报》刊登道歉声明以消除影响,为期 1 个月。

第二,一审两被告应立即停止商标侵权行为,承担连带赔偿责任,赔偿相关损失。一审被告之一的北京芭黎贝甜公司应停止使用包含"芭黎贝甜"的企业名称,并且变更后的企业名称不得包含与一审原告未注册驰名商标"巴黎贝甜"相近似的文字;一审两被告应立即停止商标侵权行为,即停止在任何网站、微信公众号、面包店使用与一审原告未注册驰名商标"巴黎贝甜"和"PARIS BAGUETTE"相同或近似的商标;一审两被告因商标侵权行为连带赔偿一审原告经济损失 300 万元,并需要承担一审原告为制止侵权、不正当竞争行为所支付的合理费用等 106.3315 万元。

第三,一审法院认定事实清楚,适用法律正确,应予维持。一审原告认为北京知识产权法院对于"巴黎贝甜"和"PARIS BAGUETTE"商标构成未注册驰名商标,一审两被告构成商标侵权及不正当竞争等事实认定清楚,适用《商标法》、《反不正当竞争法》和(原)《侵权责任法》等法律规范正确,判处一审两被告承担连带责任,赔偿一审原告损失及合理支出的数额合理,应当予以维持。

■ 认定的事实

▣ 一审原告与相关商标的情况

第一,一审原告与相关商标关系密切,公司从业时间长,从业地区广。

一审原告的企业名称为“SPCGroup”或“SPC”，网络搜索“巴黎贝甜”，可进入一审原告公司网站，显示出一审原告的企业名称。一审原告公司起源于1945年，2004年进入中国，2017年已开超过200家店，长期从事烘焙行业等相关业务。一审原告下设公司基本遍布国内各大城市、地区，所属集团在美国、新加坡、法国和越南等多个国家和地区开展相关业务，从业地区范围广阔。

第二，一审原告使用的相关商标由关联公司许可，商标合法有效。“PARIS BAGUETTE 及图”“贝甜”等相关商标，由株式会社巴黎克鲁瓦桑注册并享有权利。尽管就相关商标内容存在一些争议，但经商标评审委员会裁定对其予以维持，相关商标仍合法有效。株式会社巴黎克鲁瓦桑已许可一审原告在中国独占使用“巴黎贝甜”和“PARIS BAGUETTE 及图”商标标志，并授权一审原告可就相关侵权行为采取法律行动。

第三，一审原告相关商标在“快餐店”服务上拥有较高知名度，其品牌的知名度和美誉度在焙烤食品行业名列前茅。自2003年至案件一审裁判时，一审原告使用相关商标从业，多次获得较高含金量的荣誉。有证据表明一审原告对相关商标和品牌花费大量费用，大量在一些知名媒体和互联网网站上进行宣传报告，广泛参与公益活动。一审原告相关品牌在中国进行了大量投资，近5年年均销售额位居行业前列，具有较高的知名度和美誉度。

▣ 一审两被告及其关联公司的相关情况

一审被告金光春曾经是另一被告北京芭黎贝甜公司的法定代表人。北京芭黎贝甜公司曾在第43、35、40类等类别上注册了“BARIS BAGUETTE”和“芭黎贝甜”文字商标，诉讼时仍在商标权期限内。金光春还是绅士格林公司和驰名会公司的法定代表人。

▣ 被诉侵权行为的相关情况

第一，一审被告北京芭黎贝甜公司分别在其自身网站及腾讯微信中使用“巴黎贝甜”和“BARIS BAGUETTE”等标志，相关网站域名联系人则指向另一被告金光春。

其一,在公证处提供的计算机浏览器上搜索“pariscroissant. cn”和“baguette. com. cn”,进入一审被告的网站,页面中使用了“巴黎贝甜”“BARIS BAGUETTE”标志,并显示有面包、糕点、蛋糕等图片。其二,在公证处提供的计算机浏览器上通过“Whois. chinaz. com”网页查询“baguette. com. cn”和“pariscroissant. cn”域名信息显示,联系人为金光春和驰名会公司(法人代表人为金光春),两域名的联系邮箱相同。其三,在微信中搜索“巴黎贝甜”,显示 gh_410b85362baf 的公众号,账号名称为“巴黎贝甜 PARISBAGUxxxTE”,账号主体是北京芭黎贝甜公司,并显示“全国招商 40xxx86 来自韩国服务中国 www. baguette. com. cn”。注册详情显示企业名称是北京芭黎贝甜公司。

第二,一审被告北京芭黎贝甜公司对一审原告及其相关公司提起多起诉讼,并多次针对一审原告进行发出警告函、举报书等投诉行为。

其一,2017 年,一审被告北京芭黎贝甜公司向一审原告相关公司熙熙贝甜食品加工部寄送“商标侵权警告函”,要求其立即停止使用“巴黎贝甜”和“PARIS BAGUETTE”的相关行为。其二,一审两被告还将上述类似“商标侵权警告函”寄送给成都艾丝碧西餐饮管理有限公司万象城店、成都艾丝碧西餐饮管理有限公司新光路店、大连艾丝碧西餐饮管理有限公司高新万达店等众多一审原告相关店铺。其三,2018 年,一审被告金光春,自称是北京芭黎贝甜公司知识产权负责人,联系一审原告天津公司管理部总监,表示已对其发过《商标侵权警告函》,并举报到相关工商部门。其四,2018 年,一审被告寄送给巴黎贝甜(右安门店)的《举报书》显示被举报人为一审原告。其五,一审被告寄送给一审原告的《举报书》中显示,主送机关包括原国家工商行政管理总局、国家知识产权局、原北京市工商行政管理局,抄送机关包括北京市行政区工商局和知识产权局、商务委、区政府等机关,也包括中国食品工业协会等行业协会,以及中国知识产权报、新浪新闻、中国工商报等媒体,还包括韩国驻中国大使馆等。其六,根据一审原告统计,2018 年 1 月至 7 月,一审两被告共投诉 84 起,在同一时间段一审两被告又以消费者名义投诉 58 起,地域和接受投诉的机关涉及较广。一审被告之一的北京芭黎贝甜公司还多次在微信公众平台投诉一审原告相关账号。

第三,一审两被告侵权存在主观恶意。

其一,一审两被告及关联公司大量注册“巴黎贝甜”“芭黎贝甜”“SPC”等与一审原告商标相似的商标,相关商标数量众多且覆盖多个类别。其二,2017 年,商标评审委员会认为一审被告金光春在多个类别注册“巴黎贝甜”等多个与他人商标近似的商标,扰乱了相关秩序,故裁定第 15875056 号商标无效。其三,2016 年,原国家工商行政管理总局商标局(以下简称原商标局)因一审被告金光春恶意注册,有悖于诚实信用原则,故决定对第 14567339 号“教元 KYOWON 及图”商标不予注册。其四,一审两被告在“顶级商标转让网”售卖多个商标,曾有意将涉案相关商标转让给一审原告及关联公司。

▣ 损害赔偿相关事实

第一,一审原告相关许可使用费的证据。一审原告提交了其与刘某某签订的《特许经营合同(PARIS BAGUETTE 某某广场店)》,就在北京某商圈开设 PARIS BAGUETTE 事项进行约定,合同显示需加盟方支付加盟费等费用,后由总部提供一定的有偿服务。

第二,一审原告其他案件律师费支出的证据。一审原告提交了从 2017 年到 2018 年,一审原告及其相关公司与北京大成律师事务所签订的委托代理协议和法律服务合同及相关发票。

第三,一审原告本案其他合理支出的证据。一审原告提供了其与北京大成律师事务所签订的委托代理协议,显示委托事项为与一审被告的案件(本案)代理,律师费为 15 万元。另有北京大成律师事务所开具的律师费 15 万元的发票一张,以及共计 13,315 元的若干公证费发票。

▣ 其他相关事实

一审庭审后,一审原告向一审法院补充提交以下材料:(1)一审被告金光春向北京市海淀区人民法院提交针对一审原告的起诉状;(2)一审两被告商标申请查询情况;(3)针对第6306376号商标的无效宣告申请材料;(4)(2019)沪73民终5号民事判决;(5)(2019)京0108行初277号行政裁定;(6)针对第6306376号商标的无效宣告裁定;(7)(2019)津01民终1863号民事裁定;(8)一审被告北京芭黎贝甜公司提交的8份无效宣告裁定书。

■ 裁判意见

北京知识产权法院经过审理,具体裁判意见论述如下。

▣ 关于“巴黎贝甜”和“PARIS BAGUETTE”商标在快餐店服务上的知名度

依据个案认定和按需认定原则,对“巴黎贝甜”和“PARIS BAGUETTE及图”商标在快餐店服务上是否构成未注册驰名商标进行认定,是必要的。其在相关公众中达到了家喻户晓的程度,构成未注册的驰名商标。

第一,一审法院认定驰名商标的必要性。本案中,一审被告注册和使用含有与一审原告享有较高知名度的“巴黎贝甜”商标高度近似的“芭黎贝甜”字号的企业名称,且存在商业性使用“巴黎贝甜”和“PARIS BAGUETTE”商标的行为,可能对一审原告享有的未注册商标相关权益造成侵害。故依据个案认定和按需认定原则,对“巴黎贝甜”和“PARIS BAGUETTE”商标在快餐店服务上是否构成未注册驰名商标进行认定。

第二,一审原告的相关商标构成驰名商标。一审原告提交的大量证据可以证明,“巴黎贝甜”和“PARIS BAGUETTE”商标从2003年起在中国境内的快餐店等服务上进行使用。在实际使用中,“巴黎贝甜”和“PARIS BAGUETTE”往往共同使用,已经形成对应关系。从店铺网点数量和分布、宣传广告、媒体报道、荣誉奖项等方面的相关证据看,“巴黎贝甜”和“PARIS BAGUETTE”商标已经在快餐服务中尤其是“蛋糕、甜点”快餐服务中具有极高知名度,在“蛋糕、甜点”快餐服务的相关公众中达到了家喻户晓的程度,构成未注册的驰名商标。

▣ 关于侵害未注册驰名商标的问题

在本案中，一审两被告具有关联关系，构成共同侵权，应承担连带责任，包括基于商标侵权的停止侵权责任，基于商标侵权的赔礼道歉和消除影响责任，基于商标侵权行为的损害赔偿责任等。

第一，一审两被告为关联关系，构成共同侵权。被诉商标侵权行为是指在网站宣传“巴黎贝甜”加盟招商和在公众号中使用“巴黎贝甜”和“PARIS BAGUETTE”字样并进行加盟招商的行为。北京芭黎贝甜公司在其公众号、网站等平台上突出使用“巴黎贝甜”和“PARIS BAGUETTE”，且使用在与一审原告相同或近似的类别上，足以造成相关公众误解误认，侵害了一审原告未注册驰名商标的相关权益。金光春是相关公司的直接联系人，两者具有关联关系，且金光春参与了具体行为，应当认定两者具有共同故意、共同行为并造成共同损害，是共同侵权人，应当承担连带责任。

第二，一审两被告应当连带承担多个商标侵权行为的责任。其一，关于基于商标侵权的停止侵权责任。一审被告侵害了一审原告对“巴黎贝甜”和“PARIS BAGUETTE”商标在快餐店服务上的未注册驰名商标权益，应当立即停止相关侵权行为。其二，关于基于商标侵权的赔礼道歉和消除影响责任。由于被诉商标侵权行为造成了市场混淆，一审被告应当承担消除影响的责任。被诉商标侵权行为主要造成的是财产性损害，故不支持赔礼道歉的具体责任方式和内容。其三，关于基于商标侵权行为的损害赔偿责任。本案中，现有证据未明确证明一审原告基于商标侵权行为受到的损失，也不能证明一审被告实际进行了经营并因此获利的数额，但一审原告提供的特许经营合同中显示的品牌加盟费可以作为许可使用费的参考，另根据被诉侵权行为的性质和时长、被侵权商标的知名度等因素，综合酌定一审被告应承担侵权损害赔偿 20 万元。

▣ 关于被诉不正当竞争的问题

一审原告从事烘焙和甜品快餐业务，一审两被告均宣称开展焙烤连锁的餐厅服务，并公开招募加盟，故可以认定一审被告与一审原告具有竞争关系，应当按照诚实信用原则开展经营活动。

第一，一审两被告的相关行为不构成商业诋毁。本案中，一审两被告向一审原告的直营店等合作伙伴、媒体等机构发送警告函等行为，向行政机关举报投诉、向司法机关起诉等行为，结合相关信息不能认定为编造或无中生有。故上述被诉行为不符合商业诋毁的构成要件，对一审原告关于被诉不正当竞争行为构成商业诋毁的主张不予支持。

第二，一审两被告的相关行为违反2017年《反不正当竞争法》第2条的规定，构成不正当竞争。本案中，一审两被告及其关联公司申请注册超过1700个商标，且没有证据证明其进行了实际经营，或具有实际经营的准备，相反地，其却建立商标转让网站进行转卖商标；尽管相关商标的效力不属于本案审理范围，但前述不以实际使用为目的、大量注册商标并进行转卖的系列行为，难谓善意和诚信。一审两被告围绕一审原告未注册驰名商标"巴黎贝甜"和"PARIS BAGUETTE"申请注册近百个近似商标，并主动向一审原告高价转让；在被拒绝后，一审两被告采取的一系列行为，属于《反不正当竞争法》规制的范围，其主观上具有明显恶意，采取形式上合法的手段，获取明显高于市场交易价格的利益，具有不正当性，客观上也使一审原告遭受商誉可能受损、经营受到影响、维权支出加大等多方面损害。

第三，一审被告北京芭黎贝甜公司字号构成不正当竞争。本案中，一审原告主张一审被告注册和使用"芭黎贝甜"字号的行为构成不正当竞争。北京芭黎贝甜公司成立于2015年1月9日。在该公司成立时，一审原告"巴黎贝甜"和"PARIS BAGUETTE"未注册商标在快餐店服务上已经具有较高知名度，达到驰名商标的程度。故"芭黎贝甜"字号的注册和使用，难谓善意。该公司及其实际控制人金光春注册大量与"巴黎贝甜"高度近似商标进行转卖，并宣称进行"巴黎贝甜"的快餐店服务加盟等行为，足以导致相关公众将"巴黎贝甜"和"PARIS BAGUETTE"商标与"芭黎贝甜"字号相联系，违反相关规定，构成不正当竞争。

第四，一审被告需要承担停止侵害、赔礼道歉、消除影响责任，并基于不正当竞争行为进行损害赔偿。其一，一审被告北京芭黎贝甜公司，基于其字号、商标等相关不正当竞争行为，应履行停止侵权责任，停止对一审原告的种种侵害行为；一审两被告的不正当竞争行为造成了混淆误认，也给一审原告商誉造成损失，应当履行赔礼道歉、消除影响责任，并应根据一审原告请求，在《中国工商报》上刊登致歉声明。其二，一审被告北京芭黎贝甜公司注册使用“芭黎贝甜”字号的不正当竞争行为的赔偿数额，参考相关规定，责令其赔偿20万元；一审两被告违反《反不正当竞争法》第2条行为的赔偿数额，综合酌定支出赔偿100万元；一审原告的合理支出数额，根据实际情况和一审原告提供的主张，酌定支持10万元，一审两被告构成共同侵权，应承担连带责任。

裁判结果

一审裁判结果

北京知识产权法院于2020年12月25日作出（2018）京73民初316号民事判决：

第一，一审两被告立即停止涉及一审原告未注册驰名商标“巴黎贝甜”和“PARIS BAGUETTE”的以下行为：向一审原告的直营店、加盟店、供应商发送“商标侵权警告函”和上门骚扰的行为；向媒体等机构发送“商标侵权警告函”和举报书等文件的行为；向腾讯公司投诉一审原告微信公众号的行为；向各地市场监督管理机关发送举报书和投诉一审原告店铺的行为；起诉一审原告的直营店、加盟店和与一审原告有合作关系的主体的行为。

第二，一审被告北京芭黎贝甜公司立即停止使用包含“芭黎贝甜”的企业名称，并于判决生效后10日内进行变更登记。

第三，一审两被告立即停止侵害一审原告未注册驰名商标“巴黎贝甜”和“PARIS BAGUETTE”的行为，包括：立即停止在任何网站、微信公众号、面包店使用与艾丝碧西公司未注册驰名商标“巴黎贝甜”和“PARIS BAGUETTE”相同或近似的商标。

第四，一审两被告于判决生效后10日内在《中国工商报》刊登赔礼道歉和消除影响声明。

第五，一审两被告连带赔偿一审原告损失及合理支出合计150万元。

第六，驳回一审原告的其他诉讼请求。

▣ 二审裁判结果

北京市高级人民法院于2022年1月10日作出（2021）京民终438号民事判决：驳回上诉，维持原判。

类案梳理

▣ 本案裁判要旨

认定驰名商标，既可因为当事人请求且相关法院认为需要而进行认定，又可根据案件情况，人民法院认为确有必要而进行认定。前者是在案件审理过程中，由当事人主张相关权利，最高人民法院指定的人民法院可根据审理需要对商标驰名情况进行认定，后者则是在案件中，当事人以商标驰名为事实依据，人民法院根据具体情况认为确有必要的，可对商标的驰名情况进行认定；而在认定商标是否达到驰名程度时，人民法院需要根据相关规范，综合考虑相关商标使用持续时间、宣传投入、范围、程度以及受保护记录等多种因素进行具体分析后认定。对于相关公众广为人知但却未进行注册的商标，人民法院可根据情况依法认定其为未注册驰名商标并予以保护。

在认定当事人是否违反《反不正当竞争法》第2条规定的诚信原则时，需考量当事人的主观意图及其行为造成的客观结果。行为人违反诚实信用原则，对于明知是他人未在中国注册的知名商标，利用商标注册先申请原则，抢先申请注册或受让与该未注册驰名商标相同或近似的商标，并使用在相同或者类似商品上，获得不当利益，给权利人造成损害的，人民法院可以根据权利人请求，判决行为人停止使用并赔偿损失；而在认定当事人的行为是否属于《反不正当竞争法》第 6 条规定的混淆行为时，则需通过分析地域、行业、知名度以及当事人实施行为的主客观因素等进行综合判断。对于明知是他人未在中国注册的知名商标，行为人使用与其相同或近似的文字作为字号，具有借助他人知名商标市场声誉的主观意图，且足以误导公众的，人民法院可根据情况依法认定该行为属于混淆行为，构成不正当竞争。

▣ 类案裁判综述

1. 驰名商标的认定

第一，在驰名商标认定的必要性方面。相关法院一般是根据当事人的请求，且根据审理的需要而进行认定的。例如，在"南社布兰兹公司诉华夏庄园公司、杭州正声公司侵害商标权纠纷案"中，原告就主动提出认定中文商标"奔富"为未注册驰名商标的请求，法院结合该商标未注册等实际案情，为保障原告相关商标权益，认为对未注册商标"奔富"进行驰名认定具有必要性；[1] 在"拉菲酒庄诉盛达羊毛衫厂、清峰伶商行等侵害商标权纠纷案"中，原告主张其注册商标"LAFITE""拉菲"为驰名商标，法院认为，两商标均注册于第 33 类"酒精饮料（啤酒除外）"上，被诉侵权标识则使用于皮包等商品上，有必要对两注册商标进行驰名认定；[2] 在"欧普公司诉欧科公司、张红侵害商标权纠纷案"中，法院认为，被诉侵犯商标权行为的成立不以商标驰名为事实根据，并无认定驰名的必要性，[3] 尽管随后二审的浙江省高级人民法院撤销了该一审判决，但其仅部分支持了上诉请求，并未对相关商标进行驰名认定。

第二，在驰名商标认定的依据方面。相关法院主要依据《商标法》第 14 条的规定，综合考虑相关商标的知名度，商标的持续使用时间，宣传的时间、范围和程度以及受保护记录等多种因素进行驰名认定。例如，在"黄志福诉国家知识产权局商标权无效宣告请求行政纠纷案"中，法院通过相关审计报告、参展情况和广告宣传等证据证明"路虎"商标在其注册类别的陆地机动车辆等商品上具有较高的知名度，认定其构成驰名商标，对其进行跨类保护。[4] 随后进行二审的北京市高级人民法院支持了该认定，维持了原判。在

"拉菲酒庄诉保醇公司侵害商标权纠纷案"中，法院通过考察被诉行为发生时未注册商标"拉菲"的销售情况、市场声誉、广告宣传和被司法保护的相关事实等因素，综合认定其当时构成未注册驰名商标。[5]

2. 不正当竞争行为的认定

第一，在认定违反诚实信用原则行为方面。相关法院一般会根据涉案商标的知名度、已有司法裁判等判断行为人的主观意图，从而对其行为是否违反诚实信用原则作出认定。在"南社布兰兹公司诉华夏庄园公司、杭州正声公司侵害商标权纠纷案"中，法院认定"奔富"为未注册驰名商标，其与注册商标"PENFOLDS"和"Penfolds"已形成对应关系，均具有较高知名度。法院认为，被告注册了多个与原告具有较强显著性商标相同或近似的商标，且未对其作出合理解释，具有攀附的主观故意，违背了诚实信用原则。[6] 在"欧普公司诉欧科公司、张红侵害商标权纠纷案"中，一审法院认为，因存在相关生效判决，一审被告明知无法在插座、电开关等相关商品上注册或使用"欧普"商标，却仍坚持使用，具有攀附的主观恶意，违反了诚实信用原则。但二审法院却认为相关商标注册时间相同且均有效，一审被告对一审原告商标的使用系常见的介绍产品表达方式，符合通常商业惯例，主观上难谓善恶，故撤销了一审判决，部分支持了一审被告的上诉请求。[7]

第二，在认定构成混淆行为方面。相关法院一般会根据《反不正当竞争法》第 6 条的相关规定，从商品名称、包装和装潢的相似度等进行认定。在"不凡帝范梅勒公司诉好邻居公司等不正当竞争纠纷案"中，一审法院认为，一审原告商品具有一定知名度，一审被告使用了与其商品相似的包装、装潢，且两种商品的受众均为青少年，其分辨力较低，会产生混淆，其行为构成不正当竞争。随后二审法院也肯定了该认定，维持了原判。[8] 在"埃克森美孚公司、美孚石油公司诉大众油业公司、彬恒贸易公司侵害商标权及不正当竞争纠纷案"中，二审的上海市高级人民法院认为，"MOBIL""美孚"字号与一审原告公司并未构成一一对应关系，一审原告企业名称中的"埃克森美孚"和"EXXONMOBIL"系其对应的中文和英文字号，将一审被告使用的"DasMobil""DasMeiFu"标识与上述两字号进行比对，无论在文字、图形及整体结构等方面均存在区别，不会造成相关公众的混淆误认，不构成不正当竞争。[9]

▣ 学术观点综述

正确适用商标法和反不正当竞争法相关制度，对商标权益进行保护，需要深刻理解其各自的特性和重点所在，学界围绕上述要点有着以下观点。

1. 商标法对于驰名商标的特殊保护

一般认为的驰名商标，只是一类处于特殊事实状态的商标，是相对于普通商标的概念，其中包括了注册商标和未注册商标。事实上，驰名商标并非一种独立存在的权利类型，只是获得了比普通商标更大范围的保护，[10]这是因为驰名商标对于相关消费者有着巨大的吸引力，可以激发其购物的欲望，因此使驰名商标具有极高的价值，也容易被他人侵犯相关权益。[11]相关商标保护规范为了防止驰名商标被混淆误认，保护商标权人和相关消费者的权益，维持相关市场秩序，才对驰名商标实行"注册豁免"和"跨类保护"等特殊保护，这也是对驰名商标进行保护的动因和主要动机。[12]

对未注册驰名商标的保护是驰名商标保护的关键所在。未注册商标的相关权益产生于商标使用的事实，但在我国采取商标注册取得制度的背景下，只有驰名商标可以不经注册而产生商标权。[13]对未注册驰名商标提供商标法意义上的保护具有明显的正当性和合理性，契合商标法的立法意图和精神，但对未注册驰名商标的保护范围一般仅限于相同或类似商品，不应对其进行跨类保护。[14]对于注册的驰名商标可进行适当的跨类保护，保护范围并不绝对，边界主要取决于"混淆可能性"。[15]

对于未注册驰名商标保护的逐渐重视，体现了我国《商标法》及其相关规范的愈加成熟和完善，更有利于保护商标权人的权益，防止各种类型的商标混淆，保障相关消费者的利益和相关市场竞争的秩序。[16]对于其他有价值的未注册商标，尽管尚无法获得商标权，但却可以寻求反不正当竞争法的保护。[17]从总体上看，我国对于未注册商标的保护制度呈现了从无到有、由弱及强的趋势，展现了相关制度的公平合理，却也造成了相关保护制度之间的冲突，甚至冲击了制度的根本。因此，有学者提出应当对未注册商标保护制度进行体系化解释，为相关商标提供适宜的保护，形成制度合力。[18]

2. 反不正当竞争法对于商标权益的补充保护

知识产权相关规范与反不正当竞争法关系密切，其中的权利虽有本源权利和救济权利之区别，但却在规范的功能目标及相关保护对象方面有着共通之处。[19]在商标权益保护方面，商标法与反不正当竞争法的关系密切，呈现出一种并列关系，两者对不同的商标权益提供直接或间接的保护，分别规制商标侵权行为和商标不正当竞争行为。从某种意义上说，反不正当竞争法是商标法的重要补充，对商标权益的保护起补充作用。[20]

对于商标权益的保护，一般便是通过违反诚实信用原则等一般条款和构成混淆行为等具体条款来进行。关于前者的适用，有学者提出，尽管司法实践中出现了过度适用的现象，但相关政策及主流裁判仍长期坚持严格适用的态度，主张适当限制该类条款的适用范围。[21]这是因为，反不正当竞争法是运用强力禁止的方式来维持正常的市场竞争秩序，是一种强制干预的外力，而并不是保护某种预设的权利。如此一来，对于“诚实信用”等并无具体标准的一般性原则，就更需谨慎适用、具体分析，避免过度干预市场竞争。然而对于“恶意抢注”等具有明显主观恶意的竞争行为，仍然需要通过认定其违反诚实信用原则等方式予以制止。[22]有学者提出，在具体地认定和判断时，应当着重审查行为人的主观意图和客观结果而非侵犯其他人合法权益等方面。[23]关于后者的适用，有学者提出“混淆行为”应当以混淆可能性为认定条件，而并不要求造成实际混淆。其对相关商业标示保护的核心则在于确定保护范围和明确相关标准。[24]从总体上来看，运用反不正当竞争法对商标权益进行保护，需要统筹协调好多方利益，既需要加强必要的干预，又需要控制干预的程度，维持市场竞争的公平有序。[25]

专家点评

2022 年伊始，北京市高级人民法院维持了北京知识产权法院的判决，认定一审原告艾丝碧西公司的"巴黎贝甜"和"PARIS BAGUETTE"商标在快餐服务中构成未注册驰名商标,北京芭黎贝甜公司等二被告的行为侵害了原告的未注册驰名商标权益且构成不正当竞争,其应立即停止各种侵权和不正当竞争行为,并进行赔礼道歉和消除影响,连带赔偿原告损失150万元。

艾丝碧西公司自2004年进入中国市场,其开设的"巴黎贝甜"面包房在2015年北京芭黎贝甜公司成立之前就已超过100个店铺,成为国内烘焙行业的著名品牌;到2017年,中国境内的"巴黎贝甜"店铺已经突破200个,在北京、上海等一线城市商业圈和居民聚居区不时可见。本案两审法院认定"巴黎贝甜"为未注册驰名商标,并全面禁止被告的各种侵权和不正当竞争行为,包括停止使用包含"芭黎贝甜"的企业名称,使一审原告作为在中国合法合规经营的外国企业,终于摆脱了5年来因被告在各地不断发起各种举报、警告、诉讼等活动带来的困扰,彰显了中国司法机关依法打击恶意抢注、侵权和不正当竞争,平等保护国内外企业权益,打造法治化国际营商环境的一贯立场。

本案判决指明了司法个案中认定驰名商标的必要性和未注册驰名商标认定与保护的相关规则,具有示范意义。本案中,尽管一审原告一开始就在店铺招牌、商品提供和宣传等商业活动中实际使用了"巴黎贝甜"和"PARIS BAGUETTE",但其当时注册于蛋糕和快餐店的仅有"贝甜"商标;2010年注册的"PARIS BAGUETTE"商标被提起无效后,直到2020年才被北京市高级人民法院最终维持有效,而2018年申请的"巴黎贝甜"商标,则在本案一审终结后的2021年才获准注册。正是因为我国理论及实务界对含地名普通商标的注册和使用相关规则不甚清晰,才产生了本案中原告对"巴黎贝甜"的实际使用与注册相脱节的现象,也产生了法院在本案中将未注册的"巴黎贝甜"认定为驰名商标,以维护权利人合法权益、打击恶意注册和"维权"的侵权者之必要性。关于驰名商标的认定因素和保护规则,法院指出,原告提交的店铺网点数量和分布、宣传广告、媒体报道、荣誉奖项等大量证据可以证明,"巴黎贝甜"和"PARIS BAGUETTE"商标从2003年开始在中国境内同时使用在快餐等服务上，已经形成对应关系，尤其是在蛋糕、甜点快餐服务中具有极高知名度，构成未注册的驰名商标；二被告在网站宣传、加盟招商、公众号使用中突出“巴黎贝甜”，足以造成相关公众混淆，损害了原告未注册驰名商标的商誉，构成侵权。同时，二被告大量申请注册商标并进行转卖，尤其是其在主动向原告高价兜售被拒绝后采取的一系列“维权”行为，主观恶意明显，客观上给原告造成了损害，构成不正当竞争；二被告注册的企业名称使用与原告未注册驰名商标高度近似的“芭黎贝甜”作为字号，足以导致相关公众混淆，难谓善意和诚信，违反了《反不正当竞争法》第6条的规定。

本案判决还进一步澄清了含有公众知晓的外国地名的商标“具有其他含义”的判定标准，对类案说理解读作出了贡献。根据我国《商标法》第10条第2款的规定，县级以上行政区划的地名或者公众知晓的外国地名，不得作为商标，但地名具有其他含义或者作为集体商标、证明商标组成部分的除外，已经注册的继续有效。对于含有地名的集体、证明商标和已经注册的情形，这里不作讨论；与本案相关的是实践中可能存在疑惑的问题，即含有地名的普通商标是否属于“地名具有其他含义”而得以注册、使用和保护。最高人民法院《关于审理商标授权确权行政案件若干问题的规定》第6条规定，商标标志由公众知晓的外国地名和其他要素组成的，如果整体上具有区别于地名的含义，则不属于不得作为商标的情形；国家知识产权局《商标审查审理指南》也指出，若标志因其他要素的加入在整体上具有显著特征、形成了强于地名以外的其他含义或整体上不易被识别为地名的，可以注册和使用。本案判决对《商标法》第10条第2款的阐释，无疑深化了对这些规定的理解，给出了可资审查和司法实践参考的具体示例。

判定含地名的标识是否可以作为普通商标注册和使用，是其构成驰名商标的前提，这里涉及对商标固有显著性和获得显著性的判定。含地名商标认定的难点在于如何理解适用法律所指的“地名具有其他含义”。与“凤凰”等国内地名本身具有其他含义容易判断的情形不同，“纽约”“巴黎”等公众知晓的外国地名，特别是中文译名，其本身除了地名外并无其他含义；

因此只有在该地名并非核心要素、与其他文字并用产生了其他含义、不会使公众对商品或服务来源地产生误认时，才能将其认定为“地名具有其他含义”可以作为商标的情形。本案中原告的未注册商标正是这样的例子，“巴黎贝甜”中的“贝甜”两个汉字并非“PARIS BAGUETTE”中“BAGUETTE”（法式面包）的直译或意译、别称等，属于臆造词，“巴黎”与之共同使用时在整体上具有识别性；而“BAGUETTE”虽然在法国是通用名称，但中国绝大多数的相关公众并不知晓也不会关注该外文的含义，只会将“PARIS BAGUETTE”认同为同时使用的“巴黎贝甜”。设想一下，如果原告使用的是“巴黎法棍”和“PARIS BREAD”，则这种标识是否能够通过长期使用获得第二含义，进而成为面包、蛋糕快餐服务的未注册驰名商标是存疑的。

概言之，本案一审判决时“巴黎贝甜”尚未注册，“PARIS BAGUETTE”也一直有争议，法院将其认定为未注册驰名商标，并据此为权利人提供了有效的救济路径，体现了严格保护驰名商标、严厉打击恶意侵权和不正当竞争行为的司法裁判逻辑。本案是关于驰名商标认定的必要性、未注册驰名商标保护和含地名普通商标属于“地名具有其他含义”情形判定因素的典型案例，两审法院对相关问题和法律规范的阐释，为类案适用和学理研究提供了有价值的参考。

注　释

1　参见江苏省南京市中级人民法院民事判决书，(2018)苏01民初3450号。

2　参见江苏省苏州市中级人民法院民事判决书，(2018)苏05民初106号。

3　参见浙江省杭州市中级人民法院民事判决书，(2018)浙01民初1979号。

4　参见北京知识产权法院行政判决书，(2018)京73行初1170号。

5　参见上海知识产权法院民事判决书，(2015)沪知民初字第518号。

6　参见江苏省南京市中级人民法院民事判决书，(2018)苏01民初3450号。

7　参见浙江省高级人民法院民事判决书，(2019)浙民终1096号。

8　参见浙江省高级人民法院民事判决书，(2017)浙民终339号。

9　参见上海市高级人民法院民事判决书，(2016)沪民终35号。

10 参见北京市第一中级人民法院知识产权庭课题组:《驰名商标司法保护中存在的问题及解决对策》,载《中华商标》2007 年第 11 期。

11 参见邓宏光:《商标混淆理论的扩张》,载《电子知识产权》2007 年第 10 期。

12 参见王太平:《论驰名商标认定的公众范围标准》,载《法学》2014 年第 10 期。

13 参见冯术杰:《未注册商标的权利产生机制与保护模式》,载《法学》2013 年第 7 期。

14 参见冯晓青:《未注册驰名商标保护及其制度完善》,载《法学家》2012 年第 4 期;北京市第一中级人民法院知识产权庭课题组:《驰名商标司法保护中存在的问题及解决对策》,载《中华商标》2007 年第 11 期。

15 参见彭学龙:《论"混淆可能性"——兼评〈中华人民共和国商标法修改草稿〉(征求意见稿)》,载《法律科学(西北政法学院学报)》2008 年第 1 期。

16 参见彭学龙:《商标混淆类型分析与我国商标侵权制度的完善》,载《法学》2008 年第 5 期。

17 参见冯术杰:《未注册商标的权利产生机制与保护模式》,载《法学》2013 年第 7 期。

18 参见王太平:《我国未注册商标保护制度的体系化解释》,载《法学》2018 年第 8 期。

19 参见吴汉东:《论反不正当竞争中的知识产权问题》,载《现代法学》2013 年第 1 期。

20 参见刘继峰:《论商标侵权行为与商标不正当竞争行为的"交错"》,载《湖北大学学报(哲学社会科学版)》2009 年第 4 期;郑友德、万志前:《论商标法和反不正当竞争法对商标权益的平行保护》,载《法商研究》2009 年第 6 期。

21 参见孔祥俊:《论新修订〈反不正当竞争法〉的时代精神》,载《东方法学》2018 年第 1 期。

22 参见刘丽娟:《论知识产权法与反不正当竞争法的适用关系》,载《知识产权》2012 年第 1 期。

23 参见李友根:《论消费者在不正当竞争判断中的作用——基于商标侵权与不正当竞争案的整理与研究》,载《南京大学学报(哲学 · 人文科学 · 社会科学版)》2013 年第 1 期。

24 参见王太平、袁振宗:《反不正当竞争法的商业标识保护制度之评析》,载《知识产权》2018 年第 5 期。

25 参见孔祥俊:《论新修订〈反不正当竞争法〉的时代精神》,载《东方法学》2018 年第 1 期。

07

大博医疗科技股份有限公司与斯恩蒂斯有限公司（SynthesGmbH）等侵害发明专利权纠纷案

点评专家

万　勇　中国人民大学法学院知识产权法教研室主任、教授

责任编辑　徐小奔　**编辑助理**　李　凡

■ 案件概况

斯恩蒂斯有限公司(以下简称斯恩蒂斯公司)是从事研发、生产、销售用于人体骨骼及软组织的固定、修复及重建的内植物、器械和生物材料的瑞士上市公司。大博医疗科技股份有限公司(以下简称大博公司)作为中国骨科医疗器械龙头企业,是从事研发、生产医疗器械的中国上市公司;湖南德荣医疗健康产业有限公司(以下简称德荣医疗健康公司)、湖南德荣医疗器械物流配送服务有限公司(以下简称德荣医疗器械公司)是大博公司的销售商,以下统称二德荣公司。

2017 年,斯恩蒂斯公司向湖南省长沙市中级人民法院提起诉讼,将大博公司、德荣医疗健康公司、德荣医疗器械公司列为共同被告,主张大博公司未经许可制造、销售、许诺销售涉案专利产品,二德荣公司未经许可销售涉案专利产品,请求法院判令三被告立即停止专利侵权行为,销毁所有库存侵权产品及相关工具,公开赔礼道歉,赔偿经济损失。2019 年 11 月 11 日,湖南省长沙市中级人民法院作出(2017)湘 01 民初 428 号民事判决,判决三被告立即停止侵权行为,适用法定赔偿酌情判定其赔偿斯恩蒂斯公司损失及合理开支共计 100 万元。原告斯恩蒂斯公司和被告大博公司均不服,向最高人民法院提起上诉。2021 年 11 月 3 日,最高人民法院作出(2021)最高法知民终 148 号判决,维持一审法院关于侵权行为认定的判决,撤销一审法院关于损失赔偿数额认定的判决,改判大博公司赔偿斯恩蒂斯公司损失及合理开支共计 2010 万元。

■ 当事人主张

▣ 上诉人(一审被告:大博公司、德荣医疗健康公司、德荣医疗器械公司)的主张

第一,被诉侵权产品没有落入涉案专利权的保护范围。涉案专利权利

要求3记载的“一种用于治疗股骨骨折的装置”应当包括主钉和骨固定元件，在权利人未举证证明二者必须配合使用的情况下，其属于独立生产销售的产品，具有实质性非侵权用途。由于被诉侵权产品中的主钉和可作为骨固定元件的螺旋刀片可以单独使用或与其他产品配合使用，根据专利侵权判定的“全面覆盖”原则，无法得出被诉侵权产品落入涉案专利权利要求3的保护范围的结论。

第二，一审法院在证据采信方面存在不当情形。原告斯恩蒂斯公司一审时提交的证据3形成和收集程序不符合法律规定、内容严重违背事实；证据4、20收集手段和来源不明，一审法院未对上述证据收集的合法性进行法庭调查。被告大博公司在一审中提交的证据8~16用以证明被诉侵权产品未落入涉案专利权保护范围，一审法院未说明具体理由即认定上述证明缺乏关联性，未对电子数据证据10和14进行综合审查，漏审了证据15，违反法定程序。被告大博公司在一审中提交US5454813A、US5032125A两份美国专利主张现有技术抗辩证据，一审法院以该证据经国家知识产权局审理为由，认定其缺乏关联性不能用于现有技术抗辩，该行为违背案件全面审查的基本原则，剥夺了当事人的诉讼权利。

第三，即使构成侵权，一审法院赔偿数额认定明显偏高。一审被告大博公司提供了以下两种算法：根据一审被告披露的重大诉讼信息，以30%作为产品利润率，以32%作为扣除现有技术价值后被诉侵权零件价格占比，以25%作为涉案专利对被诉侵权产品的贡献率，若乘以被诉侵权产品2014~2016年的营业利润总和，可得出累计获利为(2,009,024 + 1,409,622 + 1,850,206) × 30% × (6 ÷ 12) × 32% × 25% = 6.32万元人民币（以下币种同）；若乘以被诉侵权产品2014~2016年的销售总金额，可得出累计获利为666,005.15 × 32% × 30% × 25% = 1.6万元。

上诉人（一审原告：斯恩蒂斯公司）的主张

第一，所有被诉侵权产品均落入涉案专利权的保护范围，一审法院仅认定部分落入，属于认定事实和适用法律错误。被诉侵权产品为“国械注准

20163462433 号”和“国食药监械(准)字 2013 第 3461010 号”项下名为“A型股骨带锁髓内钉”的五大类产品,除长度外,与对应涉案专利所要求保护技术方案的结构均相同。一审法院以两类被诉侵权产品未取得实物为由,认定其没有落入涉案专利权保护范围,属于认定事实和适用法律错误。

第二,一审被告大博公司的侵权获利远远超出一审判决酌情确定的金额,且存在举证妨碍情形。关于侵权获利,按照三种不同的计算方法都可以确定一审被告的侵权获利远超一审原告主张的 2000 万元。第一种方法是根据德荣医械商城网站 2018 年 5 月 23 日 ~7 月 4 日增加的销量、销售价格推算出被诉侵权产品的年销售金额,结合公司毛利率算出侵权获利达 5.8 亿元。第二种方法是用2018 年 7 月 4 日在德荣医械商城网站取证的特定被诉侵权产品的总销售金额,除以德荣公司占大博公司销售金额的年平均占比,结合公司创伤类产品的历年平均毛利率,算出侵权获利至少为 6373 万元。第三种方法是根据一审被告大博公司在招股书和年报中自行披露的涉诉侵权产品的销售数据和销售份额,结合公司历年营业收入和创伤产品利润率,算出侵权获利至少为 2940.4 万元。关于举证妨碍情形,在一审原告已经尽力举证并提交了证据保全申请的情况下,一审被告大博公司拒绝法院责令其提交相关证据的要求,拒绝披露根据法律规定应留档的销售数据和相关文件,构成举证妨碍,应当承担不利法律后果。一审法院未对一审被告侵权获利情况作出客观分析,也未考虑上述举证妨碍情形,机械判定 100 万元损害赔偿,远不足以弥补一审原告的经济损失。

■ 认定的事实

▣ 一审原告相关专利的有效性

一审原告斯恩蒂斯公司是专利号为 ZL03827088.9、名称为“用于治疗股骨骨折的装置”专利的发明专利权人。该专利申请日为 2003 年 9 月 18 日,授权公告日为 2008 年 6 月 11 日,专利权至庭审时有效。

▣ 一审被告被诉侵权产品的经营销售情况

一审原告委托北京市永新智财律师事务所及代理人于北京市方圆公证处、北京市国立公证处办理相关证据公证，根据公证书内容可认定以下侵权事实。

第一，被诉侵权主体的基本情况与商业关系。北京市方圆公证处公证人员对 http://www.demm.cn/和 http://www.hndry1.net/网站相关页面进行了公证取证，网页显示大博公司同全国 3000 多家医院、500 余家商业公司建立了良好的长期合作关系，销售额逐年倍增。大博公司授权德荣医疗健康公司为湖南省创伤系列产品物流平台，授权有效期自 2016 年 1 月 1 日起至 2016 年 12 月 31 日止。德荣医疗器械公司系德荣医疗健康公司的代理商，且两公司系关联公司。

第二，被诉侵权产品的销售情况。北京市国立公证处公证人员对"国家市场监督管理总局官网""德荣医械商城"网站相关页面进行了公证取证，显示大博公司注册的产品名称为金属带锁髓内钉的产品，原注册证编号为：国食药监械（准）字 2013 第 3461010，现为国械注准 20163462433。"德荣医械商城"网站备案信息显示，其经营主体为德荣医疗器械公司。公证人员分别于 2018 年 5 月 23 日和 2018 年 7 月 4 日进入该网站搜索"髓内钉"，显示与本案有关的产品分别有"大博金属带锁髓内钉防旋股骨近端髓内钉（加长型）（070341300）"，销量为 799 个；"大博金属带锁髓内钉防旋股骨近端髓内钉（070310170）"，销量为 785 个；"大博金属带锁髓内钉（防旋股骨近端髓内钉）070310170"，销量为 968 个；"大博金属带锁髓内钉（螺旋刀片）070370075"，销量为 952 个。上述产品的注册证号均为国械注准 20163462433，生产企业为大博公司。

▣ 与赔偿数额有关的事实

第一，一审被告大博公司的营业利润及主营收入构成情况。2018 年，北京市国立公证处公证人员进入"中国证券监督管理委员会官网"下载了《大博医疗科技股份有限公司首次公开发行股票招股说明书》;进入《深圳证券交易所官网》获取了《大博医疗 2017 年年度报告》与《大博医疗 2018 年半年度报告》。上述说明书和报告记载,大博公司 2014 年营业利润为159,681,817.16 元,2015 年营业利润为 214,074,110.48 元,2016 年营业利润为 245,370,639.04 元。报告期内主营业务收入主要源自创伤类植入耗材,2014 年营收为 20,995.38 万元,占比为 70.39%;2015 年营收为 27,102.33 万元,占比为 69.22%;2016 年营收为 31,499.44 万元,占比为 68.57%;2017 年营收为 395,410,521.03 元,毛利率为 84.03%;2018 年营收为 220,549,603.32 元,毛利率为 87.06%。

第二,一审被告大博公司被诉侵权产品的销售情况。2018 年,北京市国立公证处公证人员进入"中国证券监督管理委员会官网"下载了《大博医疗科技股份有限公司首次公开发行股票招股说明书》。说明书记载,一审原告在诉讼材料中列举公司涉及侵权的产品共 3 个,相关产品的规格共 12 个,报告期内上述产品 2014 年度销售金额为 17,117.09 万元,占比 71.51%,2015 年度销售金额为 22,285.63 万元,占比 70.25%,2016 年度销售金额为 26,124.89 万元,占比 69.50%。其中创伤类毛利率 2014 年为 81.53%,2015 年为 82.23%,2016 年为 82.94%。

第三,一审被告二德荣公司被诉侵权产品的销售情况。2016 年,北京市方圆公证处公证人员对"http://www.csrc.gov.cn/"网站相关页面进行了公证取证,下载了《大博医疗科技股份有限公司首次公开发行股票招股说明书(申报稿)》。说明书记载,报告期内前 5 名客户销售情况中,德荣医疗健康公司 2013 年度销售金额为 1427.35 万元,占营业收入的比例为 7.04%;2014 年度销售金额为 1314.95 万元,占营业收入的比例为 4.40%;2015 年度销售金额为 2117.06 万元,占营业收入的比例为 5.40%。2018 年,北京市国立公证处公证人员进入"中国证券监督管理委员会官网"下载了《大博医疗科技股份有限公司首次公开发行股票招股说明书》,说明书记载,报告期内(2014 年、2015 年及 2016 年)前 10 名客户销售情况中,德荣医疗健康公司 2016 年度销售金额为 2783.73 万元。上述数据合并计算了德荣医疗器械公司。

■ 裁判意见

最高人民法院经审理认为，一审法院证据采信过程并无不当，且在案的被诉侵权产品均落入了涉案专利权的保护范围，装置零部件在实际使用中是相互配合还是各自与其他部件配合均不影响专利侵权认定，一审被告确实实施了制造、销售、许诺销售被诉侵权产品的行为，构成专利权侵权。根据《专利法》第 65 条的规定，被告应立即停止制造、销售、许诺销售被诉侵权产品，承担损害赔偿责任。关于赔偿数额认定，最高人民法院基于被告举证妨碍的情形，采用一审原告主张的计算方式，结合在案证据情况对有关具体数据进行调整后，对被告大博公司的侵权获利进行计算。根据最高人民法院《关于审理专利纠纷案件适用法律问题的若干规定》第 14 条的规定，计算侵权人因侵权所获利益时主要考虑以下要素。

▣ 被诉侵权产品的销售数量与价格

北京市国立公证处(2018)京国立内经证字 1882 号公证书(以下简称 1882 号公证书)记载，“德荣医械商城”中销售编号为 070310170 的防旋股骨近端髓内钉的销量已达到 968 个，销售编号为 070370075 的螺旋刀片的销量为 952 个，取其中较小数量 952 作为被诉侵权产品在“德荣医械商城”网站的当日销售量。根据一审被告大博公司提交的四张销售发票，以落入涉案专利权保护范围的最小可销售单元的销售价格作为计算基础，包括髓内钉和螺旋刀片在内的侵权产品单套销售价格取整数约为 2200 元。北京市方圆公证处(2016)京方圆内经证字 12411 号公证书记载，一审被告二德荣公司 2014 ~ 2016 年销售金额平均占比为 5.27%。结合上述数据，包括销售编号为 070310170 的髓内钉和销售编号为 070370075 的螺旋刀片在内的侵权产品销售金额取整数约为 952 × 2200 ÷ 5.27% = 3974 万元。

▣ 被诉侵权产品的利润率

一审被告大博公司未明确提供证据证明被诉侵权产品利润率，根据北京市方圆公证处(2016)京方圆内经证字12411号公证书和北京市国立公证处(2018)京国立内经证字1520号公证书记载的两份招股说明书中的相关数据，推算出一审被告大博公司2013～2016年度营业利润率分别约为53.7%、53.4%、54.6%、53.0%，将侵权产品合理利润率确定为53%。

▣ 一审被告大博公司怠于举证和执行法院命令的行为已构成举证妨碍

该公司作为研发、生产人体植入材料等医疗器械的上市公司，为保证患者身体健康和生命安全，理应掌握了涉案不同型号、规格侵权产品的生产、销售情况，以满足我国对于该类产品的可追溯要求，在本案中也完全可以通过自我举证精确计算出侵权产品的销售金额、利润率等。但该公司不仅未举证，还在最高人民法院要求其提供涉案编号的侵权产品的销售数据和与销售数据关联的原始凭证时，以“绝大多数销售票据等纸质文件无从查找”为由拒绝提供全面完整的证据，仅提供了自行制作的2014年销售数据打印件，一审时也只提供了四张销售发票。最高人民法院认为，一审被告大博公司消极执行法院命令、拒不提供自己掌握的全部相应证据材料的行为已经构成举证妨碍。根据最高人民法院《关于审理侵犯专利权纠纷案件应用法律若干问题的解释(二)》(以下简称《专利法解释(二)》)第27条的规定，在专利权人已尽力举证，且所举证据和主张的计算方法可以证明其主张的金额具有较大可能性能够成立的情况下，侵权人尽管不同意专利权人主张的金额，但仅对专利权人的计算方法提出异议，拒不提供自己掌握的证据，则可以推定专利权人主张的赔偿金额成立。本案可根据一审原告的主张、提供的证据和计算方法，合理认定一审被告因侵权所获得的利益。

综合上述分析，因一审被告大博公司拒不提交其掌握的相应账簿及财务资料，构成举证妨碍，应承担举证妨碍的相应后果，围绕一审原告提交的证据、主张的计算方法进行分析，考虑销售金额、利润率等因素，得出被诉侵权行为获利已经超过2000万元的结论。最高人民法院推定一审原告主张的金额成立，对其主张的2000万元赔偿予以全额支持。

■ 裁判结果

▣ 一审裁判结果

湖南省长沙市中级人民法院于2019年11月11日作出（2017）湘01民初428号民事判决：

第一，大博公司立即停止制造、销售、许诺销售侵犯斯恩蒂斯公司的ZL03827088.9号“用于治疗股骨骨折的装置”发明专利的产品；

第二，二德荣公司立即停止销售、许诺销售侵犯斯恩蒂斯公司的ZL03827088.9号“用于治疗股骨骨折的装置”发明专利的产品；

第三，大博公司于判决发生法律效力之日起10日内赔偿斯恩蒂斯公司经济损失100万元（已包含合理维权费用）；

第四，驳回斯恩蒂斯公司的其他诉讼请求。一审案件受理费142，300元，由斯恩蒂斯公司负担70，000元，由大博公司负担72，200元，由德荣医疗健康公司负担50元，由德荣医疗器械公司负担50元。

▣ 二审裁判结果

最高人民法院于2021年11月3日作出（2021）最高法知民终148号民事判决：

第一，维持中华人民共和国湖南省长沙市中级人民法院（2017）湘01民初428号民事判决第一、二项；

第二，撤销中华人民共和国湖南省长沙市中级人民法院（2017）湘01民初428号民事判决第三、四项；

第三，大博公司于本判决生效之日起10日内赔偿斯恩蒂斯公司损失人民币2000万元，为制止侵权行为所支付的合理开支人民币10万元，共计人民币2010万元；

第四，驳回大博公司的上诉请求；

第五，驳回斯恩蒂斯公司的其他诉讼请求。

类案梳理

▣ 本案裁判要旨

知识产权客体的无形性、侵权行为的隐蔽性带来权利人维权“举证难”等问题，法院应当充分运用举证妨碍制度合理确定侵权赔偿额。在专利权人已经就赔偿额的确定尽力举证，而与此相关的侵权人账簿、资料等证据由侵权人掌握的情况下，法院应当责令侵权人提供上述证据。在侵权人有能力提供却拒不提交，而权利人所举证据和主张的计算方法可以证明其主张的金额具有较大可能性成立的情况下，法院应当参考已有证据、权利人的请求，并综合考虑相关因素，依法支持权利人的赔偿请求，推定专利权人主张的赔偿金额成立。

▣ 类案裁判综述

适用举证妨碍制度可合理减轻权利人的举证负担，有效平衡双方当事人的举证责任，助力查明案件事实，缓解知识产权诉讼举证难、赔偿低的难题。除核心的损害赔偿认定问题外，举证妨碍制度对知识产权案件审理中的侵权事实认定等也可起到重要作用。如何适用举证妨碍制度，以及在举证妨碍情形下如何根据权利人主张和证据认定侵权事实，确定损害赔偿数额，各地法院作出了不同的探索。

1. 知识产权诉讼中举证妨碍的适用标准

第一，原告已经尽力举证或提供初步证据。权利人应从现有渠道、公开渠道搜集初步证据证明所指控的侵权事实客观存在；或证明侵权人掌握的账簿资料对上述待证事实具有不可替代性。在“大自然公司诉福建因尔心安公司等侵害商标权及不正当竞争纠纷案”中,原告通过网站、公开诉讼文书等渠道搜集提供了证明被诉侵权人生产销售被诉侵权产品数量和价格的初步证据。[1] 在“内蒙古万琪公司诉鄂尔多斯乌兰公司温家塔煤矿侵害发明专利权纠纷案”中,原告向法院申请调查取证,但法院认为原告提交的照片等证据不能初步证明被诉侵权事实客观存在,故不予准许。[2]

第二,被告掌握与侵权行为相关的账簿资料。承担证明责任的权利人需要证明侵权人实际掌握与侵权行为相关的账簿资料,或者提出理由、证据揭示侵权人负有法定、约定或者依习惯保存保管证据的义务。在“嘉兴市中华化工公司等诉王龙集团等侵害技术秘密纠纷上诉案”中,被告作为年产数千吨化工产品的企业,理应掌握被诉侵权产品制造图纸、销售数据等生产销售资料。[3] 在“孙嘉良诉福建佶龙公司侵害发明专利权纠纷案”中,被告作为专业销售公司,应当具备规范的财务制度,有能力对侵权产品的销售获利情况进行举证,但其经多次释明法律后果后仍拒绝提交完整财物账簿,构成举证妨碍。[4]

第三,被告拒绝提供或提供虚假的账簿资料。在“广州红日公司诉广东智美公司等侵害商标权及不正当竞争纠纷案”中,法院责令被告提交相关财务账簿资料,但被告只提供了部分缺失签章的财务资料打印件,无法确认其真实性,构成举证妨碍。[5] 在“格力公司诉奥胜公司等侵害实用新型专利权纠纷案”中,被告无正当理由拒绝披露真实完整的账簿资料,导致侵权获利无法直接查明,法院认定其行为构成举证妨碍。[6] 在“腾讯公司诉微时空公司不正当竞争纠纷案”中,被告有意隐瞒收取侵权获利的账户以及实施侵权行为的时间,经法院要求后仍拒绝提供且未能作出合理解释,构成举证妨碍。[7]

第四,被告不存在拒绝提供账簿资料的正当理由。实践中侵权人最常提出的抗辩理由包括以下两种:一是账簿资料涉及商业秘密,如在“丽枫公司诉云龙丽沨酒店、鲁商公司侵害商标权纠纷案”中,被告以发票信息涉及商业秘密为由不提供税务开票详细金额及数量。[8] 二是民营企业或夫妻公司财务账册管理不规范,如“厦门厦工公司诉莱州厦工公司侵害商标权纠纷案”中,被告称自己系夫妻公司,未设立正规账册,无法提供相关账簿和资料。[9] 对于上述理由,法院多未予认定为当事人拒绝提供账簿资料的正当理由,而是结合在案证据及相关法律法规认定当事人构成举证妨碍。

2. 知识产权诉讼中举证妨碍的法律效果

第一,根据原告主张推定侵权事实成立或支持损害赔偿数额请求。在“攀钢集团诉成都锦汇公司等侵害发明专利权纠纷案”中,被告拒绝披露被诉侵权产品生产工艺、操作规程等材料,法院依法适用举证妨碍规则,根据原告提供的相关证据认定被诉行为构成侵权。[10]在“上海点点乐公司诉上海犀牛公司等侵害商标权及不正当竞争纠纷案”中,二审法院认定被告拒绝提交反映被控游戏真实营收证据的行为构成举证妨碍,综合原告商标知名度及其游戏经营状况等因素,改判支持原告关于损害赔偿数额的全部诉讼请求。[11]在“上海环球公司诉沧州千尺雪公司、广州旺仔公司等侵害著作权纠纷案”中,法院适用举证妨碍规则,在被告持有却拒绝提供侵权产品销售数据等相关证据的情况下,综合考虑相关因素,全额支持权利人的赔偿请求。[12]

第二,参考原告主张和证据计算赔偿数额。在被告构成举证妨碍的情况下,法院结合各种证据,按照权利人实际损失、侵权人侵权获利或许可费等合理确定赔偿数额。在“深圳创世纪公司诉苏州恒远公司侵害实用新型专利权纠纷案”中,在认定被告构成举证妨碍的前提下,一审法院按照侵权获利确定赔偿数额为500万元,二审予以维持。[13]在“上海长江砂轮厂诉丹阳市天宇公司等侵害商标权纠纷案”中,法院认定侵权人拒不提供相关财务账册的行为构成举证妨碍,参考权利人主张的计算方式和注册商标商品的利润率,结合在案证据计算侵权获利,再乘以2倍惩罚性赔偿基数,确定赔偿数额为143万元。[14]

第三,适用惩罚性赔偿确定赔偿数额。在“广州天赐公司等诉安徽纽曼公司等侵害技术秘密纠纷案”中,法院考虑侵权人举证妨碍情形和被诉侵权行为主客观因素,以最高倍数5倍适用惩罚性赔偿,改判被告安徽纽曼公司赔偿经济损失3000万元、其余被告各自在合理范围内承担连带责任。[15]在“平衡身体公司与永康一恋公司侵害商标权纠纷案”中,法院考虑侵权人举证妨碍情形,基于其主观恶意和情节严重程度确定以3倍适用惩罚性赔偿。[16]在“椰树集团诉海口椰乡缘公司等不正当竞争纠纷案”中，被告未能提供相关财务账册以证明侵权产品数量，法院适用举证妨碍制度，考虑多方因素计算出侵权获利172万余元，再适用惩罚性赔偿判定被告赔偿经济损失300万元。[17]

第四，适用法定赔偿确定赔偿数额。在权利人实际损失、侵权人侵权获利和许可费都无法准确计算的情况下，法院适用法定赔偿确定赔偿数额，将举证妨碍情形的认定作为参考因素之一。在“攀钢集团诉成都锦汇公司等侵害发明专利权纠纷案”中，由于权利人实际损失和侵权人侵权获利的具体数额均无法准确计算，法院在推定前述金额已明显超过法定赔偿限额的情形下判决较高的赔偿数额。[18]在“费希尔公司诉上海东方教具公司等著作权权属、侵权纠纷案”中，法院适用法定赔偿方式确定赔偿数额，将举证妨碍作为参考因素之一，按照法定赔偿最高上限判赔50万元。[19]在“北京武神公司诉北京三鼎梦公司等侵害商标权纠纷案”中，法院认定被告无正当理由拒绝提交账册的行为构成举证妨碍，在无证据证明原告实际损失和被告侵权获利的情况下适用法定赔偿确定赔偿数额35万元。[20]

▣ 学术观点综述

学界主要围绕知识产权诉讼中举证妨碍的法理基础、构成要件、法律效果、适用存在的问题和完善建议等方面内容形成如下共识。

1. 知识产权诉讼中举证妨碍的法理基础

关于举证妨碍的法理基础，受大陆法系相关理论影响，我国学界主要围绕“诚实信用原则违反说”[21]“协力义务违反说”[22]“证明权保障说”[23]等进行讨论。“诚实信用原则违反说”认为，实施举证妨碍行为的当事人通过不正当方式形成了有利于自己的诉讼状态，本质上是违反诉讼诚信的行为，威胁到了民事诉讼的结果公正，违背诚实信用原则。[24]“协力义务违反说”认为，非举证方当事人在举证活动中负有一般性的协力义务与促进义务，以提高诉讼活动的公正与效率，[25]若当事人通过不正当手段为对方的证明活动制造障碍，则是对诉讼协力义务的违反，该行为应受到证明妨碍制度的规制。[26]

"证明权保障说"认为,各类学说的本质均是为了保障当事人的证明权,即当事人就其主张或反驳的事实收集证据并加以证明的权利。该学说以诉讼公正和诉讼效率为价值目标,诉讼公正主要体现为诚实信用原则和武器平等原则,诉讼效率主要体现为集中审理原则和诉讼促进义务。[27]

2. 知识产权诉讼中举证妨碍的适用要件

关于举证妨碍的构成要件,整体上学界观点大同小异,仅在一些细节上有所区别。结合相关法律和司法解释的规定,学界通说将其归纳为四要件,包括权利人已经尽力举证或者提供初步证据、与侵权行为相关的账簿资料主要由侵权人掌握、法院责令侵权人提供相关的账簿资料、侵权人无正当理由拒不提供或者提供虚假的账簿资料;[28]或者归纳为三要件,包括权利人已经尽力举证或初步举证,与侵权相关的账簿、资料主要由侵权人掌握,侵权人没有拒不提供账簿资料的正当理由。[29]也有学者将其归纳为:存在证明协助义务、实施了特定的举证妨碍行为、受妨碍的证据具有不可替代性、导致了对被妨碍人不利的裁判后果。[30]

3. 知识产权诉讼中举证妨碍的法律效果

关于适用举证妨碍的法律效果,学界从不同角度进行归纳和阐释,主要包括"证明责任转换说""降低证明标准说""推定主张成立说""自由裁量说"等。"证明责任转换说"认为,实施举证妨碍行为的当事人破坏了双方原本平等的诉讼地位,故法院需要对证明责任的分配进行修正和调整,将受妨碍一方承担的证明责任转移至实施妨碍一方,使双方当事人对证据的利用回复至妨碍前的公平状态。对证明责任的调整和转移需要控制在合理范围内,不可使因举证妨碍而遭受不利的一方当事人获得远大于其实际损失的利益。[31]"降低证明标准说"认为,在侵权人构成举证妨碍的情况下,权利人仍负举证责任,但法院可适当降低权利人关于待证事实的证明标准,要求其提出初步表面证据即可。[32]该说主要是基于经验法则,结合已经查实的证据进行逻辑推理,推认有关事实要件成立。[33]但证明标准的降低难有统一标准,需要与法院综合各项证据之后的自由心证相结合才能作出相应的裁断。

"推定主张成立说"认为,当事人拒不提交,甚至转移捏造损毁相关证据的，多因所持证据不利于自己，否则其没有理由不积极主动出示相关证据，据此可以推定被妨碍的证据或待证事实为真。换言之，侵权人在得知权利人主张后仍选择不提供其掌握的证据，根据经验法则，说明侵权人认为提供该证据只会给其带来更加不利的后果。[34]最高人民法院《关于适用〈中华人民共和国民事诉讼法〉的解释》（以下简称《民诉法解释》）第 112 条即采纳了“推定主张成立说”的观点。[35]

“自由裁量说”认为，法院应当综合考虑举证妨碍行为的具体方式、行为人的主观状态、可归责程度以及被妨碍证据的重要性等因素，行使自由裁量权对案件事实作出认定。[36]《商标法》第 63 条第 2 款[37]和《专利法解释（二）》第 27 条[38]均采纳了“自由裁量说”的观点。该观点的优势在于，法院适用该规则时，可以针对不同情形较为弹性地确定相应的法律效果。

4. 知识产权诉讼中举证妨碍存在的问题与完善建议

第一，当前立法和司法解释规定存在差异，有必要予以统一。举证妨碍制度在《商标法》第 63 条、《专利法解释（二）》第 27 条和《民诉法解释》第 112 条中的具体规定有所不同，这会导致举证妨碍规则在不同类型知识产权纠纷中，出现不同的适用结果。[39]考虑到知识产权损害赔偿认定的共性和知识产权司法保护的实际需要，在知识产权证据规则司法解释或者知识产权诉讼特别程序法出台时，应当就知识产权损害赔偿认定中的举证妨碍作出统一规定。

第二，举证妨碍制度的适用例外可进一步明确。关于适用例外情形，“无正当理由拒不提供”的规定表述暗示了举证妨碍规则的例外，但相关规定并未详细阐明“正当理由”的具体情形，导致司法实践中文书持有人的正当利益得不到保护。[40]针对何为“正当理由”，最高人民法院对此作出了初步的原则性界定，即如果提交证据将使当事人或者相关人遭受重大不利益，则证据持有人可以拒绝提供，要根据个案情况具体判断。

第三，举证妨碍制度的程序内容可进一步完善。关于程序完善建议，有必要规范启动程序，明确举证妨碍规则的启动应当依当事人申请，法院对此保持中立，减少对诉讼程序过多的干预；同时应当强化释明义务，当原告要求被告披露相关证据的申请成立时，法院应通过适当程序向被告说明申请的具体事项、被告所负的举证义务、不履行该义务的法律后果以及其享有的相应权利。[41]

专家点评

2021 年 11 月 3 日，最高人民法院知识产权法庭就本案作出了(2021)最高法知民终 148 号判决，全额支持专利权人 2000 万元损失赔偿和 10 万元合理开支的诉讼请求。

本案引起了各界的广泛关注。一方面是因为该案判决的赔偿金额较大，将一审判决认定的 100 万元赔偿金额改判为 2000 万元；另一方面是因为该案判决将大博公司拒不提交其掌握的相应账簿及财务资料的行为认定为举证妨碍，继而推定一审原告主张的金额成立。本案判决对举证妨碍制度的适用，为缓解专利诉讼中取证难、举证难、赔偿低的问题提供了新思路、新方案。还值得注意的是，一审原告斯恩蒂斯公司是全球骨科巨头强生医疗骨科公司(DePuy Synthes)的子公司，一审被告大博公司是我国本土骨科耗材领域的龙头企业。判决不仅彰显了人民法院对关系民生的重点领域加大知识产权保护力度的坚强决心，也体现出中国法院平等保护国内外权利人的司法态度。

“举证难”“赔偿低”一直是知识产权诉讼中的难点问题，具体体现为：(1)知识产权客体的无形性、侵权行为的隐蔽性导致权利人“举证难”；(2)损害赔偿数额难以确定，这在理论上涉及知识产权价值的经济定量，包括知识产权的市场定价和司法定价问题，在实践中需要当事人双方在诉讼诚信的前提下具有较强的举证能力和举证积极性；(3)因损害赔偿数额难以确定导致法定赔偿被大量适用，法定赔偿的制度初衷被模糊和异化。

本案判决明确了举证妨碍制度的适用条件，即在专利权人已经就赔偿额的确定尽力举证，而与侵权行为相关的侵权人账簿、资料等证据由侵权人掌握的情况下,侵权人消极执行法院命令、拒不提供掌握的相应证据材料构成举证妨碍。举证妨碍本来是诉讼法上的概念,一般是指诉讼当事人以某种原因拒绝提出或由于自己的原因不能提出证据的行为后果。知识产权侵权行为隐蔽性强、取证难,导致知识产权维权普遍面临专业性强、难度大的问题。根据“谁主张,谁举证”的民事诉讼规则和“证据偏在性”特点,侵权的关键证据和获利的具体数据一般掌握在被告手中,若其有意不配合,原告难以完成侵权行为和损害后果的举证。为了解决知识产权领域“举证难”问题,知识产权各部门法探索引入举证妨碍制度予以应对:2013 年,《商标法》修正案率先规定;2020 年,《著作权法》修正案和《专利法》修正案相继跟进。举证妨碍制度有力地解决了因“证据偏在”导致的不能查明案件事实的问题,体现了特定诉讼环境下辩论主义与职权探知主义的协同互补,推动了损害赔偿数额的确定和公平正义的实质实现。大博医疗发明专利权纠纷上诉案判决通过具体个案的方式,充分彰显了举证妨碍制度的显著优势。

本案判决明确了举证妨碍制度的法律效果,即被告行为构成举证妨碍时,如权利人所举证据和主张的计算方法可以证明其主张的金额具有较大可能性能够成立,则法院应当参考已有证据、权利人的请求,并综合考虑相关因素,推定专利权人主张的赔偿金额成立。在该案中,一审原告主张以侵权获利确定赔偿数额,并提供了三种计算方法。一审判决以三种计算方法均不能准确计算出侵权获利且现有证据难以证明权利人的损失为由,适用法定赔偿。然而法定赔偿是在权利人的损失、侵权人的获利、专利许可使用费均难以确定时的一种不得已的计算损害赔偿数额的替代方法,在具体司法实践中还是应当通过各种方式尽量查明权利人的损失、侵权人获得的利益等情况,以切实有效保护权利人的合法权益。一审判决在被告拒不配合提供证据的情况下,机械地向法定赔偿“逃逸”;根据 2008 年的《专利法》,法定赔偿额最高不超过 100 万元,而被告人的侵权获利明显超过 100 万元,一审判决适用法定赔偿,明显不利于保护权利人。本案判决纠正了一审判决的错误做法,结合案件具体情况,根据最高人民法院《关于审理专利纠纷案件适用法律问题的若干规定》第 14 条第 2 款的规定,得出的结论表明被告营业利润已经超过了2000万元，即一审原告主张的赔偿金额。由于被告行为构成举证妨碍，因此，本案判决推定一审原告主张的2000万元赔偿金额成立，予以全额支持。

当今世界正经历百年未有之大变局，新一轮科技革命和产业变革深入发展，知识产权作为国家发展战略性资源和国际竞争力核心要素的作用日渐凸显，司法体系应当成为知识产权保护的重要支撑。合理确定损害赔偿额、发挥知识产权市场价值是创新发展的必然要求。本案是适用举证妨碍制度合理确定侵权损害赔偿额的典型案例，其判决对于解决知识产权诉讼赔偿数额低、举证难度大的问题作出了有益探索，值得借鉴与推广。

注　释

1 参见江苏省苏州市中级人民法院民事判决书，(2020)苏05民初60号。

2 参见最高人民法院民事判决书，(2021)最高法知民终420号。

3 参见最高人民法院民事判决书，(2020)最高法知民终1667号。

4 参见最高人民法院民事判决书，(2021)最高法知民终804号。

5 参见广东省高级人民法院民事判决书，(2019)粤民终477号。

6 参见广东省高级人民法院民事判决书，(2018)粤民终1132号。

7 参见深圳中级人民法院民事判决书，(2019)粤03民初594号。

8 参见江苏省高级人民法院民事判决书，(2021)苏民终1022号。

9 参见江西省高级人民法院民事判决书，(2018)赣民终15号。

10 参见四川省成都市中级人民法院民事判决书，(2020)川01知民初505号。

11 参见上海知识产权法院民事判决书，(2019)沪73民终130号。

12 参见江苏省高级人民法院民事判决书，(2020)苏知终60号。

13 参见广东省高级人民法院民事判决书，(2019)粤知民终86号。

14 参见江苏省高级人民法院民事判决书，(2019)苏民终95号。

15 参见最高人民法院民事判决书，(2019)最高法知民终562号。

16 参见上海市浦东新区人民法院民事判决书，(2018)沪0115民初53351号。

17 参见江苏省高级人民法院民事判决书，(2019)苏民终476号。

18 参见四川省成都市中级人民法院民事判决书，(2020)川01知民初505号。

19 参见上海知识产权法院民事判决书,(2018)沪73民终268号。

20 参见北京市石景山区人民法院民事判决书,(2020)京0107民初16283号。

21 参见于鹏:《民事诉讼证明妨碍研究》,中国政法大学出版社2014年版,第5页。

22 参见赵信会、韩清:《民事诉讼证明妨碍制度的构建——以协同主义理论为视角》,载《河北法学》2012年第9期。

23 参见包冰锋:《论知识产权诉讼中的证明妨碍规则》,载《朝阳法律评论》2014年第1期。

24 参见蒋筱熙:《证明妨碍排除规则在涉互联网知识产权侵权诉讼中的应用——举证责任与举证能力的博弈》,载《电子知识产权》2021年第12期。

25 参见肖建华:《现代型诉讼之程序保障——以2012年〈民事诉讼法〉修改为背景》,载《比较法研究》2012年第5期。

26 参见姚志坚、柯胥宁:《知识产权诉讼中证明妨碍制度的适用与完善——以侵权损害赔偿认定为视角》,载《人民司法》2020年第19期。

27 参见包冰锋:《民事诉讼证明妨碍制度的法理基础》,载《南通大学学报(社会科学版)》2011年第2期。

28 参见刘晓:《知识产权损害赔偿中证明妨碍规则的成本收益分析》,载《证据科学》2016年第5期。

29 参见刘晓:《证明妨碍规则在确定知识产权损害赔偿中的适用》,载《知识产权》2017年第2期。

30 参见程书锋、佘朝阳:《论证明妨碍规则在知识产权诉讼中的适用与完善》,载《电子知识产权》2018年第7期。

31 参见姜世明:《新民事证据法论》,厦门大学出版社2017年版,第203页。

32 参见张曦、邵军:《民事诉讼证明妨碍法律规则之重构》,载《河南财经政法大学学报》2017年第6期。

33 参见孙泳、王旺:《证明过程中证明责任减轻的适用及规范》,载《人民司法》2019年第28期。

34 参见刘小鹏:《从新百伦案看我国商标侵权赔偿原则的司法适用》,载《知识产权》2015年第10期。

35 最高人民法院《关于适用〈中华人民共和国民事诉讼法〉的解释》第112条规定:"……对方当事人无正当理由拒不提交的,人民法院可以认定申请人所主张的书证内容为真实。"

36 参见包冰锋:《论知识产权诉讼中的证明妨碍规则》,载《朝阳法律评论》2014年第1期。

37 《商标法》第63条第2款规定:"……在权利人已经尽力举证,而与侵权行为相关的账簿、资料主要由侵权人掌握的情况下,可以责令侵权人提供与侵权行为相关的账簿、资料;侵权人不提供或者提供虚假的账簿、资料的,人民法院可以参考权利人的主张和提供的证据判定赔偿数额。"

38 最高人民法院《关于审理侵犯专利权纠纷案件应用法律若干问题的解释(二)》第27条规定:"……在权利人已经提供侵权人所获利益的初步证据,而与专利侵权行为相关的账簿、资料主要由侵权人掌握的情况下,人民法院可以责令侵权人提供该账簿、资料;侵权人无正当理由拒不提供或者提供虚假的账簿、资料的,人民法院可以根据权利人的主张和提供的证据认定侵权人因侵权所获得的利益。"

39 参见刘晓:《知识产权损害赔偿中证明妨碍规则的成本收益分析》,载《证据科学》2016年第5期。

40 参见张泽吾:《举证妨碍规则在赔偿确定阶段的适用及其限制——兼评新〈商标法〉第63条第2款》,载《知识产权》2013年第11期。

41 参见姚志坚、柯胥宁:《知识产权诉讼中证明妨碍制度的适用与完善——以侵权损害赔偿认定为视角》,载《人民司法》2020年第19期。

08

台州绿沃川农业有限公司与EUROSEMILLAS种业技术（北京）有限责任公司等侵害植物新品种权纠纷案

点评专家

丛立先　华东政法大学知识产权学院院长、教授

责任编辑　陈　默　**编辑助理**　关春媛

案件概况

涉案品种为草莓新品种“圣诞红”，品种权申请日为2011年7月25日。2015年9月1日，韩国庆尚北道农业技术院经原中国农业部授权，获得品种权号为CAN2110546.4，名称为“圣诞红”，属或者种为草莓的植物新品种权，有效期为20年。品种权人按期缴纳了年费，起诉时品种权尚在权利有效期之内。2018年1月12日，韩国庆尚北道农业技术院出具《授权委托书》，独家许可EUROSEMILLAS种业技术（北京）有限责任公司（以下简称EUROSEMILLAS公司）在中国范围内生产、销售及繁殖“圣诞红”的繁殖材料，权利期限为2013年12月1日至2023年4月30日。2017年8月15日，林雄进和案外人李忠彬共同与台州绿沃川农业有限公司（以下简称绿沃川公司）签订《草莓种苗购销合同书》，向绿沃川公司购买涉案“圣诞红”草莓幼苗3.6万株，单价1.5元每株，总价5.4万元。合同乙方签章处，有绿沃川公司公章和该公司员工“张哲”的签名。绿沃川公司将该批种苗的14,200株（含赠品株200株）发给案外人李忠彬种植，另将22,000株发给林雄进种植。2018年年初，EUROSEMILLAS公司发现绿沃川公司2016年至2017年生产、销售“圣诞红”种苗，但并未支付相应的品种权费。

2018年4月27日，EUROSEMILLAS公司向浙江省宁波市中级人民法院（一审法院）提起诉讼，请求判令绿沃川公司立即停止侵犯“圣诞红”植物新品种权的非法生产、销售种苗的行为，并向EUROSEMILLAS公司支付赔偿金84万元。基于《草莓种苗购销合同书》、《关于购买“圣诞红”苗木事宜的情况说明》及甬集鉴字（2019）14号《宁波科集技术服务有限公司鉴定书》等证据材料，一审法院于2019年9月3日作出（2018）浙02民初789号民事判决，责令绿沃川公司立即停止侵犯“圣诞红”植物新品种权的行为，赔偿EUROSEMILLAS公司经济损失50万元。绿沃川公司不服一审判决，向最高人民法院知识产权法庭（二审法院）提起上诉。2020年2月3日，二审法院作出(2019)最高法知民终774号民事判决书,驳回上诉,维持原判。

当事人主张

上诉人(一审被告:绿沃川公司)的主张

第一,一审原告主体不适格。首先,一审原告提交的《授权委托书》中“庆尚北道农业技术院”系境外主体,一审原告在一审庭审中未提交证据证实该文书已由委托人签章/签字并由其所在国公证机关予以证明,且未提交单独的中文译本,不符合相关法律法规和司法解释的规定。其次,该《授权委托书》形成时间为2018年1月12日,授权期限却自2013年12月1日起,因此该文书仅能为追认,即文书形成日之前,委托人未向一审原告进行过授权。最后,该文书授权形式为“独家许可”,即为排他许可,一审原告在2013年12月1日后应为我国范围内排他性唯一被授权人。但根据一审原告在一审庭审中的陈述,涉案品种权在2016年3月之前在我国范围内的独家主要被授权人为西班牙艾诺斯种业有限公司,之后变更为一审原告。委托人追认一审原告为独家许可的行为与其在先作出的独家主要授权矛盾,应为无效。且该《授权委托书》未授权一审原告可以其自己名义在我国范围内进行从属授权。

第二,鉴定报告程序违法,结论不应采信。一审法院依据的是宁波科集技术服务有限公司出具的甬集鉴字【2019】14号《宁波科集技术服务有限公司鉴定书》,但现场取样未通知一审被告,检材未经一审被告质证,检材与一审被告、一审原告均无关联,取样地点与当事人庭审陈述矛盾,程序违法,不应作为认定侵权的依据。

被上诉人(一审原告:EUROSEMILLAS公司)的主张

第一,一审原告主体适格。《授权委托书》经所在国家公证机关予以公证,并经中国驻该国使领馆认证。该文书以中、英、韩三种语言书写,且当庭向法庭补充中文译本。一审原告无论作为独占许可、排他许可还是普通许可，只要权利人明确授权一审原告以自己名义维权，一审原告就有作为原告的资格。

第二，鉴定报告合法。基于成本等各种原因变更种植地点非常正常，种植地点的变更不代表种植客体的变更，一审被告并未提供反驳证据，按照法律规定，一审被告对鉴定结论有异议，未在一审中申请鉴定人出庭接受质询，却在二审中要求重新鉴定，属故意拖延诉讼。

认定的事实

一审原告的权利状态及诉讼主体资格情况

“圣诞红”草莓为一种新植物品种。2011 年 7 月 25 日，韩国庆尚北道农业技术院向原中国农业部提出植物新品种权申请。2015 年 9 月 1 日，中国农业部授予其植物新品种权证书，证书载明：品种权号为 CAN2110546. 4，品种权人为韩国庆尚北道农业技术院，保护期为 20 年。2018 年 1 月 12 日，品种权人韩国庆尚北道农业技术院出具授权委托书，独家许可一审原告自 2013 年 12 月 1 日起至 2023 年 4 月 30 日止，在中国范围内生产、繁殖和销售其授权品种繁殖材料，EUROSEMILLAS 公司为维权，有权以自己的名义直接向第三方主张权利并提起诉讼，具备诉讼主体资格。韩国庆尚北道农业技术院与一审原告签订的《授权委托书》经大韩民国相关公证机关予以证明，并由我国驻大韩民国大使馆领事部予以认证，亦包含中文译本，程序上符合我国法律关于域外证据公证认证等的相关规定。一审原告系本案植物新品种权在我国的独占被许可人，且提起诉讼时植物新品种权尚在权利有效期之内，有权就本案单独提起诉讼。

涉案植物新品种一致性认定

一审法院依法委托宁波科集技术服务有限公司对位于第三人林雄进处被控侵权的草莓植物品种与位于 EUROSEMILLAS 公司处植物新品种权证书品种权号为 CAN2110546. 4，名称为“圣诞红”的草莓植物新品种，进行两者植物品种是否具有一致性的鉴定。该鉴定机构于 2019 年 4 月 18 日出具甬集鉴字(2019)14 号鉴定书。鉴定书记载:通过检测分析意见如下,两个样品 DNA 经过 8 对 SSR 引物扩增后共计获得 95 个条带,其中 SSR1、SSR2 和 SSR7 扩增后各存在 1 个位点差异;因此,两件样品的遗传背景相似度在上述 8 个 SSR 位点上表现为(95 - 3)/95 某 100% =96.8421%。鉴定结论为:专家组根据现场勘察、检测结果分析得出的两个样品遗传背景相似度表现为 96.8421%,两样品一致性高度相似。被诉行为所联系的被控侵权繁殖材料经鉴定比对已落入涉案品种权的保护范围。

▣ 一审被告存在未经许可的生产、繁殖、销售该授权品种的繁殖材料等被诉行为

林雄进和案外人李忠彬与一审被告之间存在草莓种苗购销行为。2017 年 8 月 15 日,林雄进和案外人李忠彬为种植需要,共同与一审被告签订了《草莓种苗购销合同书》,向一审被告购买涉案“圣诞红”草莓幼苗 3.6 万株,单价 1.5 元每株,总价 5.4 万元,并另外获赠 200 株雪香种苗。合同乙方签章处,盖有绿沃川公司公章,有绿沃川公司员工“张哲”的签名,并标注 158 × × × ×1006 的手机号码。一审被告将该批种苗的 14,200 株发给案外人李忠彬种植,将其余 22,000 株涉案“圣诞红”草莓幼苗发给林雄进种植。

林雄进于 2018 年 1 月 8 日出具《关于购买“圣诞红”苗木事宜的情况说明》陈述上述购买过程,并称在绿沃川公司考察时该公司联系人为张哲,张哲介绍该公司今年生产“圣诞红”种苗 200 多万株,基本已卖完,催促其尽快购买。林雄进于 2018 年 1 月 8 日出具承诺书,承诺为确保证据真实性,在产果期过后会继续种植涉案“圣诞红”苗木,确保其正常成活生长。

微信号为“foryougreenlife”的微信账号的主体为台州市绿沃川农场(普通合伙),其在该微信中发布有名为绿沃川草莓苗品种“圣诞红”产量之王的广告,销售热线中有张先生 158 × × × ×1006 等号码。第三人林雄进在购苗后与微信号为“158 × × × ×1006”、名为“张哲”的微信联系,并向其发送所种草莓的照片和情况。

以上行为未经一审原告许可,构成侵害涉案植物新品种权。

裁判意见

最高人民法院知识产权法庭认为,根据二审期间双方当事人的诉辩意见以及查明的事实,本案的争议焦点有三:一是一审原告是否具有本案诉讼主体资格;二是鉴定结论是否应予采信;三是一审被告的被诉行为是否构成侵害植物新品种权及应承担何种民事责任。具体裁判意见论述如下。

一审原告具有本案诉讼主体资格,有权以自己的名义直接向第三方主张权利并提起诉讼

最高人民法院《关于民事诉讼证据的若干规定》(2008 年,已修正)(以下简称 2008 年《民事证据规定》)第 11 条第 1 款规定:“当事人向人民法院提供的证据系在中华人民共和国领域外形成的,该证据应当经所在国公证机关予以证明,并经中华人民共和国驻该国使领馆予以认证,或者履行中华人民共和国与该所在国订立的有关条约中规定的证明手续。”第 12 条规定:“当事人向人民法院提供外文书证或者外文说明资料,应当附有中文译本。”本案中,案外人韩国庆尚北道农业技术院与一审原告签订的《授权委托书》经大韩民国相关公证机关予以证明,并由我国驻大韩民国大使馆领事部予以认证,亦包含中文译本,程序上符合我国法律关于域外证据公证认证等的相关规定,一审被告并未提交充分有效的证据否定其证明效力,一审法院予以采信并无不当。《授权委托书》载明,韩国庆尚北道农业技术院独家许可一审原告在我国范围内依法生产、繁殖和销售其授权品种繁殖材料,如发现第三方侵犯植物新品种权时,一审原告有权以自己的名义直接向第三方主张权利。

最高人民法院《关于审理侵犯植物新品种权纠纷案件具体应用法律问题的若干规定》(已修改)(以下简称《品种权司法解释》)第 1 条规定:“植物新品种权所有人(以下称品种权人)或者利害关系人认为植物新品种权受到

侵犯的，可以依法向人民法院提起诉讼。前款所称利害关系人，包括植物新品种实施许可合同的被许可人、品种权财产权利的合法继承人等。独占实施许可合同的被许可人可以单独向人民法院提起诉讼；排他实施许可合同的被许可人可以和品种权人共同起诉，也可以在品种权人不起诉时，自行提起诉讼；普通实施许可合同的被许可人经品种权人明确授权，可以提起诉讼。”根据授权，一审原告系本案植物新品种权在我国的独占被许可人，依据上述司法解释的规定，其有权就本案单独提起诉讼，依法具有本案诉讼主体资格。

■ 一审法院鉴定结论应当采信

《民事诉讼法》(2017 年)第 76 条规定：“当事人可以就查明事实的专门性问题向人民法院申请鉴定……”《民事证据规定》第 71 条规定：“人民法院委托鉴定部门作出的鉴定结论，当事人没有足以反驳的相反证据和理由的，可以认定其证明力。”《品种权司法解释》第 3 条第 1 款规定：“侵犯植物新品种权纠纷案件涉及的专门性问题需要鉴定的，由双方当事人协商确定的有鉴定资格的鉴定机构、鉴定人鉴定；协商不成的，由人民法院指定的有鉴定资格的鉴定机构、鉴定人鉴定。”第 4 条规定：“对于侵犯植物新品种权纠纷案件涉及的专门性问题可以采取田间观察检测、基因指纹图谱检测等方法鉴定。对采取前款规定方法作出的鉴定结论，人民法院应当依法质证，认定其证明力。”

根据查明的事实，宁波科集技术服务有限公司出具的甬集鉴字【2019】14 号《宁波科集技术服务有限公司鉴定书》系一审原告向一审法院提出鉴定申请，一审法院依法委托司法鉴定机构作出的鉴定结论，该鉴定结论经依法质证，程序合法。根据鉴定书的记载，现场查勘取样由法院工作人员见证，对此最高人民法院向一审法院进行了核实。故而在一审被告未提交足以反驳的相反证据和理由的情况下，一审法院采信该鉴定结论，有事实和法律依据，最高人民法院依法予以确认。

▣ 一审被告的行为构成侵害植物新品种权，应当停止侵权、赔偿损失

《种子法》(2015年)第28条规定："完成育种的单位或者个人对其授权品种，享有排他的独占权。任何单位或者个人未经植物新品种权所有人许可，不得生产、繁殖或者销售该授权品种的繁殖材料，不得为商业目的将该授权品种的繁殖材料重复使用于生产另一品种的繁殖材料……"《品种权司法解释》第2条规定："未经品种权人许可，为商业目的生产或销售授权品种的繁殖材料，或者为商业目的将授权品种的繁殖材料重复使用于生产另一品种的繁殖材料的，人民法院应当认定为侵犯植物新品种权。被控侵权物的特征、特性与授权品种的特征、特性相同，或者特征、特性的不同是因非遗传变异所致的，人民法院一般应当认定被控侵权物属于商业目的生产或者销售授权品种的繁殖材料……"

本案中，《宁波科集技术服务有限公司鉴定书》载明，专家组根据现场勘察、检测结果和调查询问，经综合分析得出的两个样品遗传背景相似度表现为96.8421%，两样品一致性高度相似。在一审被告未提供相反证据的情况下，足以认定被控侵权繁殖材料与授权品种在特异性上存在高度一致性，已落入涉案品种权的保护范围，各方当事人对一审被告与林雄进存在草莓种苗购销合同关系并曾交易涉案"圣诞红"草莓幼苗的事实均无异议，一审被告亦陈述涉案"圣诞红"草莓幼苗是由其自行生产、繁殖，且一审被告未抗辩存在合法的使用理由。由此可见，一审被告未经品种权人许可，为商业目的生产、销售该授权品种的繁殖材料，其行为已构成侵害植物新品种权。根据《品种权司法解释》第6条第1款之规定，一审被告应依法承担停止侵权、赔偿损失的民事责任。

根据《品种权司法解释》第6条第2款、第3款之规定，一审法院综合考虑侵权的性质、期间、后果，植物新品种实施许可费的数额，植物新品种实施许可的种类、时间、范围及被侵权人调查、制止侵权所支付的合理费用等因素，确定本案赔偿数额为50万元，并无不当，依法应予维持。

裁判结果

一审裁判结果

浙江省宁波市中级人民法院于2019年9月3日作出(2018)浙02民初789号民事判决:

第一,一审被告立即停止侵犯一审原告享有被许可权益的品种权号为CNA2110546.4,名称为"圣诞红"的植物新品种权的行为,即立即停止生产、繁殖、销售该授权品种的繁殖材料;

第二,一审被告于本判决生效之日起10日内赔偿一审原告经济损失500,000元;

第三,驳回一审原告的其他诉讼请求。

二审裁判结果

最高人民法院知识产权法庭于2020年2月3日作出(2019)最高法知民终774号民事判决:驳回上诉,维持原判。

类案梳理

本案裁判要旨

国民待遇原则已为诸多国际公约认可,是国际知识产权保护中的首要原则。该原则通过给予外国人与本国国民同样的待遇,促使二者享有同样的权利,进而打破各国主权导致的知识产权地域性限制,促进知识产权保护的国际协调。与其他知识产权案件相比,植物新品种侵权案件通常具有主体混杂、行为隐蔽、认定复杂等特点。为协调各国植物新品种保护模式的差异,促进植物新品种保护一体化发展,国际植物新品种保护联盟(以下简称

UPOV 联盟)应运而生。我国是 UPOV 联盟成员国,执行《国际植物新品种保护公约》(以下简称《UPOV 公约》)(1978 年文本)第 3 条国民待遇和互惠原则规定,UPOV 联盟成员国的国民,只要遵守我国法律的相关规定、履行相应手续,就可享有与我国国民相同的待遇。涉外植物新品种权纠纷中,品种权人和其独占被许可人在我国享有品种权受到同等保护的国民待遇。当其品种权受到侵害时,独占被许可人可以自己的名义直接向第三方主张权利和向法院提起诉讼。同时应当注意,涉外主体在举证时,需要符合我国关于域外证据公证认证等的相关法律规定。

■ 类案裁判综述

国民待遇原则发展至今,已经为世界各国普遍接受,适用范围日益扩大,在各个领域的适用也日益完善。自 2002 年至今,法院共受理、审结植物新品种权纠纷案件 2355 例,包含涉外植物新品种权纠纷案件 11 例(见表 1),[1] 其中 6 例案件由当事人申请撤诉,1 例案件由法院移送管辖,1 例案件由法院裁定证据保全。在涉外植物新品种案件处理过程中,法院平等对待域外主体,尊重其诉权,充分保护其合法权益。

表 1　2002 年至 2022 年中国涉外植物新品种权纠纷案件

序号	案件名称	案号	裁判结果
1	荷兰德丽品种权公司与浙江丰岛股份有限公司、云南丰岛花卉有限公司侵害植物新品种权纠纷案	(2019)云 01 民初 1650 号之一	撤诉
2	荷兰德丽品种权公司与浙江丰岛股份有限公司、云南丰岛花卉有限公司侵害植物新品种权纠纷案	(2019)云 01 民初 1649 号之一	撤诉
3	荷兰安祖公司、昆明安祖花园艺有限公司与广州市名卉景观科技发展有限公司侵害植物新品种权纠纷案	(2020)粤 73 知民初 614 号	撤诉
4	荷兰安祖公司、昆明安祖花园艺有限公司与广州市名卉景观科技发展有限公司侵害植物新品种权纠纷案	(2020)粤 73 知民初 615 号	撤诉

续表

序号	案件	案号	裁判结果
5	徐诚(英文名 EricHsu)诉李昆龙等植物新品种权权属、侵权纠纷案	(2017)桂 01 民初 463 号	撤诉
6	黑龙江阳光种业有限公司、黑龙江省农业科学院玉米研究所等与利马格兰欧洲植物新品种权权属纠纷、植物新品种申请权权属纠纷案	(2018)黑 01 民初 27 号	撤诉
7	HZPC 控股有限公司与张北冀德农业发展有限公司侵害植物新品种权纠纷案	(2020)冀 07 民初 16 号	移送管辖
8	荷兰德丽品种权公司、云南丰岛花卉有限公司侵害植物新品种权纠纷案	(2019)云 01 民初 1650 号	证据保全
9	EUROSEMILLAS 种业技术(北京)有限责任公司与台州绿沃川农业有限公司侵害植物新品种权纠纷案	(2018)浙 02 民初 789 号	停止侵权,赔偿损失
10	EUROSEMILLAS 种业技术(北京)有限责任公司与台州绿沃川农业有限公司侵害植物新品种权纠纷案	(2019)最高法知民终 774 号	驳回上诉,维持原判
11	利马格兰欧洲(LimagrainEurope)等与甘肃恒基种业有限责任公司植物新品种追偿权纠纷案	(2018)甘民终 695 号	部分维持原判

2021 年,法院共审结植物新品种权纠纷案件 163 例,仅包含 1 例涉外案件。即“台州绿沃川农业有限公司与 EUROSEMILLAS 种业技术(北京)有限责任公司等侵害植物新品种权纠纷上诉案”。该案具有典型意义,明确了海外品种权人及其独占被许可人在遵守和履行相关规定及手续的情况下,可以享受与我国国民同样的待遇。本案中的国民待遇主要体现在两方面:一是诉讼主体资格确认;二是域外文书公证及使领馆认证。独占被许可人可以以自己的名义独立发起诉讼。法院在涉外审判过程中为域外主体提供国民待遇和平等保护,维护其合法权益。

与该案相似,在“利马格兰欧洲与甘肃恒基种业有限责任公司、黑龙江阳光种业有限公司等追偿权纠纷案”中,一审法院认定原告利马格兰欧洲具备诉讼主体资格。[2] 涉案植物新品种为玉米品种“利合228”，该新品种于2018年1月2日被授予植物新品种权。根据《植物新品种保护条例》第33条之规定，品种权人享有追偿权，利马格兰欧洲具备作为本案原告行使追偿权的资格。二审法院认可一审法院关于诉讼主体资格的认定，并支持了利马格兰欧洲的上诉请求。[3] 利马格兰欧洲作为域外主体，在中国法院参与诉讼，享受到了与我国国民同样的待遇。

同样体现国民待遇原则的案件还有“山西利马格兰特种谷物研发有限公司与新疆西农惠民农业科技有限责任公司、讷河市鑫吉丰种子经销处侵害植物新品种权纠纷案”。虽然该案双方当事人并非域外主体，但涉案品种的品种权人利马格兰欧洲为域外主体。涉案新品种“利合228”经原中华人民共和国农业部授权，受中国法律保护。一审法院认定山西利马格兰公司经过利马格兰欧洲的授权，可以自己的名义提起诉讼。[4]“敦煌种业先锋良种有限公司诉新疆新特丽种苗有限公司、新疆生产建设兵团农一师四团侵害玉米‘先玉335’品种权侵权纠纷案”中的情形与之相似。[5] 涉案品种“先玉335”也是外国企业在中国获得的授权新品种。中国在植物新品种授权、保护上一视同仁，为域外主体提供国民待遇和平等保护。

坚持国民待遇原则，为海外品种权人提供平等保护，维护相关主体合法权益是我国法院的不懈追求，体现着我国知识产权的制度自信和国家宽广开放的胸怀。

▣ 学术观点综述

深化涉外植物新品种权纠纷中国民待遇原则的适用，需要深刻理解植物新品种保护的发展历程及国民待遇原则与《UPOV公约》的关系。在UPOV模式下，域外植物新品种在中国获得授权的数量不断增加，国民待遇原则发挥的作用日益凸显。除此之外，还需明确涉外植物新品种权纠纷案件在审理过程中适用国民待遇需要考量的因素。

1.《UPOV公约》与国民待遇原则

国际植物新品种保护经历了从前UPOV公约[6]、传统育种技术下的《UP-

OV 公约》(1978 年文本)以及生物育种技术与全球贸易共同作用下的《UPOV 公约》(1991 年文本)这三个不同的发展阶段。[7] 在全球经济、文化、贸易交流互动的大潮中,植物新品种保护日益得到重视。《UPOV 公约》成员迅速增加,公约关于植物新品种保护的规定也成为各成员的制度基础。[8]《UPOV 公约》自生效以来,共经历了三次修改,1978 年文本和 1991 年文本现行有效。

与其他知识产权国际公约不同,《UPOV 公约》(1978 年文本)对国民待遇原则作出了保留。根据公约第 3 条、第 5 条之规定,成员国在对某一属或种的植物品种提供保护时可以进行限制,在对方国家同样保护该植物品种时向该国国民提供相应的保护。这意味着在适用国民待遇原则时增加了互惠条件,本国国民受到的保护可能远高于其他成员国的国民。结合《与贸易有关的知识产权协定》关于植物新品种的规定,有学者指出,《UPOV 公约》(1978 年文本)中规定的互惠保护违反了《与贸易有关的知识产权协定》,与国民待遇原则相冲突。[9] 也有学者认为《UPOV 公约》(1978 年文本)的规定是对国民待遇原则的回避。[10]

《UPOV 公约》(1991 年文本)删去了 1978 年文本中的第 3 条第(3)款及第 5 条第(4)款。这意味着国民待遇原则的适用不再以互惠条件为前提,打破了国民待遇原则在各成员之间实行的障碍。[11]某一成员给予己方国民超出 1991 年文本保护范围的特殊权利,则应当同时给予其他成员国民同样的权利。[12]此举不仅为育种者跨国申请品种权提供了便利,更为植物新品种领域的国际合作奠定了基础。随着植物新品种保护水平的不断提高,《UPOV 公约》的成员不断增加,1991 年文本也因保护水平较高成为国际植物新品种保护的制度模式。我国也应逐步完善既有法律的规定,实现向 1991 年文本的过渡。[13]

2. 国民待遇原则与品种权授权的联系

国民待遇原则包含两个层面的要求:一是非歧视性;二是无差别性。UPOV 模式下的品种权保护打破了国界限制,各成员既可以向本国申请品种权保护,也可以向其他成员国家申请保护。这是国民待遇原则在植物新品种领域适用的重要体现。植物品种权保护申请和授权中的非国民比例是衡量国际新品种相关技术扩散的重要指标。获取海外品种权是保护农产品竞争优势的理性选择,同时随着我国植物育种技术水平的快速发展、植物新品种保护制度的健全完善以及相应的行政执法能力的不断提高,国外育种企业对我国品种权保护的信任度逐渐提升。近些年,我国在植物新品种领域接受非国民申请与授权数量逐步增加。[14]我国接受非国民申请与授权的比例分别达到10.3%和6.9%。[15]我国政府对国外育种企业提供的保护不断增强,外国企业在我国的植物新品种申请必将稳步增加。准许海外植物新品种通过品种权申请的方式进入我国市场,具备两方面的意义:一是促进国内育种者同步获取全球育种创新成果,推动育种技术的发展;二是在国际舞台上展现中国的植物新品种保护水平和国际认可度。

3. 国民待遇原则在司法案件审理中的适用

具体到植物新品种纠纷案件中,国民待遇原则的适用则体现在两个方面:一是要依法受理涉外植物新品种纠纷案件;二是要给予涉外主体应有的待遇,公平公正地解决纠纷。

(1)诉讼主体资格认定

在知识产权领域,并非所有主体都能独立参与诉讼。解决涉外植物新品种纠纷,首先面临诉讼主体资格认定问题。根据我国《品种权司法解释》第1条之规定,适格的诉讼主体为植物新品种权所有人及利害关系人,可以依法参与诉讼。同时根据我国《民事诉讼法》第5条第1款之规定,域外主体在我国参与诉讼的,与我国国民享受同样的权利,履行同样的义务。在涉外植物新品种权纠纷中,海外植物新品种权人同样可以享受国民待遇,平等地参与诉讼。

海外植物新品种权人无论是以品种权人的名义,还是以利害关系人的名义参与维权活动,都面临域外委托授权问题,处理不当极易导致诉讼主体不适格。海外植物新品种许可授权中,常见的模式有三种,即独占实施许可、排他实施许可和普通实施许可。在参与诉讼的过程中,不同许可模式下的当事人需要提交的材料大相径庭。独占实施许可的被许可人权利范围最大，仅需提交品种权人的许可权限证明便能独立参与诉讼。与之相比，排他实施许可的被许可人只能在品种权人不起诉时单独提起诉讼，因此，其不仅需要提交许可权限证明，还需要提交品种权人放弃起诉的证明材料。普通许可模式之下，被许可人除需提交许可权限证明之外，还需品种权人的委托授权。此时普通被许可人再行委托律师进行代理，是否需经品种权人的确认存在争议。若将委托律师的行为认定为复代理，则该委托需经海外品种权人追认方能有效。亦有学者认为，海外品种权人委托被许可人参与诉讼后，委托律师是被许可人权利范围内的事项，要求海外品种权人再行追认实属多此一举。

(2)域外文书公证及使领馆认证问题

2021 年 7 月 7 日起施行的最高人民法院《关于审理侵害植物新品种权纠纷案件具体应用法律问题的若干规定(二)》对近年来的侵权难点问题进行了系统性的规范，为涉外植物新品种权纠纷案件的审理指明了方向。[16]海外品种权人依照我国法律规定提供相关证据材料是其合法权益受到保护的必然前提。

海外品种权人的授权及委托材料由于来源的特殊性，需要经过域外公证和使领馆认证。程序上的瑕疵极有可能导致证据与国内法律相抵触，进而导致证据无效。[17]除此之外，根据最高人民法院《关于适用〈中华人民共和国民事诉讼法〉的解释》之涉外民事诉讼程序的特别规定，海外品种权人参加维权活动，需要提交身份证明、委托证明等文件，相关文件均需经过所在国公证机关公证，并经过中华人民共和国驻该国使领馆认证。[18]此即“域外证据公证证明制度”。[19]有学者质疑该制度的合理性，认为公证或者认证并不会增加证据的真实性和合法性，且因公证及认证程序仅作形式上的确认，亦不会增加证据材料与待证事实的关联性。要求证据材料必须经过公证或认证，只会增加当事人的举证负担，影响司法效率和公正。加之，经过公证和认证的证据材料可能不经法庭质证，这会增加错误裁判的风险。[20]

知识产权保护不能忽略国家主权利益，我国之所以要求域外证据需经公证或认证，是为了消除司法权的地域性造成的障碍，应肯定该制度具有合理性。但同时也应当注意避免对公证和认证程序的绝对依赖,应回归对证据本身真实性的考察。

专家点评

植物新品种是经过人工培育的或者对发现的野生植物加以开发,具备新颖性、特异性、一致性、稳定性,并有命名的植物品种。专门的品种权保护作为植物新品种知识产权保护的重要模式,已为国际社会所广泛采用,其制度目的在于鼓励植物育种领域的创新,促进农林业生产的高质量发展。植物新品种国际司法保护作为植物新品种保护体系的重要组成部分,使相关国际案件的影响力不断增强,备受社会各界的关注。本案为具有涉外因素的侵害植物新品种权纠纷案,是我国法院在涉外审判中为域外主体提供国民待遇和平等保护的典型案例,入选农业农村部发布的“2021 年农业植物新品种保护十大典型案例”。

依托《UPOV 公约》建立的 UPOV 联盟的成员的国民只要遵守和履行与其他成员国民相同的规定和手续,就能享有与该国国民同样的待遇。从我国审结的涉外植物新品种纠纷案可以看出,国民待遇原则已得到充分践行。本案中,域外品种权人和其独占被许可人在案件受理、判定诉讼主体是否适格等程序问题,以及植物新品种权是否受到侵害、确定损害赔偿数额等实体问题上,均受到与我国国民同等的公平判决,使域外权利人的诉权得到尊重,充分保护了其合法权益。

对于域外形成的证据的效力判定问题,本案严格适用 2008 年《民事证据规定》的规定。也即,除证据所在国与我国另有条约规定外,当事人向法院提交的域外证据需由证据所在国公证机关公证,并经我国驻该国使领馆认证。两道程序缺一不可,否则域外证据将被认定为不具备形式上的合法性。2019 年修正的最高人民法院《关于民事诉讼证据的若干规定》(法释〔2019〕19 号,以下简称新民事证据规定)替代了 2008 年《民事证据规定》,

新民事证据规定不再要求所有域外证据必须进行公证加认证手续，而是针对不同证据形式作出区别性规定：首先，将需要经所在国公证机关证明以及我国驻该国使领馆认证的证据范围限缩为涉及身份关系的域外证据；同时，公文书证只需经所在国公证机关证明，不再需要我国驻该国使领馆认证。可由此推论，对于除上述情形外的其他域外证据，我国不再作公证、认证上的要求，而是交由当事人对证据真实性进行质证。新民事证据规定此项修改在很大程度上降低了当事人的诉讼负担，使域外证据效力判定规则趋于理性。但由于“公文书证”“身份关系”相关概念未在立法上明确，司法实践中已出现不同判定。

根据新民事证据规定，涉外植物新品种民事案件中外国当事人的身份证明（如公司营业执照或存续证明、自然人身份证明等）仅需办理所在国公证。同时，《民事诉讼法》第 271 条明确规定，在中国没有住所地的外国当事人委托代理诉讼人，需要履行公证和认证手续。然后，对于植物新品种许可使用合同这类私主体之间的契约性文书，认定其为非公文书证并不存在争议，但还需进一步判定此文书是否涉及“身份关系”。《品种权司法解释》对独占实施许可、排他实施许可和普通实施许可模式下的被许可人诉讼资格进行了区分，如将“身份关系”进行广义解释，不仅包括因血缘、婚姻、收养等形成的身份关系，还包括诉讼主体资格这类身份关系，那么植物新品种许可合同也需完成公证加认证手续。

侵害植物新品种权案件裁判的核心在于判断被诉侵权材料是否落入植物新品种权的保护范围。本案鉴定专家组通过现场勘察、检测结果、调查询问，经综合分析得出的两个样品遗传背景相似度表现为 96.8421%。在一审被告未提供相反证据的情况下，认定被控侵权繁殖材料落入涉案品种权的保护范围。特异性作为授权条件之一，要求申请品种应当明显区别于递交申请以前的已知品种。本案判决准确界定了植物新品种权的保护范围，明确特异性是区别植物新品种的根本属性，并明晰了侵害植物新品种权案举证责任转移的规则，即当司法鉴定意见为品种高度相似时，举证责任转移到被诉侵权方。本案在司法鉴定的基础上，通过合理分配举证责任，大大提高了审判效率。

本案在难以确定侵权所受损失、侵权所得利益、许可使用费数额的情形下，依据2007年《品种权司法解释》责令侵权人按照法定赔偿上限50万元赔偿原告损失，体现出我国积极保护植物新品种权利人合法权益的司法取向。同时，我国近几年对涉及植物新品种法律规范的修改，无不彰显出我国尊重植物新品种智力成果，积极维护种业经济创新发展的立法导向。《种子法》在2021年修正时扩大了植物新品种权的保护范围及保护环节，将保护范围由授权品种的繁殖材料延伸到收获材料，并将保护环节由生产、繁殖、销售扩展到生产、繁殖和为繁殖而进行处理、许诺销售、销售、进口、出口以及为实施上述行为的储存。同时，修改后的《种子法》完善了侵权处罚赔偿和行政处罚制度，将惩罚性赔偿数额的倍数上限由3倍提高到5倍，并将法定赔偿额的上限由300万元提高到500万元。

本案为我国积极适用国民待遇原则，依法公正、高效裁判涉外植物新品种案件，切实履行国际条约义务的代表案例。其顺应了我国扩大植物新品种权保护范围，提高植物新品种保护标准的立法趋势，提升了涉外植物新品种案件审判质量，积极促进了外国当事人对于中国法院审判能力的认可和信赖。

注　释

1　该数据源于北大法宝，以“植物新品种”为关键词进行检索，截至2022年7月8日。

2　参见甘肃省张掖市中级人民法院民事判决书，(2017)甘07民初94号。

3　参见甘肃省高级人民法院民事判决书，(2018)甘民终695号。

4　参见新疆维吾尔自治区乌鲁木齐市中级人民法院民事判决书，(2019)新01知民初8号；最高人民法院民事判决书，(2020)最高法知民终779号。

5　参见最高人民法院民事判决书，(2014)民提字第26号。

6　其前公约为《国际植物新品种保护联盟公约》(the Convention Established the International Union for the Protection of New Varieties of Plants)。

7　参见李菊丹：《国际植物新品种保护制度的变革发展与我国应对》，载《知识产权》2020

年第 1 期。

8 参见叶盛荣、周训芳:《国际植物新品种保护的趋势及我国的对策》,载《湘潭大学学报(哲学社会科学版)》2010 年第 3 期。

9 See Laurence R. Helfer, *Intellectual Property Right in Plant Varieties: International Legal Regimes and Policy Options for National Governments*, Food and Agriculture Organization of United Nations, 2004, p. 56.

10 See Nuno P. de Carvalho, *The TRIPS Regime of Patent Right*, Kluwer Law International, 2010, p. 157 – 168.

11 参见王志本:《从 UPOV1991 文本与 1978 文本比较看国际植物新品种保护的发展趋向》,载《中国种业》2003 年第 2 期。

12 See Laurence R. Helfer, *Intellectual Property Right in Plant Varieties: International Legal Regimes and Policy Options for National Governments*, Food and Agriculture Organization of United Nations, 2004, p. 27.

13 南非、巴西、玻利维亚、哥伦比亚、尼加拉瓜等国在植物新品种保护立法上即采取文书中的逐步过渡的方法。参见吴汉东:《知识产权法》,法律出版社 2021 年版,第 728 页。

14 参见周绪晨、宋敏:《中国植物新品种保护事业国际化发展研究》,载《中国软科学》2019 年第 1 期。

15 数据来源:UPOV 官网。

16 参见徐世超:《非法代繁行为侵害植物新品种权问题研究——以安徽隆平公司诉农哈哈公司、刘汉平案为例》,载《法律适用》2021 年第 12 期。

17 最高人民法院《关于民事诉讼证据的若干规定》第 16 条规定:"当事人提供的公文书证系在中华人民共和国领域外形成的,该证据应当经所在国公证机关证明,或者履行中华人民共和国与该所在国订立的有关条约中规定的证明手续。中华人民共和国领域外形成的涉及身份关系的证据,应当经所在国公证机关证明并经中华人民共和国驻该国使领馆认证,或者履行中华人民共和国与该所在国订立的有关条约中规定的证明手续……"

18 2020 年最高人民法院《关于适用〈中华人民共和国民事诉讼法〉的解释》第 523 条规定:"外国人参加诉讼,应当向人民法院提交护照等用以证明自己身份的证件。外国企业或者组织参加诉讼,向人民法院提交的身份证明文件,应当经所在国公证机关公证,并经中华人民共和国驻该国使领馆认证,或者履行中华人民共和国与该所在国订立的有关条约中规定的证明手续……"

19 按照最高人民法院的解释，设立该规定的必要性有：(1)由于人民司法权的地域限制，依据境外提供的证据来判断案件事实自然会多一层误断的风险。(2)对境外提供的证据本身施加若干程序或手续上的限制，可以增强地域外证据的真实性和合法性，进而可以尽力消除司法权的地域局限给民事诉讼带来的不利影响。

20 参见许俊强：《民事诉讼域外证据证明制度之检讨——以〈关于民事诉讼证据的若干规定〉第十一条为中心》，载《东南学术》2009 年第 6 期；莫远锋：《我国民事诉讼中的域外证据公证证明制度初探》，载《经济与社会发展》2003 年第 9 期。

09

嘉兴市中华化工有限责任公司、上海欣晨新技术有限公司侵害技术秘密纠纷案

点评专家

胡开忠　中南财经政法大学知识产权学院教授

责任编辑　陈　默　**编辑助理**　曹文豪帅

■ 案件概况

香兰素是全世界应用最广泛的食品增香剂之一,具有极高的经济价值。原告嘉兴市中华化工有限责任公司(以下简称嘉兴化工公司)与上海欣晨新技术有限公司(以下简称上海欣晨公司)共同研发了生产香兰素的新工艺并将其作为技术秘密加以保护。被告傅祥根是嘉兴化工公司前员工,2010 年 4 月,傅祥根从被告王龙集团公司获取 40 万元后将原告有关香兰素的生产技术及设备图纸披露给被告,后辞职进入被告宁波王龙科技股份有限公司(以下简称王龙科技公司)协助生产香兰素。而后被告喜孚狮王龙香料(宁波)有限公司(以下简称喜孚狮王龙公司)使用王龙科技公司技术出资的香兰素生产线继续生产香兰素,被告王国军是前述三被告公司的法定代表人。自 2011 年 6 月起,上述被告开始生产销售香兰素,迅速占据香兰素 10% 的市场份额,导致原告市场份额从 60% 下降到 50% 。

2018 年,嘉兴化工公司与上海欣晨公司向浙江省高级人民法院提起诉讼,将王龙集团公司、王龙科技公司、喜孚狮王龙公司、傅祥根、王国军列为共同被告,请求法院判令五被告停止侵害商业秘密的行为,赔偿经济损失共计 5.02 亿元。2020 年 4 月 24 日,浙江省高级人民法院作出(2018)浙民初 25 号民事判决,判决王龙集团公司、王龙科技公司、喜孚狮王龙公司、傅祥根立即停止侵害涉案技术秘密的行为,由王龙集团公司、王龙科技公司、傅祥根赔偿 350 万元,由喜孚狮王龙公司对其中的 7% 即 24.5 万元承担连带赔偿责任。上述原告与被告均不服,提起上诉,最高人民法院作出(2020)最高法知民终 1667 号民事判决,撤销一审判决,决定由王龙集团公司、王龙科技公司、傅祥根、王国军赔偿原告共计 1.59 亿元,由喜孚狮王龙公司对其中的 7% 承担连带赔偿责任。

■ 当事人主张

▣ 上诉人(一审被告:王龙集团公司、王龙科技公司、喜孚狮王龙公司、傅祥根、王国军)的主张

第一,原审法院对本案关键事实认定错误,涉案技术信息不构成商业秘密。一审被告认为涉案技术信息属于可从公开渠道获得的信息,且一审原告未对上述涉案技术信息采取保密措施,其不具备商业秘密的法定构成要件,不构成商业秘密。

第二,一审被告未实施侵权行为。一审被告傅祥根认为自己的工作变动并未违反法律,是个人与市场正常的双向选择过程,其作为自然人不存在使用涉案技术信息进行生产的可能。其他被告认为自己也不存在持续以不正当手段获取涉案技术信息的可能,一审原告所提供的证据并不能证明被告实施了侵害行为。

第三,原审法院判决确定的赔偿数额明显偏高。一审被告认为一审原告主张的涉案技术信息研发费用为500万元,其中一审原告嘉兴化工公司仅支付了300万元,少于一审判决确定的350万元赔偿数额,其实际损失也远少于其支付的研发费用。

▣ 上诉人(一审原告:嘉兴化工公司、上海欣晨公司)的主张

第一,原审法院对涉案技术秘密的侵害使用情况事实认定不清。原审法院仅因一审原告未在举证期限内申请现场勘验,就拒绝进行现场勘验,于法无据,从而认为一审被告侵害技术秘密的范围仅限于17张设备主图和5张工艺流程图,而事实上一审被告对其非法获取的185张设备图和15张工艺流程图都存在非法使用情形。同时一审被告王国军也存在侵害涉案技术秘密行为,王龙科技公司系专为侵害涉案技术秘密而设立的,应在王龙科技公司之外另行追究其股东王国军的侵权连带责任。

第二,原审法院采用法定赔偿方式,判赔数额明显较低。一审原告认为

一审被告给其造成重大经济损失，包括但不限于估算的7.9亿元的价格侵蚀影响，一审原告还为本案一审诉讼支付律师代理费200万元，为制作损害赔偿经济分析报告支付7万美元。原审法院判决采用法定赔偿方式确定的赔偿数额仅为300万元，数额明显较低，一审原告主张赔偿总额应为177,770,227.92元。

■ 认定的事实

▣ 与涉案技术信息有关的事实

第一，涉案设备图和工艺管道及仪表流程图属于不为公众所知悉的技术信息，具有秘密性。首先，涉案技术信息是一审原告委托相关企业自行设计的非标设备，现有证据不能证明其已经在先公开。其次，一审原告拥有的设备图和工艺管道及仪表流程图的尺寸、结构、材料信息是根据自身生产工艺对参数优选数值的有机组合，需要经过大量技术研发、检验筛选才能够获得，而市场上并不存在标准化的成套香兰素工业化生产设备技术图纸以及工艺流程图，涉案技术信息无法从公开渠道获取，也无法通过观察香兰素产品直接获得。最后，根据[2017]沪科咨知鉴字第48－1号《知识产权司法鉴定意见书》的鉴定结论，涉案香兰素生产设备技术图纸在2015年5月30日和2017年8月21日之前分别构成不为公众所知的技术信息。时至今日，也没有证据证明上述涉案香兰素生产设备技术图纸已经被公开并为相关公众所普遍知悉。因此，涉案技术信息具备秘密性。

第二，涉案技术信息具有极高的商业价值，具有价值性。香兰素的市场需求量相对稳定，每年的全球需求量基本保持在两万吨左右。在一审被告王龙集团公司、王龙科技公司、喜孚狮王龙公司生产香兰素之前，全球两大香兰素生产商占据90%左右的市场份额，其中一审原告嘉兴化工公司占据全球香兰素市场60%左右的份额，法国一家生产商占据30%左右的市场份额。2011年至2017年，一审原告嘉兴化工公司香兰素年营业利润率分别为13.30%、5.42%、11.88%、9.91%、10.01%、25.98%、11.19%，由此可见一审原告在香兰素市场上已经形成明显竞争优势并创造了可观利润，涉案技术信息明显具有极高的商业价值。

第三，一审原告对涉案技术信息采取了相应的保密措施，具有保密性。自2003年起，一审原告嘉兴化工公司先后制定了文件控制程序、记录控制程序等管理性文件，对公司重要文件、设备进行管理；并由专人对文件的发放、回收进行管理和控制，规定通过培训等方式向员工公开，表明其具有保密意愿且采取了保密措施。具体到涉案技术信息，一审原告嘉兴化工公司与上海欣晨公司之间签订的技术开发合同约定有保密条款，嘉兴化工公司也制定了《档案与信息化管理安全保密制度》等管理规定，并对职工多次进行保密宣传、教育和培训，还与接触相关技术和操作规程的员工签订了《保密协议》。上海欣晨公司制定的《上海欣晨新技术有限公司管理条例》中也有关于保密纪律的规定，其与员工的劳动合同中也订有保密条款。上述证据都表明一审原告采取了与涉案技术信息价值相适应的保密措施，涉案技术信息具备保密性。

浙江省高级人民法院和最高人民法院都认为涉案技术信息系不为公众所知悉、具有商业价值并经权利人采取相应保密措施的技术信息，符合商业秘密的法定构成要件，依法应受法律保护。

▣ 与被诉侵权行为有关的事实

第一，一审被告非法获取的技术信息与涉案技术秘密相同。一审原告主张的技术秘密包括6个秘密点，涉及58个非标设备的287张设备图和25张工艺管道及仪表流程图。一审被告获取了其中200张设备图和15张工艺管道及仪表流程图，经比对其中有185张设备图与涉案技术秘密中设备图的结构型式、大小尺寸、设计参数、制造要求均相同，二者的设备名称和编号、图纸编号、制图单位等也相同，共涉及40个非标设备；有15张工艺管道及仪表流程图与嘉兴化工公司的工艺管道及仪表流程图的设备位置和连接关系、物料和介质连接关系、控制内容和参数等均相同，其中部分图纸标注的图纸名称、项目名称、设计单位也相同。因此，原审法院与最高人民法院均认定一审被告非法获取的技术秘密范围为185张设备图和15张工艺管道及仪表流程图,且与一审原告提供的涉案设备图和工艺管道及仪表流程图相同。

第二,一审被告通过非法手段获取了涉案技术秘密并实际使用。首先,香兰素生产设备和工艺流程通常具有配套性,其生产工艺及相关装置相对明确固定,一审被告已经实际建成香兰素项目生产线并进行规模化生产,故其必然具备制造香兰素产品的完整工艺流程和相应装置设备。其次,根据一审原告提供的相关材料,涉案技术秘密从研发到建成生产线至少用了4年多的时间。一审被告拒不提供有效证据证明其对香兰素产品的完整工艺流程和相应装置设备进行了研发和试验,且又不能证明其生产工艺流程和相应装置设备与涉案技术秘密在个别地方略有不同是基于其自身的技术研发或通过其他正当途径获得的技术成果,且在一年时间内开辟香兰素项目生产线并实际投产。同时现有证据表明,一审被告是在获取了涉案技术秘密后才开始组建工厂生产香兰素产品的。因此,最高人民法院认为一审被告不仅以非法手段获取了涉案技术秘密,且已投入实际使用。

▣ 与赔偿数额有关的事实

第一,与一审原告相关的财务数据。2011年至2017年,嘉兴化工公司香兰素抽样年平均销售单价分别为每吨75,224.35元、75,259.97元、73,691.83元、65,034.72元、64,978.64元、59,186.54元、63,782.05元;嘉兴化工公司香兰素年销售单价分别为每吨76,028元、73,910元、71,156元、66,943元、66,490元、60,356元、61,314元;嘉兴化工公司香兰素年营业收入分别为831,504,715.56元、756,976,728.24元、613,490,128.38元、927,779,249.21元、850,935,687.19元、744,324,516.36元、748,944,703.02元;嘉兴化工公司香兰素年营业利润分别为110,561,595.74元、41,019,632.69元、72,872,000.61元、91,951,372.50元、85,209,268.01元、193,407,889.68元、83,774,612.19元;嘉兴化工公司香兰素年营业利润率分别为13.30%、5.42%、11.88%、9.91%、10.01%、25.98%、11.19%;嘉兴

化工公司香兰素年销售利润率分别为:18.46%、16.21%、24.51%、13.28%、13.70%、13.77%、13.29%。

第二,与一审被告相关的财务数据。被告自述2013年的香兰素产量为2000吨,后一审原告提供的证据表明被告于2018年4月1日至2019年3月1日销售香兰素2263吨,2019年生产香兰素3185吨,2020年1月至9月生产香兰素1976吨,被告具有代表性的销售价格为每公斤8.75美元,即每吨8750美元,换算为人民币约为每吨57,619元。由于一审被告拒绝提供更多证据,最高人民法院综合考虑认为2011年至2017年一审被告每年生产的香兰素产品平均为2000吨。

裁判意见

由于本案一审原告仅针对2019年《反不正当竞争法》施行前的被诉侵权行为提起原审诉讼,特别是其主张的损害赔偿责任计算期间并不包括自2018年持续至起诉时,因此本案适用2017年《反不正当竞争法》。

根据2017年《反不正当竞争法》第17条的规定:"经营者违反本法规定,给他人造成损害的,应当依法承担民事责任。经营者的合法权益受到不正当竞争行为损害的,可以向人民法院提起诉讼。因不正当竞争行为受到损害的经营者的赔偿数额,按照其因被侵权所受到的实际损失确定;实际损失难以计算的,按照侵权人因侵权所获得的利益确定。赔偿数额还应当包括经营者为制止侵权行为所支付的合理开支。经营者违反本法第6条、第9条规定,权利人因被侵权所受到的实际损失、侵权人因侵权所获得的利益难以确定的,由人民法院根据侵权行为的情节判决给予权利人300万元以下的赔偿。"

因此,围绕商业秘密案件侵权损害赔偿数额的计算,本案争议焦点主要有两方面:一是损害赔偿数额的计算方式;二是确定适用损害赔偿责任的考虑因素。

■ 关于损害赔偿数额的计算方式

第一，按照营业利润计算。根据一审原告提供的财务数据，2011 年至 2017 年，原告年营业利润率分别为 13.30%、5.42%、11.88%、9.91%、10.01%、25.98%、11.19%，销售单价为每吨 76,028 元、73,910 元、71,156 元、66,943 元、66,490 元、60,356 元、61,314 元，一审被告在此期间年平均产量为 2000 吨。按照此种计算方式，被告侵权所获利润为"年平均产量 × 销售单价 × 年营业利润率"由此可得 2011 年至 2017 年一审被告实际获利分别为：20,223,448 元、8,011,844 元、16,906,665.60 元、13,268,102.60 元、13,311,298 元、31,360,977.60 元、13,722,073.20 元，合计为 116,804,409 元。

第二，按照销售利润计算。根据一审原告提供的财务数据，2011 年至 2017 年原告年销售利润率分别为：18.46%、16.21%、24.51%、13.28%、13.70%、13.77%、13.29%，销售单价为每吨 76,028 元、73,910 元、71,156 元、66,943 元、66,490 元、60,356 元、61,314 元，一审被告在此期间年平均产量为 2000 吨。按照此种计算方式，被告侵权所获利润为"年平均产量 × 销售单价 × 年销售利润率"，由此可得 2011 年至 2017 年一审被告实际获利分别为：28,069,537.60 元、23,961,622 元、34,880,671.20 元、17,780,060.80 元、18,218,260 元、16,622,042.40 元、16,297,261.20 元，合计为 155,829,455.20 元。

第三，按照价格侵蚀计算。根据一审原告提供的财务数据，一审原告在 2011 年至 2017 年年销售单价分别为每吨 76,028 元、73,910 元、71,156 元、66,943 元、66,490 元、60,356 元、61,314 元，一审被告在此期间年平均产量为 2000 吨，年平均销售价格为每吨 57,619 元。按照此种计算方式，得出价格侵蚀导致的损害共计 790,814,699 元。

■ 确定适用损害赔偿责任的考虑因素

第一，被告的主观过错程度。关于商业秘密侵权损害赔偿责任主观过错程度的认定，人民法院应当综合考虑商业秘密的类型、创新程度高低、商业秘密的价值、侵权行为等方面因素。在本案中，涉案技术秘密为香兰素新型生产工艺，原告凭借该工艺先后获得高新技术企业证书、浙江省科学技术奖二等奖、中国轻工业联合会科学技术进步一等奖，可见涉案技术秘密具有较高的创新程度。同时，该技术秘密也为原告带来巨大的市场竞争优势，原告在香兰素市场占据60%的份额，由此可见涉案技术秘密具有极高的商业价值。综合考虑被告在获取涉案技术秘密后立刻生产销售香兰素并迅速占据10%的市场份额，且在原审法院作出行为保全裁定后拒不执行裁定、持续实施侵权的行为，可以认定被告存在极大的侵权恶意。符合适用损害赔偿责任的主观要件。

第二，被告侵权行为的性质和情节严重情况。关于商业秘密侵权损害赔偿责任侵权行为性质及情节程度的认定，人民法院应当综合考虑侵权手段、侵权行为的持续时间、规模后果和侵权人在诉讼中的行为等因素。在本案中，被告不仅使用恶劣的非法手段获取了涉案技术秘密，并且还专门成立生产销售香兰素的企业实施大规模持续侵权行为，利用低价手段对香兰素市场竞争秩序造成了恶劣影响。在诉讼过程中，被告对于原审法院作出的行为保全裁定拒不执行，同时拒绝提交侵权产品销售数量等证据，存在举证妨碍、不诚信诉讼等情节，其侵权行为性质恶劣，情节严重。结合上述因素，足以认定被诉侵权行为符合损害赔偿的情节严重要件。

■ 裁判结果

▣ 一审裁判结果

浙江省高级人民法院于2020年4月24日作出(2018)浙民初25号民事判决：

第一，王龙集团公司、王龙科技公司、喜孚狮王龙公司、傅祥根立即停止侵害涉案技术秘密的行为，即停止以不正当手段获取、披露、使用、允许他人使用涉案设备图和工艺管道及仪表流程图记载的技术秘密（详见原审判决附件2、3，即二审判决附件1、2）；该停止侵害的时间持续到涉案技术秘密已为公众所知悉时止；

第二，王龙集团公司、王龙科技公司、傅祥根自本判决生效之日起10日内连带赔偿嘉兴化工公司、上海欣晨公司经济损失300万元、合理维权费用50万元，共计350万元；喜孚狮王龙公司对其中的7%即24.5万元承担连带赔偿责任。

二审裁判结果

第一，撤销浙江省高级人民法院(2018)浙民初25号民事判决；

第二，王龙集团公司、王龙科技公司、喜孚狮王龙公司、傅祥根、王国军立即停止侵害嘉兴化工公司、上海欣晨公司技术秘密的行为，即停止以不正当手段获取、披露、使用、允许他人使用涉案设备图和工艺管道及仪表流程图记载的技术秘密(详见二审判决附件1)，该停止侵害的时间持续到涉案技术秘密为公众所知悉时止；

第三，王龙集团公司、王龙科技公司、傅祥根、王国军自本判决生效之日起10日内连带赔偿嘉兴化工公司、上海欣晨公司经济损失155,829,455.20元，合理维权费用3,492,216元，共计159,321,671.20元，喜孚狮王龙公司对其中的7%承担连带赔偿责任。

类案梳理

本案裁判要旨

我国现行法律规定下，一般按照实际损失、侵权获利、法定赔偿的顺序确定商业秘密案件侵权损害赔偿数额。但出于举证困难以及考虑司法效率等因素，在实践中法定赔偿的适用率居高不下，无法很好地保护商业秘密权利人的合法利益。本案在侵权损害赔偿数额的认定上突破了法律规定的适用顺序，就侵害技术秘密案件的损害赔偿数额综合考虑商业秘密的性质、商业价值、研究开发成本、创新程度、所带来的竞争优势以及侵权人的主观过错、侵权行为的性质、具体行为、后果等具体因素，在确定判赔数额上选择性按照营业利润或者销售利润计算最终赔偿数额。

▣ 类案裁判综述

2019 年修正的《反不正当竞争法》第 17 条[1] 规定了商业秘密侵权案件的损害赔偿责任制度，不仅将法定赔偿数额上限提升至 500 万元，还增加了惩罚性赔偿制度，同时在补偿性损害赔偿适用方面给予法官更大的自由裁量空间，从立法层面上加强了对商业秘密权利人的保护，彰显了我国加强商业秘密保护的决心。在探索技术秘密侵权损害赔偿制度完善的过程中，各级人民法院不断总结适用损害赔偿责任认定标准与赔偿数额计算规则，逐渐形成了具有中国特色的司法经验。

1. 损害赔偿责任认定标准

在损害赔偿责任认定上，首先，要明确商业秘密的构成要件内涵、种类、创新程度高低，如在"南方中金环境股份有限公司诉浙江南元泵业有限公司、赵某高等侵害商业秘密纠纷案"中，法院认为，虽然单个零部件所承载的技术信息已经属于公共领域的知识，但系通过重新组合设计成为新的技术方案，且通过查阅公开资料或其他公开渠道无法得到，通过反向工程也不容易获得的，应当认定该技术方案不为公众所知悉。[2] 在"北京零极中盛科技有限公司、周洋等侵害技术秘密纠纷案"中，最高人民法院进一步明确"不为公众所知悉"的判断主体是所属领域的相关人员，判断的标准是既不能"普遍知悉"，也不能"容易获得"，认定的时间点是"被诉侵权行为发生时"。[3] 其次，综合考虑侵权行为的性质、持续时间、范围、后果；原告可能遭受的损失、被告可能获得的利益；合理转让费、许可使用费等收益、报酬；被告主观过错程度等。例如，在"优铠（上海）机械有限公司与曹某等侵害技术秘密纠纷上诉案"中，原告优铠（上海）机械有限公司主张其享有"边测量边锯切"的技术秘密，被告李某某、周某等人从原告处离职后成立了上海路启机械有限公司并利用原告的技术秘密制造、销售优选锯产品。法院通过现场勘验进行技术对比，明确了涉案技术秘密范围，查明了侵权行为事实及造成的后果从而确认被告实施了侵权行为，应当承担损害赔偿责任。[4]

2. 损害赔偿数额计算标准

损害赔偿数额的计算往往涉及实际损失、侵权获利、许可费倍数以及法定赔偿，关于前三种计算方法，法院严格遵循相关法律法规及司法解释，在综合考量与赔偿数额相关的事实证据、侵权行为性质、情节严重情况、原告损害程度、被告主观恶意等具体因素后，区分不同行为模式采取相应计算方式，基于销售利润或许可费倍数确定赔偿数额。例如，在“音王电声股份有限公司、惠州市辉特电子科技有限公司等侵害商业秘密纠纷案”中，法院对于该案中侵权行为区分“违约型”和“侵权型”两类行为模式，并对应不同的损失计算方式。[5] 对行为人在工作中利用职务便利合法、正当接触、获取商业秘密后违约披露、实施他人商业秘密的，应当认定为“违约型”，损失数额可根据权利人因被侵权造成销售利润的损失确定，在权利人因被侵权造成销售量减少的总数受市场因素影响难以确定时，权利人销售利润损失依据侵权产品销售量乘以权利人每件产品的合理利润的方式计算。对于以侵权为业的犯罪行为，权利人每件产品的合理利润应认定为毛利润。对不属于行为人职务范围内合法、正当接触、获取的商业秘密，则可合理推定行为人系利用工作便利，以“其他不正当手段”获取，属“侵权型”，损失数额可根据该项商业秘密的合理许可使用费确定，在商业秘密无实际发生的许可使用费时，可采取评估虚拟许可使用费的方式确定损失。在权利人的损失难以准确计算的情况下，法院一般综合考虑涉案技术秘密的性质、创新程度、研究开发成本、商业价值、能带来的竞争优势、技术贡献度以及侵权人的主观过错、侵权情节等因素酌情确定赔偿数额。例如，在“优铠（上海）机械有限公司与曹某等侵害技术秘密纠纷上诉案”中，法院综合考虑上述因素，酌情确定被告赔偿经济损失 500 万元。[6]

为制止侵犯商业秘密的行为，加强商业秘密保护，保护商业秘密权利人和相关主体的合法权益，国家市场监督管理总局于 2020 年 9 月 4 日就《商业秘密保护规定》向社会征求意见。这一草案的出台彰显了中国加强商业秘密保护的决心，进一步激励研发与创新，维护公平竞争、优化营商环境，促进社会主义市场经济健康发展。

▣ 学术观点综述

如何科学合理地适用知识产权损害赔偿制度，明晰补偿性赔偿同惩罚性赔偿、替代性赔偿（法定赔偿）间的界限与适用标准，学界主要围绕制度功能、赔偿数额认定与计算方法等方面达成了以下共识。

1. 知识产权损害赔偿的制度功能

学界通说认为，知识产权损害赔偿制度应该具备补偿、预防和惩罚的规范功能，其中以补偿作为主要和基本的规范功能，替代性赔偿（法定赔偿）应作为补充性赔偿。[7] 我国知识产权侵权损害赔偿制度应当遵循以市场价值为基础的全面赔偿原则，构建赔偿数额基准，准确把握财产损失尺度，以达到"填平"和"回复"权利状态的目的；[8] 应充分发挥知识产权裁判的教育、惩罚、威慑和补偿功能。[9]

2. 赔偿数额的认定与计算方法

第一，在赔偿数额的计算方法上，目前学界通说认为有两种类型四种计算方式，即数量计算方法（包括实际损失、侵权所得、许可使用费倍数）和自由裁量方法（法定赔偿）。[10]但是这四种计算方法都存在各自的局限性。就实际损失计算方法来看，侵权行为的持续性，使权利人诉讼时实际遭受的损失尚不能完全量化体现，从而导致权利人主张实际损失作为赔偿基数难以得到法院认可。[11]就侵权获利计算方法来看，由于知识产权的特殊性和非物质性，其财产收益具有天然的难以查明性。[12]在举证义务上也存在极大困难，原告往往无法获取被告侵权获利的证据，而被告显然也不会主动交出相关证据。[13]就许可使用费倍数计算方法来看，首先，许可使用费的采纳取决于许可合同的证明能力以及许可费用的支付凭证，权利人应当对此承担举证责任，这无疑会加重权利人的举证责任；其次，如何确定合理的倍数也存在争议。[14]就法定赔偿的适用来看，其作为替代性补偿制度，在司法实践中的广泛使用一直备受苛责，应当秉持能不用则不用的原则审慎对待。

第二，在损害赔偿数额认定上，应当采取基于意思自治原则为基础的自由选择认定方式。目前，我国关于知识产权侵权损害赔偿数额的认定遵循实际损失、侵权获利、许可使用费倍数、法定赔偿的严格适用顺序。[15]但《民法典》第1184条规定，“侵害他人财产的，财产损失按照损失发生时的市场价格或者其他合理方式计算”。该条意味着我国对于财产损害赔偿数额的认定可以采取自由选择的方式进行。[16]知识产权法作为民法的重要组成部分，应当遵循民法的一般规范指引，对于赔偿数额的认定应当允许权利人自由选择，这将更有利于对权利人的合法利益进行保护，发挥知识产权损害赔偿制度的补偿功能。

专家点评

2022年1月，《人民法院报》发布了2021年度人民法院十大案件，本案列入其中。本案是中国司法史上判决赔偿额最高的侵害商业秘密案件，该案由最高人民法院知识产权法庭于2021年2月26日宣判，判决被告赔偿权利人1.59亿元人民币。

本案原告嘉兴化工公司与上海欣晨公司共同研发出合成香料香兰素，生产工艺较传统工艺具有明显优势，且嘉兴化工公司占据全球香兰素市场约60%的份额，在全球香兰素市场中具有较为明显的市场地位。被告通过侵害技术秘密的方式争夺了原告的大量客户，并抢占了全球香兰素市场约10%的份额。本案经历两审，二审法院认为，被告存在极大侵权恶意、侵权行为性质恶劣且情节严重，故二审法院合理计算赔偿数额，判决侵权人连带赔偿原告高额的经济损失和维权费用。本案高额赔偿判决体现了我国对商业秘密司法保护力度的加大，为商业秘密司法保护提供了重要的参考，同时也为制约我国中小企业发展的商业秘密侵权问题提供了参考性的解决方案。

本案主要反映了知识产权赔偿数额的认定规则的适用。知识产权赔偿在法律适用方面主要存在两个问题：(1)知识产权赔偿数额认定方式问题，即选择替代性的法定赔偿方式还是补偿性的其他赔偿方式来认定赔偿数额的问题;(2)知识产权损害赔偿数额的计算标准问题,即在能够具体计算赔偿数额时,计算的基准和计算方式的选择问题。

本案判决明确了补偿性赔偿与替代性的法定赔偿之间的差异。根据我国《反不正当竞争法》的规定,对侵权赔偿数额确定的方式依次是:权利人因被侵权所受到的实际损失、侵权人因侵权所获得的利益、法定赔偿。本案原审法院选择以法定赔偿方式来计算赔偿数额,判决被告赔偿350万元人民币,相比于二审法院的赔判数额是远远偏低的。在我国司法实践中,人民法院选择适用法定赔偿来确定知识产权损害赔偿数额的比例非常高,这一选择在很大程度上导致了知识产权侵权损害赔偿数额偏低的后果,出现这一现状的原因是法定赔偿相较于其他补偿性计算方式来说,其举证和计算困难更小。近年来,我国为加大知识产权保护力度,实施惩罚性赔偿制度,当情节达到严重程度时可考虑以惩罚性赔偿的方式来计算侵权赔偿数额。惩罚性赔偿制度在2019年新修正的《反不正当竞争法》中体现为:"经营者恶意实施侵犯商业秘密行为,情节严重的,可以在按照上述方法确定数额的1倍以上5倍以下确定赔偿数额。"但鉴于本案中被诉侵权行为发生在新法修正之前,审理法院未选用惩罚性赔偿的方式来计算侵权赔偿数额。因此,为了加强我国知识产权司法保护,合理计算商业秘密侵权损害赔偿数额,补足权利人因侵权人的侵权行为遭受的损失,二审纠正了原审法院的法定赔偿方式,结合权利人和经济专家提供的具体分析报告,选择以补偿性赔偿方式来计算被告的侵权损害赔偿数额,充分补偿了权利人的损失,具有较强的实践价值和指导意义。

本案判决体现了补偿性赔偿计算标准适用原则。二审法院参照了最高人民法院《关于审理专利纠纷案件适用法律问题的若干规定》(2015年,已修改)第20条第2款规定的方式计算:"侵权人因侵权所获得的利益可以根据该侵权产品在市场上销售的总数乘以每件侵权产品的合理利润所得之积计算。侵权人因侵权所获得的利益一般按照侵权人的营业利润计算,对于完全以侵权为业的侵权人,可以按照销售利润计算"。因此,本案涉及的具体计算标准有三种，即按照营业利润计算、按照销售利润计算、按照价格侵蚀计算。本案按照上述三种方式计算所得赔偿数额依次增多。对于营业利润和销售利润计算方式选择的考量，二审法院结合了侵权人的主观过错、行为性质与情节严重情况，如在明知香兰素具有极高商业价值仍实施侵权行为具有极大的侵权恶意、采取低价销售行为扰乱市场秩序、拒不提交重要证据的严重情节等时，优先考虑数额计算结果相对较高的按照销售利润的计算方式。最后一种按照价格侵蚀的计算方法，在国际诉讼中较为常用，但存在的缺陷是计算方式复杂、数据和分析方法需要足够严谨和科学，否则无法具备较高的可信度。现实中，我国关于侵蚀计算方法的研究和尝试仍然还处于不成熟的初级阶段，计算结果与其他两种方式存在较大偏差，可信度存疑。因此，法院并未采纳按照价格侵蚀的计算方式，而是在前两种计算方式中选择了计算结果较高的按照销售利润的计算方式，合理补足权利人的损失。总之，二审法院对一审法院的侵权赔偿计算标准的纠正之举，为我国知识产权赔偿标准的司法裁判提供了十分有价值的参考。

科技飞速发展与经济全球化使我国的知识产权司法保护需要积累更多的实践经验，关于知识产权损害赔偿数额认定的研究也仍有很长的路要走。目前，知识产权损害赔偿数额的认定与计算方式存在较多种类和选择，法院需要针对个案合理选择赔偿数额的认定和计算方式。在未来一段时间里，严格惩治侵权人的侵权行为、加大力度保护知识产权权利人的合法权益、逐步提高侵权人的赔偿数额将成为我国知识产权司法保护的主要趋势。为了合理补足权利人的损失，实践中应避免一味地选择法定赔偿，应适当提高补偿性赔偿计算方式和惩罚性赔偿计算方式的适用比率。本案判决，是我国商业秘密侵权纠纷案件中的典型范例，为我国知识产权司法实践中积极采用补偿性损害赔偿计算方式与标准提供了重要思路。

注 释

1 《反不正当竞争法》(2019年)第17条规定:“经营者违反本法规定,给他人造成损害的,应当依法承担民事责任。经营者的合法权益受到不正当竞争行为损害的,可以向人民法院提起诉讼。因不正当竞争行为受到损害的经营者的赔偿数额,按照其因被侵权所受到的实际损失确定;实际损失难以计算的,按照侵权人因侵权所获得的利益确定。经营者恶意实施侵犯商业秘密行为,情节严重的,可以在按照上述方法确定数额的一倍以上五倍以下确定赔偿数额。赔偿数额还应当包括经营者为制止侵权行为所支付的合理开支。经营者违反本法第六条、第九条规定,权利人因被侵权所受到的实际损失、侵权人因侵权所获得的利益难以确定的,由人民法院根据侵权行为的情节判决给予权利人五百万元以下的赔偿。”

2 参见浙江省杭州市中级人民法院民事判决书,(2020)浙01民初287号。

3 参见最高人民法院民事判决书,(2021)最高法知民终1440号。

4 参见最高人民法院民事判决书,(2019)最高法知民终7号。

5 参见浙江省宁波市中级人民法院民事判决书,(2021)浙02民初1093号。

6 参见最高人民法院民事判决书,(2019)最高法知民终7号。

7 参见吴汉东:《知识产权损害赔偿的市场价值基础与司法裁判规则》,载《中外法学》2016年第6期。

8 参见吴汉东:《知识产权侵权诉讼中的过错责任推定与赔偿数额认定——以举证责任规则为视角》,载《法学评论》2014年第5期。

9 姜伟:《着力破解知识产权司法保护难题》,载《法治日报》2016年4月27日,第9版。

10 参见吴汉东:《知识产权损害赔偿的市场价值基础与司法裁判规则》,载《中外法学》2016年第6期。

11 参见蒋华胜:《知识产权损害赔偿的市场价值与司法裁判规则的法律构造》,载《知识产权》2017年第7期。

12 参见杨涛:《知识产权侵权获利赔偿制度的完善路径》,载《现代法学》2020年第5期。

13 参见余秀宝:《知识产权侵权损害赔偿计算方法的整体构建——民法典编纂背景下的思考》,载《法治研究》2018年第3期。

14 参见蒋华胜:《知识产权损害赔偿的市场价值与司法裁判规则的法律构造》,载《知识产权》2017年第7期。

15 参见陈永伟:《知识产权损害赔偿计算:方法、工具和考量因素》,载《电子知识产权》2019 年第 8 期。

16 参见杨立新:《民法典对侵权损害赔偿责任规则的改进与适用方法》,载《法治研究》2020 年第 4 期。

10

三星电子株式会社等与爱立信公司标准必要专利许可使用费纠纷案

点评专家

马一德　中南财经政法大学知识产权研究中心文澜特聘教授

责任编辑　瞿昊晖　**编辑助理**　杨依楠

■ 案件概况

2020年6月4日,爱立信公司向欧洲电信标准化协会(以下简称ETSI)出具《知识产权信息陈述与许可声明》,承诺在获得互惠许可的条件下,将根据ETSI知识产权政策的条款与条件,就有关标准必要专利授予不可撤销的许可。2020年11月30日,三星株式会社向ETSI出具了同样的声明。自2020年起,爱立信公司与三星株式会社开始进行新一轮的标准必要专利许可谈判,双方均提及拟协商的许可协议应为交叉许可。2020年12月7日,三星电子株式会社、三星(中国)投资有限公司、三星(中国)投资有限公司武汉分公司(以下合称三星公司)向武汉市中级人民法院提起诉讼,请求法院裁决爱立信公司及其子公司持有或控制的4G、5G标准必要专利对三星公司通信产品的全球许可条件。2020年12月11日,爱立信公司及爱立信有限公司以三星株式会社、三星电子美国公司和三星研究美国公司为被告,向美国得克萨斯州东区联邦地区法院(以下简称德州东区法院)提起诉讼,向法院提出确认三星株式会社等主体违反与爱立信公司诚信谈判的义务等请求。

爱立信公司在美国提起诉讼后,三星公司向武汉市中级人民法院提出禁诉令性质的行为保全申请。2020年12月25日,武汉市中级人民法院作出(2020)鄂01知民初743号民事裁定(以下简称原裁定),就涉案标准必要专利纠纷签发禁诉令,要求爱立信公司及其关联公司针对涉案4G、5G标准必要专利,不得向使用、许诺销售、销售、进口三星通信产品的主体寻求禁令救济和行政措施,不得向中国或其他国家和地区的法院请求裁定许可条件或许可费,不得请求司法确认其是否在谈判中履行FRAND(公平、合理、无歧视)义务,不得向法院申请责令三星公司撤回本案行为保全裁定,不得向法院申请禁止三星公司申请执行本案行为保全裁定。爱立信公司不服,于2020年12月30日向法院提出复议申请。经在线听证,武汉市中级人民法院于2021年3月10日作出(2020)鄂01知民初743号之一民事裁定书,裁定驳回爱立信公司的复议申请,并立即开始执行该裁定。

当事人主张

申请人(爱立信公司)的主张

在复议环节中,爱立信公司请求法院撤销原裁定,并提出以下主要理由:

第一,原裁定不符合最高人民法院《关于审查知识产权纠纷行为保全案件适用法律若干问题的规定》(以下简称《知识产权行为保全规定》)第7条之内容。[1] 其一,原裁定对三星公司的行为保全申请是否符合《知识产权行为保全规定》第7条第1项的考量因素未作任何评述,且三星公司没有提交任何证据表明其在本案中提出的诉讼请求具有胜诉可能性;其二,原裁定的作出不符合《知识产权行为保全规定》第7条规定的其他考量因素,本案不裁定行为保全,不会使三星公司的合法权益受到难以弥补的损害,不会造成本案裁决难以执行,对三星公司造成的损害也不会超过裁定行为保全而对爱立信公司造成的损害,且原裁定的内容是一种强迫爱立信公司向三星公司进行技术转移的内容,严重损害社会公共利益。

第二,原裁定存在重大程序错误。其一,本案不存在紧急情况,法院未经听证作出原裁定,明显违反程序。其二,三星公司仅起诉要求确定爱立信公司及其子公司持有或控制的涉案标准必要专利对三星通信产品的全球许可条件,原裁定却对爱立信公司及其关联公司作出行为保全裁定,超出了三星公司的起诉范围。其三,根据《知识产权行为保全规定》第7条第1项,法院在作出原裁定时至少应分析以下问题:爱立信公司是否负有向三星公司提供单向FRAND许可的义务?法院是否具有法律依据和事实基础去裁决爱立信公司向三星公司提供单向FRAND许可的费率?中国法院是不是裁决爱立信公司与三星公司之间标准必要专利全球许可费率的适宜法院?双方是否就许可条件进行了充分协商仍不能达成一致?上述问题是法院审查三星公司申请时需要考虑的前提性问题，法院对此却未作评述。

第三，原裁定将会助长三星公司在标准必要专利交叉许可谈判中继续实施违反 FRAND 义务的不诚信行为。三星公司提起本案行为保全申请，属于明显违反诚实信用原则的恶意诉讼行为。爱立信公司与三星公司之间是交叉许可关系，并非单向许可关系，原裁定支持三星公司对爱立信公司的单方禁诉请求，客观上造成了交叉许可关系中的一方（三星公司）不履行 FRAND 义务而另一方（爱立信公司）却被迫接受司法裁决单向许可义务的利益失衡局面。对于承诺了互惠式 FRAND 许可义务的专利权人，在未经专利权人同意提供单向许可的情况下，法院不能对其裁决单向许可费率。

■ 被申请人（三星公司）的主张

第一，爱立信公司关于法院未经听证就径行作出原裁定违反程序的复议理由不成立。其一，法院未经听证作出行为保全裁定，符合《知识产权行为保全规定》第 5 条有关除外情形的规定，也与相关司法实践一致；其二，本案行为保全裁定作出后，德州东区法院针对三星公司作出的临时限制令裁定也证明了本案行为保全裁定的合理性；其三，爱立信公司在本案起诉后在其他国家和地区的诉讼行为，也恰恰说明了本案行为保全申请存在“紧急情形”。

第二，爱立信公司关于原裁定内容超出了三星公司起诉范围构成程序违法的复议理由不成立。三星公司行为保全申请事项依据的是其起诉状中诉讼标的的范围，而不是依据专利主体的范围。即便从行为主体的角度考虑，三星公司在行为保全申请针对的主体中增加爱立信公司的关联公司，是担心爱立信公司通过其关联公司来起诉三星公司，从而规避执行法院发布的行为保全裁定。

第三，爱立信公司关于原裁定缺乏事实基础和法律依据的复议理由不成立。爱立信公司对《知识产权行为保全规定》第 7 条第 1 项的理解完全错误，本案并不是专利侵权案件，法院需要裁决的是涉案标准必要专利的许可条件，根本不存在所谓评判“胜诉可能性”的问题。原裁定遵照最高人民法院在"康文森公司与华为公司确认不侵害专利权纠纷案"(以下简称康文森与华为案)中确立的禁诉令裁判标准,对发布禁诉令的考量因素进行了逐一分析,有关分析框架与最高人民法院在该案中的分析框架完全一致,符合有关法律和行为保全规定的要求,不存在遗漏考量因素的情形。[2]

第四,三星公司提起本案诉讼及行为保全申请,符合法律规定和司法实践。三星公司在双方交叉许可谈判中并不存在违反 FRAND 义务的不诚信行为。相反,三星公司提起本案诉讼充分体现了其解决双方许可费争议的诚信和善意。双方在交叉许可谈判中的核心争议即关于爱立信公司 4G、5G 标准必要专利的许可费率,三星公司提出的本案诉讼可以解决双方的核心争议。如果爱立信公司及其关联公司自觉履行行为保全裁定,三星公司不会主动利用自身持有的标准必要专利针对爱立信公司的通信产品提出禁令。三星公司提起本案诉讼和申请行为保全,不会造成双方利益的严重失衡。

认定的事实

关于爱立信公司在美国提起诉讼的事实

2020 年 12 月 11 日,爱立信公司及爱立信有限公司以三星株式会社、三星电子美国公司和三星研究美国公司为被告,向德州东区法院提起诉讼,请求事项包括:判决确认三星株式会社等主体在双方标准必要专利交叉许可的谈判中未履行其互惠许可义务或未遵守其 FRAND 承诺;判决确认三星株式会社等主体违反了其与爱立信方诚信谈判的义务,违反了其在 ETSI 知识产权政策下的义务;判决确认三星株式会社等主体已拒绝接受并丧失其作为 ETSI 知识产权政策的第三方受益人要求爱立信方履行其 FRAND 承诺的权利等。

关于美国德州东区法院签发临时限制令的事实

原裁定作出后,爱立信公司与爱立信有限公司向美国德州东区法院提出《临时限制令和反干扰禁令的紧急申请》。2021 年 1 月 11 日，美国德州东区法院签发了临时限制令，要求三星株式会社、三星电子美国公司和三星研究美国公司：第一，在中国诉讼中，不得采取任何行动干扰其确定爱立信方和三星株式会社等主体是否履行或违反涉案标准必要专利 FRAND 义务的管辖权；第二，在中国诉讼中，不得采取任何行动剥夺爱立信公司或其母公司、子公司和关联公司向美国司法机关、行政机关主张其美国专利权的权利；第三，如爱立信方因禁诉令的执行而被处以罚款或承担了其他惩罚措施，则三星株式会社等主体须连带或单独赔偿爱立信方所受所有损失。

■ 裁判意见

武汉市中级人民法院认为，本案复议程序主要涉及以下争议焦点问题：第一，原裁定是否违反我国处理国际平行诉讼的规定；第二，原裁定在未听证的情况下作出是否有违正当程序；第三，如何认识原裁定确定的义务与三星公司诉讼请求之间的关系；第四，《知识产权行为保全规定》第 7 条第 1 项是否适用于本案行为保全申请的审查；第五，不采取行为保全措施是否将使三星公司权益受到难以弥补的损害；第六，不采取行为保全措施是否将使本案裁决难以执行；第七，采取行为保全措施是否会造成当事方利益的重大失衡；第八，采取行为保全措施是否会损害社会公共利益或他人合法权益。具体裁判意见论述如下。

▣ 原裁定不违反我国处理国际平行诉讼的规定

最高人民法院《关于适用〈中华人民共和国民事诉讼法〉的解释》（2020 年，已修改）第 533 条规定，“中华人民共和国法院和外国法院都有管辖权的案件，一方当事人向外国法院起诉，而另一方当事人向中华人民共和国法院起诉的，人民法院可予受理。判决后，外国法院申请或者当事人请求人民法院承认和执行外国法院对本案作出的判决、裁定的，不予准许；但双方共同缔结或者参加的国际条约另有规定的除外”。该款规定是为了维护中国法院对案件的管辖权所作的规定，即外国法院对案件进行管辖不影响中国法院同时对案件行使管辖权。本案中，原裁定的作出同样是为了维护中国法院对案件的管辖权，与前述条款具有功能上的一致性。此外，原裁定还具有避免和预防外国平行诉讼同本案相冲突之效果，有助于"一揽子"解决双方的争议。

▣ 原裁定在未听证的情况下作出不违反正当程序

根据《知识产权行为保全规定》第 5 条第 1 款规定，"人民法院裁定采取行为保全措施前，应当询问申请人和被申请人，但因情况紧急或者询问可能影响保全措施执行等情形除外"。原裁定作出的情形属于该条规定的除外情形，并不违反正当程序。

第一，本案存在需要立即采取保全措施的紧急情况。在三星公司提出行为保全申请时，双方于 2014 年签署的标准必要专利许可协议有效期限即将届满。在三星公司同意将涉案标准必要专利许可费争议提交法院裁决，且愿意为行为保全申请提供担保的条件下，若不立即采取保全措施，爱立信公司很有可能会在法院询问双方期间，即依据所持有的 4G、5G 标准必要专利对三星公司提起侵权诉讼，导致三星公司在同意由本案法院裁决许可费的情况下，仍然受到专利侵权诉讼的威胁。

第二，本案存在事先询问会影响保全措施执行的情况。本案于 2020 年 12 月 7 日正式立案，爱立信公司及其美国子公司在 12 月 11 日对三星株式会社及其美国子公司提起基于 FRAND 义务的合同违约之诉。在双方都已分别提起诉讼的情况下，如果爱立信公司在三星公司提出本案行为保全申请时就获知该情况，则其很可能会向外国法院申请预防性的临时禁令，禁止三星公司向法院提出本案行为保全申请，或者要求三星公司立即撤回已经提起的行为保全申请，进而直接影响到本案保全措施的作出或执行。爱立信公司在原裁定作出之后，在美国德州东区法院申请临时限制令的行为，亦可印证此种判断的合理性。

▣ 原裁定的行为保全义务与三星公司的诉讼请求并无直接关联

《民事诉讼法》第 103 条第 1 款规定:"人民法院对于可能因当事人一方的行为或者其他原因,使判决难以执行或者造成当事人其他损害的案件,根据对方当事人的申请,可以裁定对其财产进行保全、责令其作出一定行为或者禁止其作出一定行为;当事人没有提出申请的,人民法院在必要时也可以裁定采取保全措施。"根据该条,行为保全制度的目的在于保证判决执行或使当事人免遭损害,有关行为保全措施的具体范围和限度,应从行为保全对象可能实施的行为对案件判决执行以及对当事双方利益的影响范围及程度来考察,法院最终决定采取的行为保全措施也应以保障判决顺利执行和保全申请人利益不会受到其他损害为界。

在本案中,爱立信公司主张,三星公司起诉要求确定爱立信公司及其子公司持有或控制的 4G、5G 标准必要专利对三星公司通信产品的全球许可条件,但原裁定却错误要求爱立信公司及其关联公司承担禁令义务。这一主张将评判法院是否超当事人诉讼请求范围进行实体裁判之标准挪用于评判法院采取行为保全措施的范围是否合理,不具有合理性,也与行为保全制度的目的不符。本案之所以将行为主体表述为"爱立信公司及其关联公司",其目的在于预防和禁止爱立信公司通过其关联公司起诉三星公司或其关联公司,从而规避其在行为保全裁定项下本应履行的义务,同时避免三星公司在已在本院提起诉讼的情况下,仍然遭受专利侵权诉讼的威胁。

▣《知识产权行为保全规定》第 7 条第 1 项的审查因素不能直接套用于本案行为保全申请的审查

第一,《知识产权行为保全规定》第 7 条第 1 项规定的审查因素主要适用于知识产权侵权纠纷,与本案标准必要专利使用费纠纷的性质不同。从《知识产权行为保全规定》第 7 条的起源及内容看,其针对的是在知识产权侵权诉讼中人民法院审查诉前或诉中停止侵权禁令申请时应予考量的因素。在侵权诉讼中,人民法院对权利人请求所依据的事实基础和法律依据,包括有关知识产权权利的稳定性、被诉侵权人行为构成侵权的可能性等进行相应的审查是必要的，但在本案性质不同的情况下，不能将侵权纠纷中侵权可能性或者胜诉可能性等因素机械地适用于本案。

第二，从有关标准必要专利使用费争议的司法实践看，也不存在法院在作出行为保全禁令时必须考察“胜诉可能性”的问题。在最高人民法院处理的康文森与华为案中，最高人民法院指出，“对于禁止申请执行域外法院判决的行为保全申请，应当考虑被申请人申请执行域外法院判决对于中国诉讼的影响、采取行为保全措施是否确属必要、不采取行为保全措施对于申请人造成的损害是否超过采取行为保全措施对被申请人造成的损害、采取行为保全措施是否损害公共利益、采取行为保全措施是否符合国际礼让原则”。[3] 从该案裁定所列举的考察因素看，行为保全申请人的“胜诉可能性”因素，并非法院作出行为保全决定时应予考察的内容。

第三，所作互惠式许可承诺并不影响原裁定的作出和执行。虽然爱立信公司向 ETSI 承诺的是互惠式许可义务，但三星公司也向 ETSI 作出了互惠式许可承诺。在三星公司未拒绝许可爱立信公司实施专利，而双方对爱立信公司持有的 4G、5G 标准必要专利对三星通信产品的许可条件又有争议时，三星公司可以提请法院就有关许可条件作出裁决。同样，在三星公司未依据其持有的 4G、5G 标准必要专利对爱立信公司产品寻求禁令申请的情况下，其提出行为保全禁令申请的权利也不应受到爱立信公司所作许可承诺类型的影响。

第四，原裁定的作出充分考虑了案件的相关事实基础。本案起诉的背景是双方谈判陷入僵局，三星公司主动选择向非母公司所在国的法院提起诉讼，要求法院依照 FRAND 原则裁定涉案专利的许可条件，以便向爱立信公司支付许可费，该种做法并不会损害爱立信公司的利益。同时，三星公司提出的行为保全申请的直接目的是防止爱立信公司依据有关标准必要专利发起禁令之诉或者重复启动许可费争议，在其愿意为行为保全申请提供担保的情况下，该种做法有助于避免双方的讼累，保障本案的顺利推进。因此，原裁定的作出具有相关事实基础。

▣ 不采取行为保全措施将使三星公司权益受到难以弥补的损害

第一，不采取保全措施可能会使三星公司的生产、销售活动面临停止的风险。三星公司是涉案标准必要专利的被许可方，在双方未能达成新的许可协议的情况下，三星公司继续生产、销售有关通信产品可能会面临被爱立信公司起诉或申请禁令等风险。同时，因通信领域标准必要专利许可谈判和侵权判定的复杂性，并非所有国家的法院和行政机关均接受标准实施者可基于善意实施者的身份而豁免遭受禁令，且不同国家的法院和行政机关对何为善意的标准实施者的判断标准也不尽一致。三星公司能否依据善意的标准实施者身份而免于遭受禁令，仍具有较大的不确定性。结合通信领域市场竞争的激烈性及产品之间的替代关系判断，停止产品生产、销售所造成的市场萎缩可能是不可逆转的。

第二，不采取保全措施可能会使三星公司陷入持续的侵权诉讼之中。三星公司作为跨国公司，其经营地域遍及多个国家和地区，其通信产品也可能使用到涉案的多项标准必要专利。如若不采取行为保全措施，将导致三星公司在已同意法院依照FRAND原则确定全球许可条件，并且为行为保全申请提供了必要担保的情况下，仍遭受持续不断的侵权诉讼。基于标准必要专利侵权诉讼的特性，三星公司作为被诉侵权方在该类诉讼中所投入的诉讼成本也是不可挽回的。

▣ 不采取行为保全措施将使本案裁决难以执行

第一，本案存在不采取保全措施将使裁判丧失执行价值的可能。如原裁定所述，如果不禁止爱立信公司及其关联公司寻求和申请执行对三星公司通信产品的禁令救济或行政措施，将使三星公司在同意按法院裁决的许可条件向爱立信公司支付4G、5G标准必要专利许可费的情况下，仍然面临禁令或行政措施制裁的风险，进而导致本案有关全球许可条件在有关禁令或行政措施申请地或实施地失去执行的意义。

第二，本案存在不采取保全措施将会导致裁判执行受阻的可能。如原裁定所述,如果不禁止爱立信公司及其关联公司提起本案涉及的4G、5G标准必要专利许可条件或许可费率诉讼,不禁止爱立信公司及其关联公司起诉要求确认其在谈判中是否履行公平、合理、无歧视义务,将会导致本案在审理范围及判决结果上同有关在后诉讼发生重合或冲突,进而造成本案裁判执行受阻的情况。

第三,本案存在不采取保全措施将导致保全裁定义务本身不能获得有效执行的可能。如果不禁止爱立信公司及其关联公司针对原裁定提起反禁令申请,将可能导致三星公司基于反禁令申请而被迫申请撤销本案行为保全申请,致使原裁定义务不能获得有效执行,进而间接影响到本案后续审理及裁判的执行。

▣ 采取行为保全措施不会造成当事方利益的重大失衡

第一,原裁定不存在强制爱立信公司就涉案专利给予三星公司单向许可的问题。如三星公司所述,三星公司提交行为保全申请构成对自身行使标准必要专利权的自我约束,如果爱立信公司自觉履行本案行为保全裁定,三星公司不会主动利用其持有的标准必要专利针对爱立信公司的通信产品提起禁令请求。事实上,爱立信公司也没有向法院说明在其遵守了原裁定义务的情况下,三星公司仍然依据自身持有的标准必要专利对其产品提起了禁令请求。

第二,采取行为保全措施对爱立信公司造成的损害小于不采取行为保全措施给三星公司造成的损害。对爱立信公司而言,采取行为保全措施虽然会使其专利权的行使受到一定的限制,但并不会导致其权利的根本丧失,也不妨害其要求三星公司给付许可费之权利。对三星公司而言,其所处通信行业市场竞争较为激烈,产品周期较短,技术更新迭代较快,如不采取行为保全措施,将使其生产和销售活动受到不利影响甚至被迫退出特定市场。在三星公司同意于爱立信公司遵守裁定义务期间,持续追加担保的情况下,采取保全措施并不会造成当事方利益的重大失衡。

▣ 采取行为保全措施不会损害社会公共利益或他人合法权益

第一,原裁定义务不涉及“强制技术转移”问题。涉案专利为通信领域的标准必要专利,而非普通专利或非专利技术方案,爱立信公司作为相关专利持有人,已向有关标准制定组织承诺按照 FRAND 原则给予他人交叉式互惠许可。在爱立信公司已作出该等承诺,且三星公司也同意给予交叉式互惠许可的情形下,本案双方主要争议为专利许可条件或许可费率问题。原裁定决定的保全措施本身并未直接处理有关许可条件或许可费率事项,在有关许可条件或许可费率根本未确定的情况下,本案行为保全措施强制爱立信公司进行技术转移之说更是无从谈起。

第二,原裁定也不会损害社会公共利益和案外人合法权益。本案行为保全措施除了会对爱立信公司或其关联公司的专利权造成一定限制外,并不会对社会公共利益造成负面影响。同时,因三星公司请求本院裁决的是爱立信公司及其子公司持有的 4G、5G 标准必要专利对三星通信产品的许可条件,相关主体所持有的专利都会纳入许可费定价之中,不存在因原裁定的执行而损害爱立信公司子公司权益的问题。双方均系国际通信行业的重要参与者,且均持有大量通信领域标准必要专利,如若双方不能就许可条件协商达成一致,则通过案件裁判也可以为双方争议的解决提供出路和方案,三星公司提起本案诉讼并申请行为保全,并非恶意诉讼行为。

■ 裁判结果

▣ 原裁定结果

武汉市中级人民法院于 2020 年 12 月 25 日作出(2020)鄂 01 知民初 743 号民事裁定:

第一,爱立信公司及其关联公司对使用、许诺销售、销售、进口三星通信产品的其他主体不能寻求禁令救济和行政措施;

第二,爱立信公司及其关联公司对使用、许诺销售、销售、进口三星通信产品的其他主体不能申请执行禁令救济和行政措施；

第三，爱立信公司及其关联公司不得就本案涉及的4G、5G标准必要专利向中国或其他国家和地区的法院请求裁定许可条件或许可费；

第四，爱立信公司及其关联公司不能就本案涉及的4G、5G标准必要专利向中国或其他国家和地区的法院要求确认其是否在谈判中履行FRAND义务；

第五，爱立信公司及其关联公司不得向法院申请责令三星公司撤回本案行为保全裁定，不得向法院申请禁止三星公司申请执行本案行为保全裁定。

▣ 复议审查结果

武汉市中级人民法院于2021年3月10日作出(2020)鄂01知民初743号之一民事裁定：驳回爱立信公司的复议申请，立即开始执行本裁定。

类案梳理

▣ 本案裁判要旨

在知识产权行为保全案件中，标准必要专利使用费纠纷在性质上有别于普通侵权纠纷，不能将侵权纠纷中考察的某些因素如胜诉可能性，机械地适用于此类案件。对于禁止一方在域外开展平行诉讼的行为保全申请，应当考虑不采取行为保全措施是否将使申请人权益受到难以弥补的损害、不采取行为保全措施是否将使本案裁决难以执行、采取行为保全措施是否会造成当事方利益的重大失衡、采取行为保全措施是否会损害社会公共利益或他人合法权益等因素。有关行为保全措施的具体范围和限度，应从行为保全对象可能实施的行为出发，考察其对案件判决执行和当事双方利益的影响范围与程度，以保障判决顺利执行和保全申请人利益不会受到损害为界。

2020 年 9 月，最高人民法院在康文森与华为案中，签发了我国知识产权领域首例具有禁诉令性质的行为保全裁定，开启了中国标准必要专利禁诉令的司法实践。[4] 自该案以来，我国法院相继在“小米公司诉交互数字公司标准必要专利许可费纠纷案”[5]“三星公司诉爱立信公司标准必要专利许可费纠纷案”[6]“OPPO 公司与夏普株式会社标准必要专利许可费纠纷案”[7] 三案中签发禁诉令，逐步构建起中国禁诉令的司法适用路径，表明了中国司法机关维护国家管辖主权和当事人利益的坚定立场，为企业公平参与国际市场竞争提供了有力的司法保障。综合已有司法判例，我国法院在禁诉令案件中形成了以下裁判观点，总结了具有中国特色的司法经验。

1. 禁诉令的启动程序

在法院裁定签发禁诉令性质的行为保全裁定前，应当询问申请人和被申请人，但因情况紧急或者询问可能影响保全措施执行等情况除外。在认定情况紧急或可能影响保全措施执行时，法院通常根据拟禁止行为的状态进行考察，以保障案件审理和保全措施执行为目标。例如，被申请人在法院已经受理案件的情况下仍可能向外国法院提起平行诉讼，该诉讼会使申请人面临退出外国市场等威胁，若不及时制止，将严重阻碍案件的审理，此时便属于需要立即作出裁定的紧急情形；在被申请人获知中国法院可能签发禁诉令的情况下，其很可能会向外国法院申请预防性的临时禁令，禁止申请人向中国法院提出禁诉令申请，或要求申请人立即撤回申请，这同样也会直接影响到国内诉讼保全措施的作出或执行。

2. 禁诉令的适用标准

对于禁诉令性质的行为保全申请，法院一般综合考虑被申请人开展外国诉讼对中国诉讼的影响，采取行为保全措施是否确属必要，不采取行为保全措施对申请人造成的损害是否超过采取行为保全措施对被申请人造成的损害，采取行为保全措施是否损害公共利益，以及采取行为保全措施是否符合国际礼让原则等因素。

在具体适用时，法院开展以下审查：第一，在认定外国诉讼对中国诉讼的影响方面，法院通常审查被申请人开展外国诉讼是否会影响中国诉讼的审理和裁判执行。被申请人的相关行为可能阻碍中国案件审理或造成案件裁判难以执行的，可针对该行为采取禁止性保全措施。第二，在认定采取行为保全措施是否确属必要方面，法院着重审查不采取行为保全措施是否会使申请人的合法权益受到难以弥补的损害或造成案件裁决难以执行等损害。所谓难以弥补的损害，既包括有形的物质损害，又包括商业机会和市场利益等无形损害；既包括经济利益损害，也包括诉讼利益损害；既包括在外利益损害，也包括在华利益损害。所谓案件裁决难以执行，是指申请人因面临外国诉讼的压力，可能被迫放弃以中国诉讼获得法律救济的机会，无论中国诉讼如何作出裁判，都将在事实上难以获得执行。第三，在申请人和被申请人相关利益的权衡方面，法院一般以利益受损比较为基本方法，利益衡量的范围和限度取决于作为行为保全申请对象的行为对申请人和被申请人的影响范围和程度。第四，在认定对公共利益的影响时，法院通常结合通信行业标准化组织的知识产权政策展开分析。第五，在考量国际礼让因素时，法院通常考察案件受理时间先后、案件管辖适当与否、对域外法院审理和裁判的影响是否适度等。

3. 禁诉令的措施限度

在禁诉令的范围和限度方面，法院通常着眼于行为保全对象可能实施的行为对案件判决执行以及对当事双方利益的影响范围及其程度。作为一种程序性的保障措施，行为保全虽同当事人的诉讼请求之间有着密切的关联，但保全措施并不限于当事人所提出的诉讼请求及行为保全内容，最终决定采取的行为以保障判决顺利执行和保全申请人利益不会受到其他损害为界。

4. 禁诉令的法律责任

在法律责任方面，法院对违反禁诉令的行为采取按日计罚的处罚方式。禁诉令要求被申请人不得为一定行为，不得违法改变现有状态。若被申请人故意违反，则属于持续性地违反裁定和改变现状，系积极、故意的违法行为，与一次性的、已经实施完毕的违法行为具有明显区别，应视为被申请人每日均实施了单独的违法行为。对于该种妨害民事诉讼的行为，应当以按日计罚的方式确定处罚。

学术观点综述

围绕中国标准必要专利禁诉令的司法实践，学界目前从其制度功能、适用标准、适用要件、应对措施和适用程序展开研究，形成了如下共识。

1. 禁诉令的制度功能

学界通说认为，禁诉令制度的初衷是减少平行诉讼，节约司法资源，[8] 在当前激烈的国际竞争背景下，禁诉令已成为各国扩张和争夺管辖权的制度工具。[9] 引进禁诉令制度，不仅有利于维护民事诉讼当事人的合法权益和司法管辖主权，[10]更有助于我国形成积极、系统的平行诉讼应对机制，推动中国参与知识产权全球治理。[11]

2. 禁诉令的适用标准

从世界范围内来看，各国在禁诉令的签发上形成了自由主义模式和保守主义模式之分。[12]自由主义模式是指在诉讼主体、审理对象相同且外国诉讼会对本国诉讼产生影响时即可签发禁诉令；保守主义模式则是指，只有在外国平行诉讼影响国家管辖权或者违反本国重大公共政策时才可签发禁诉令。[13]在中国标准必要专利禁诉令的适用标准上，有学者指出，考虑到禁诉令可能会间接影响外国法院的管辖权，我国在主动签发时应当坚持极为审慎和保守的立场，[14] 此外可以在对等原则和国际礼让的基础上签发反禁诉令。[15]考察我国法律体系，行为保全制度虽无禁令之名，但在内容和法律效果上与禁诉令相似，可以作为当事人和法院申请签发的法律依据。[16]

3. 禁诉令的适用要件

在具体适用方面，现有研究从实证分析角度出发，分析各国法院签发禁诉令的条件，指出影响法院签发禁诉令的有法院因素、当事人因素和国际因素。[17]有学者总结我国司法实践，认为法院需要考量域外诉讼或裁判对中国诉讼的影响、签发禁诉令是否确属必要、当事人之间的损益平衡、签发禁诉令对公共利益的影响和国际礼让原则等。[18]除了上述要件之外，有学者指出还应当额外考察禁诉令的签发是否违反我国已参加的国际条约、多边条约和双边协定，以及中国法院是否与纠纷具有实质性的联系。[19]将上述因素进行整合，可以抽象出禁诉令的一般框架，即国际平行诉讼的前提性要件、公私政策考量的实质性要件和国际礼让的反思性条件。[20]

4. 禁诉令的应对措施

结合当前司法实践，目前我国法院应对外国禁诉令的方式包括：拒绝承认与执行外国禁诉令、无视外国法院禁诉令以及用行为保全制度作出回应。[21]有学者指出，从当前国际民事司法的现状来看，多边机制目前仍不接受外国法院的禁诉令，特定情况下我国拒绝承认外国禁诉令的效力甚至对等签发反禁诉令，并不违反现行国际法规定。[22]

5. 禁诉令的适用程序

在程序方面，禁诉令的申请签发应当遵循以下基本规定：禁诉令既可由当事人主动提起，也可由法院依职权主动提起；既可在诉前阶段提起，也可以在诉中、诉后提起；在证明标准上，申请人达到适度盖然性即可；若当事人对裁定结果不服，可以申请复议一次；在被申请人违反禁诉令义务时，可以使用按日计罚等处罚方式。[23]

专家点评

在信息时代，产品兼容和互操作性要求全球创新者合作创新，标准成为合作创新的主要载体，专利技术纳入标准在所难免，FRAND 原则成为标准化组织避免专利权滥用和促进标准必要专利许可的主要工具。然而实践中，当事人双方往往难以就何为公平、合理、无歧视许可条件达成一致，如何理解和实施 FRAND 原则成为近年来全球知识产权界最具争议性的话题。FRAND 原则在不同法域下被赋予了不同的属性和内涵，在欧盟法上，FRAND 原则通过反垄断法下对滥用市场支配地位的规制实施；在英美法上,FRAND 承诺被视为利第三人合同在合同法上实施;在我国法律上,FRAND 原则则在专利法框架下加以体现和实施。在确定 FRAND 义务的方式上,不同国家也存在不同路径:在欧盟法上,FRAND 主要被视为一种过程义务,以禁令促进当事人善意谈判达成 FRAND 条件;在美国法上,FRAND 主要被视为一种内容义务,直接根据合同法确定 FRAND 许可条件,并较少地颁布禁令;我国法律则兼收并蓄,同时将 FRAND 确定为一种内容义务和过程义务。不同 FRAND 实施机制的产生根植于不同国家的产业利益考量,然而,在贸易全球化背景下,标准必要专利许可往往在全球范围内进行,发生纠纷后专利权人和实施人往往会选择在其偏好的司法辖区内提起诉讼,由此将带来不同国家标准必要专利许可规则的冲突和产业利益的冲突。面对此种冲突,以英美为代表的发达国家试图争夺在标准必要专利许可纠纷中的裁判权和规则制定权,通过广泛颁布禁诉令、裁定全球费率等方式,依据国内法规则裁定全球标准必要专利纠纷,从而试图巩固和塑造跨国公司的全球商业布局,以占据规则主导权并维护其国内产业利益,但这存在贸易保护主义的风险,使全球标准必要专利治理格局更加复杂。

本案即在此背景下产生,本案当事人双方三星公司与爱立信公司都是通信领域的巨头企业,且均持有大量的标准必要专利,在进行标准必要专利全球交叉许可谈判时,双方难以就 FRAND 条件达成一致,因而分别选择了向中国法院和美国法院提起诉讼,由此也带来了不同法域标准必要专利许可规则的潜在冲突。面对这种冲突,美国法院作出的对双方在中国诉讼作出限制的禁诉令,有可能导致双方在中国的诉讼被架空,此举存在贸易保护主义的风险。本案中,武汉市中级人民法院经审理作出禁诉令进行反制,是我国禁诉令的典型案例。不同于英美法具有悠久的禁诉令历史传统,我国法律此前并不存在成熟的禁诉令制度,针对相关国际纠纷,习近平总书记专门指出:“要推进我国知识产权有关法律规定域外适用”,“健全反制裁、反干涉、反‘长臂管辖’机制”。在此背景下,最高人民法院最早在康文森与华为案中,以民事诉讼法上的行为保全规则为基础,结合禁诉令制度创设初衷并参考其他判例形成的审查规则,初步构建了中国法下知识产权领域的禁诉令规则，然而在行为保全制度下构建禁诉令制度仍存在一系列问题。本案是康文森与华为案之后，覆盖范围最为宽泛的禁诉令裁定，集中反映了构建我国禁诉令规则时应注意处理的一系列实体性和程序性法律问题，是值得深入研究、涉及禁诉令问题的经典案例。具体而言，是否采取行为保全，需要考虑行为保全的紧急性、必要性以及当事人利益、社会公共利益的平衡，本案中，武汉市中级人民法院结合标准必要专利诉讼具体情况作出了认定、明确了认定标准，为此后类似案件审理提供了有效借鉴。

从个案来看，禁诉令虽可实现对当事人利益的有效保障，但长远来看却并不是标准必要专利全球纠纷解决的治本之道。因为禁诉令制度的初衷是防止当事人挑选法院，同时可能导致其他法域内的诉讼被国外禁诉令所架空，频繁适用禁诉令有可能引发国际纠纷，导致标准必要专利全球纠纷解决陷入强权逻辑的恶性循环，即不同法院基于相同事实作出冲突判决，进而通过禁诉令争夺司法主权，无效率的诉讼竞赛将扭曲司法和行政规则制定背后的立法意图，在谈判或者妥协更加有效时反而激励当事人提起诉讼。事实上，在本案之后，欧盟就我国法院相关实践向 WTO 提起了纠纷解决程序。标准必要专利许可规则冲突和禁诉令问题本质上源于不同国家之间的产业利益冲突，目前，亟需一个跨辖区且协调多方利益平衡的方案来解决此问题。在国际层面，为促进全球竞争、消除不必要的非关税贸易壁垒，《世界贸易组织贸易技术壁垒协议》(WTO/TBT 协议)规定了国际标准制定须遵循的透明、开放、公正和共识、有效性和相关性、一致性、发展中国家利益六项原则，为标准治理提供了一个相对合理的治理框架，但当时并未对标准涉及知识产权所带来的问题作规定。2005 年和 2007 年，中国曾两次呼吁 WTO 成员制定适当的国际政策以解决标准与知识产权之间的紧张关系，并一致地解释 RAND 原则的内涵促进国际标准的广泛实施，但当时也并未引起充分关注。目前，发展中国家与发达国家关于标准必要专利问题的法律标准冲突和利益冲突愈加明显，标准必要专利的实施实际制约着标准的可获得性，该问题有必要在 WTO 层面引起注意并加以解决。在完善禁诉令制度捍卫本国利益的同时，建议回归 WTO 的多边主义治理平台，在 WTO/TBT 协议下协调解决标准制定中产生的知识产权问题，共同构建和明确标准必要专利禁令授予的条件、FRAND 许可条件的判定标准以及全球标准必要专利纠纷解决时的司法礼让原则。

注　释

1　最高人民法院《关于审查知识产权纠纷行为保全案件适用法律若干问题的规定》第 7 条规定："人民法院审查行为保全申请，应当综合考量下列因素：(一)申请人的请求是否具有事实基础和法律依据，包括请求保护的知识产权效力是否稳定；(二)不采取行为保全措施是否会使申请人的合法权益受到难以弥补的损害或者造成案件裁决难以执行等损害；(三)不采取行为保全措施对申请人造成的损害是否超过采取行为保全措施对被申请人造成的损害；(四)采取行为保全措施是否损害社会公共利益；(五)其他应当考量的因素。"

2　参见最高人民法院民事裁定书，(2019)最高法民知终 732、733、734 号之一。

3　最高人民法院民事裁定书，(2019)最高法知民终 732、733、734 号之一、二、三。

4　参见最高人民法院民事裁定书，(2019)最高法知民终 732、733、734 号之一；最高人民法院民事裁定书，(2019)最高法知民终 732、733、734 号之二。

5　参见湖北省武汉市中级人民法院民事裁定书，(2020)鄂 01 知民初 169 号之一；湖北省武汉市中级人民法院民事裁定书，(2020)鄂 01 知民初 169 号之二。

6　参见湖北省武汉市中级人民法院民事裁定书，(2020)鄂 01 知民初 743 号；湖北省武汉市中级人民法院民事裁定书，(2020)鄂 01 知民初 743 号之一。

7　参见广东省深圳市中级人民法院民事裁定书，(2020)粤 03 民初 689 号之一。

8　参见李扬：《对标准必要专利纠纷中禁诉令规则构建的冷思考》，载《中国专利与商标》2021 年第 3 期。

9　参见赵威：《论国际诉讼管辖权冲突中的禁诉令制度——以标准必要专利诉讼案为例》，载《理论探索》2021 年第 4 期。

10　参见祝建军：《标准必要专利禁诉令与反禁诉令颁发的冲突及应对》，载《知识产权》2021 年第 6 期。

11　参见徐文进：《防范化解重大风险视阈下平行诉讼制度的反思与完善——以 90 份裁判文书的实证分析为视角》，载《湖湘论坛》2020 年第 2 期。

12　参见张利民：《国际民诉中禁诉令的运用及我国禁诉令制度的构建》，载《法学》2007 年第 3 期。

13 参见宾岳成:《禁诉令性质的行为保全裁定之考量因素及保障措施——我国知识产权诉讼首例禁诉令裁定解读》,载《法律适用》2021 年第 4 期。

14 参见徐文进:《防范化解重大风险视阈下平行诉讼制度的反思与完善——以 90 份裁判文书的实证分析为视角》,载《湖湘论坛》2020 年第 2 期。

15 参见祝建军:《我国应建立处理标准必要专利争议的禁诉令制度》,载《知识产权》2020 年第 6 期。

16 参见欧福永、袁江平:《国际专利诉讼中的禁诉令制度》,载《湖南大学学报(社会科学版)》2022 年第 2 期。

17 参见张玉蓉、李金城:《标准必要专利国际平行诉讼中禁诉令影响因素的实证研究》,载《中国科技论坛》2022 年第 4 期。

18 参见宾岳成:《禁诉令性质的行为保全裁定之考量因素及保障措施——我国知识产权诉讼首例禁诉令裁定解读》,载《法律适用》2021 年第 4 期。

19 参见张先砉、殷越:《知识产权国际竞争背景下禁诉令制度探索与构建》,载《法律适用》2021 年第 4 期。

20 参见宋晓:《涉外标准必要专利纠纷禁诉令的司法方法》,载《法学》2021 年第 11 期。

21 参见张先砉、殷越:《知识产权国际竞争背景下禁诉令制度探索与构建》,载《法律适用》2021 年第 4 期。

22 参见刘枫欣:《国际民事司法合作视野下外国禁诉令之应对》,载《河南财经政法大学学报》2021 年第 5 期。

23 参见张卫平:《我国禁诉令的建构与实施》,载《中国法律评论》2022 年第 2 期。

11

上海恩坦华汽车门系统有限公司、上海恩井汽车科技有限公司等专利申请权权属纠纷及侵害商业秘密合并诉讼纠纷案

点评专家

宁立志　武汉大学法学院教授

责任编辑　徐小奔　**编辑助理**　覃楚翔

案件概况

2016 年年底至 2017 年 6 月,上海恩坦华汽车门系统有限公司(以下简称恩坦华公司)投入大量人力、物力开展分析研究和开发工作,形成"GENIIILatch"技术成果,其相关图纸等保存于其公司电脑系统中。上海恩井汽车科技有限公司(以下简称恩井公司)成立于 2017 年 4 月 27 日,由恩坦华公司的前员工范四辈、连晓刚、李磊、汤杰虎、王四玲、陆国东、姜明浩等组成,上述人员离职前均参与了"GENIIILatch"研发等工作,其中范四辈在恩坦华公司工作间担任产品研发部总监,后于 2018 年 1 月 22 日离职。2019 年 9 月 29 日,恩坦华公司以不正当竞争纠纷为由将恩井公司、姜志贞、范四辈起诉至上海市浦东新区人民法院,在收集证据及该案审理过程中发现恩井公司于 2017 年 7 月 7 日向国家知识产权局提交了申请号为 CN201710549245.3、名称为"一种汽车电动吸合电动开启背门锁"的发明专利申请,并于 2018 年 4 月 9 日撤回该申请。

2021 年,恩坦华公司向上海知识产权法院提起诉讼,将恩井公司、姜志贞和范四辈列为共同被告,请求法院判令相关专利权和专利申请权归属恩坦华公司,三被告停止使用一审原告商业秘密,赔偿并适用惩罚性赔偿共计 1600 万元。2021 年 11 月 30 日,上海知识产权法院作出(2021)沪 73 知民初 117 号民事裁定,认定原告恩坦华公司的诉请不构成必要共同诉讼,各被告也不同意合并,也不符合非必要共同诉讼合并审理的要求,认定原告应分案起诉,最终裁定驳回原告起诉。原告恩坦华公司不服,提起上诉。2022 年 4 月 21 日,最高人民法院作出(2022)最高法知民终 218 号民事裁定,驳回上诉,维持原判。

当事人主张

上诉人(一审原告:恩坦华公司)的主张

第一,其诉请符合非必要共同诉讼合并的要求,判令一审法院进行实体审理。一审原告称,法律允许将两个不同的法律关系合并在一个案件中进行审理,甚至可能会更利于查清案件事实、明确法律责任和避免裁判冲突,从而保护当事人利益和实现诉讼经济的目标。一审原告提出的8项专利权属争议具有同一诉讼标的,而非同类诉讼标的,构成必要共同诉讼。此外,一审被告实施的技术秘密侵害行为包括两类,有着高度的关联性,给一审原告带来的经济损失难以区分,因一审原告技术秘密被公开所遭受的经济损失也难以单独计算,需要结合技术秘密的商业价值或一审被告的获利情况来整体考虑。

第二,确认相关五项发明专利申请权归其所有,另相关三项实用新型专利归其所有。一审原告认为提出权属主张的8项专利或专利申请均源于范四辈在一审原告处工作时做出的同一职务发明创造。具言之,请求判令确认申请号为CN201710549245.3、名称为"一种汽车电动吸合电动开启背门锁"的发明专利申请权属于一审原告。请求判令申请号为CN201810524256.0、名称为"自吸门锁执行器及汽车自吸门锁系统",申请号为CN201810442990.2、名称为"汽车电动吸合电动开启背门锁",申请号为CN201810523101.5、名称为"门锁开关触发装置及车辆门锁系统",申请号为WOCN17095468、名称为"ELECTRICALLYCLOSEDANDELECTRICALLYOPENEDBACKDOORLOCKFORAUTOMOBILE"四项专利申请权属于一审原告。请求判令专利号为ZL201820692941.X、名称为"汽车电动吸合电动开启背门锁",专利号为ZL201820804143.1、名称为"自吸门锁执行器及汽车自吸门锁系统",专利号为ZL201820802305.8、名称为"门锁开关触发装置及车辆门锁系统"三项专利权归属一审原告。

第三,判令一审被告停止侵害技术秘密,并对一审原告进行经济赔偿并适用惩罚性赔偿。一审原告称,其将保存于公司系统内未曾公开的技术信息与一审被告恩井公司的该项专利技术进行比对,发现二者基本一致。一审被告范四辈在一审原告处工作期间,违反保密义务,通过其在一审原告的工作邮箱将相关图纸等发送至一审被告恩井公司的邮箱。一审被告恩井公司的法定代表人姜志贞为范四辈的岳母,一审被告恩井公司将其作为发明人向国家知识产权局提出前述发明专利申请后又恶意撤回。一审三名被告恩井公司、姜志贞、范四辈明知上述行为违法而获取、使用及披露一审原告的技术秘密，恶意提出专利申请后又撤回，同时在向多家客户供应的后备箱锁产品中使用了一审原告的技术秘密，存在明显的侵害故意且情节严重。

■ 被上诉人（一审被告：恩井公司、姜志贞、范四辈）的主张

第一，一审原告主张的 8 项专利权或专利申请权相互独立，不属于必要共同诉讼。一审原告所主张的 8 项相关权利所涉及的发明人、权利要求书、说明书及附图各不相同，8 项专利分别为独立的诉讼标的。该 8 项专利公开文本中记载的优先权信息未经核实，其优先权尚未成立，无法证明 8 项专利系针对同一职务发明创造所提出的申请。此外，一审原告所举案例即在同一个案件审理了多个专利权的归属，仅表明对于非必要共同诉讼而言，仍可以根据具体案情、当事人意愿等因素来决定是否进行并案审理。本案涉及的 8 项专利权属争议不属于必要共同诉讼，且三名原审被告均不同意将其合并为一案进行审理。

第二，其并未侵害一审原告的技术秘密。一审原告所主张的一审被告恩井公司的专利申请行为与制造后备箱门锁的行为无关。从一审原告所主张的技术秘密来看，各个行为涉及的技术秘密也不同。专利申请行为涉及的技术秘密为一审原告主张的第 1 ~ 5 项；制造后备箱门锁的行为涉及一审原告主张的第 6 项技术秘密；一审原告主张的第 7 项技术秘密涉及执行器载荷承受能力问题，与专利申请行为和制造后备箱门锁的行为均无关联。

第三，一审原告诉请多变且杂糅，不便查清事实，一审法院认定清楚，驳回的裁定正确。一审原告最初提出的诉讼请求仅针对一项专利权，且所主张的一审被告恩井公司的侵害行为也与之具有对应性；但后经多次变更、增加诉讼请求，导致其提出的诉讼请求与事实理由无法一一对应，将其多项诉讼请求糅杂在一起审理，不便于查清案件事实。

认定的事实

相关8项专利权或专利申请权的归属情况

一审原告与一审被告恩井公司存在权属争议的专利权或专利申请权共8项,专利申请人或专利权人均为一审被告恩井公司。其中:(1)申请号为CN201710549245.3、名称为“一种汽车电动吸合电动开启背门锁”的发明专利申请已被撤回,列明的发明人为姜志贞;(2)国际申请号为PCT/CN2017/095468、名称为“一种汽车电动吸合电动开启背门锁”的发明专利国际申请未被撤回,但目前也未向其他国家提交相关文件以继续进行申请,列明的发明人亦为姜志贞;(3)申请号为CN201810524256.0、名称为“自吸门锁执行器及汽车自吸门锁系统”的发明专利申请;(4)专利号为ZL201820804143.1、名称为“自吸门锁执行器及汽车自吸门锁系统”的实用新型专利系基于相同技术方案同时提出的申请,列明的发明人均为郑新春;(5)申请号为CN201810523101.5、名称为“门锁开关触发装置及车辆门锁系统”的发明专利申请;(6)专利号为ZL201820802305.8、名称为“门锁开关触发装置及车辆门锁系统”的实用新型专利系基于相同技术方案同时提出的申请,列明的发明人均为梁长双;(7)申请号为CN201810442990.2、名称为“汽车电动吸合电动开启背门锁”的发明专利申请与专利号为ZL201820692941.X、名称为“汽车电动吸合电动开启背门锁”的实用新型专利系基于相同技术方案同时提出的申请,列明的发明人均为许进。一审被告恩井公司委托的专利代理机构已收到国家知识产权局要求其自查非正常专利申请行为的通知,且该专利代理机构认为上述基于相同技术方案同时提出的发明专利申请和已经获得授权的实用新型专利存在非正常申请的风险,一审被告恩井公司已根据其专利代理机构的上述建议撤回了其中的发明专利申请,放弃了已获得授权的实用新型专利权。

相关技术秘密的情况

一审原告在本案中主张的技术秘密共9项,并主张其中的1~5项技术秘密已被前述(1)(2)(3)(4)项专利申请文件或授权材料公开。同时,第3项、第4项技术秘密还另行分别被前述(5)(6)或(7)(8)项专利申请文件或授权材料对应公开。此外,一审被告恩井公司在向“多家客户供应”的后备箱锁的制造过程中使用了一审原告的第6项技术秘密。对于第7~9项技术秘密,一审原告除主张一审被告范四辈对此存在披露、允许一审被告恩井公司使用的侵害行为外,未说明一审被告恩井公司对此三项技术秘密的具体使用情况。

▣ 诉请之间关联性的情况

从一审原告起诉后经过多次变更、最终确定的诉讼请求和事实理由,并结合已查明的8项专利申请或专利授权情况足以看出,一审原告系针对三个行为主体,将不同的侵害行为、法律关系、法律责任混合在本案中一并提出诉讼主张,且上述各因素之间不存在一一对应的关系。

■ 裁判意见

最高人民法院认为,根据《民事诉讼法》第122条的规定,原告起诉应“有具体的诉讼请求和事实、理由”。再依据最高人民法院《关于印发修改后的〈民事案件案由规定〉的通知》,指出了在同一诉讼中涉及两个以上法律关系的情况下应如何确定案由,表明“同一案件涉及两个不同的法律关系”不能成为驳回当事人起诉的当然事由。在特定情况下,将基于同一事实或者其他原因存在密切关系的不同法律关系在同一诉讼中解决,更利于查清案件事实、明确法律责任和避免裁判冲突,也有助于保护当事人利益和实现诉讼经济的目标。围绕是否应当合并诉讼,本案的争议焦点有二:一是是否应分案处理;二是在一审法院已释明需分案处理的情况下,一审原告拒绝分案后应如何处理。

▣ 关于是否应当分案处理

虽然一审原告在本案中提出的诉讼请求和事实理由文字表述清晰,但其内容不清，尤其是各项诉讼请求相互之间、诉讼请求与事实理由之间的对应关系混杂不清，一审原告将不同的侵害行为、法律关系、法律责任混合在本案中一并提出诉讼主张，且上述各因素之间不存在一一对应的关系，不符合《民事诉讼法》关于“有具体的诉讼请求和事实、理由”的规定。明确的诉讼请求和事实理由是当事人提起民事诉讼的条件之一，更是人民法院进行案件实体审理的基础和依据，缺少该基础和依据，人民法院难以展开下一步的审理活动。

虽然一审原告针对8项专利提出的权属主张在事实认定方面确实存在部分重叠，且在一个案件中审理能够对恩坦华公司主张的多项技术秘密采取统一的认定标准，但由于多个专利或专利申请相互之间，以及多个专利或专利申请与恩坦华公司主张的技术秘密之间，所依据的事实基础并非完全重叠或一一对应，认定结论亦不相互影响，需要逐一查明和分别认定，使一审原告的这种起诉方式反而不利于查清案件事实、明确法律责任，更有害于为当事人利益提供及时、有效的司法保护。一审原告起诉后多次变更诉讼请求的行为，也体现出将不同行为主体、行为内容、请求保护的9项技术秘密、争议的8项专利权或专利申请权、1个产品合并在一个案件中进行主张，不便于其梳理、固定诉讼请求。与之相比，分案审理能够做到查清一个事实，适用一次法律，作出一项认定，更利于审判效率的提高。

实际上，一审法院并非认为侵害技术秘密案件与专利权或专利申请权权属纠纷案件不能在同一个案件中一并进行审理，而是认为需要根据当事人的诉讼主张和具体事实理由予以个案认定，并已向一审原告释明其可以根据本案中3名责任主体各自不同的被诉侵害技术秘密行为内容，基于请求保护的不同的技术秘密，针对不同的争议专利或专利申请权属，分案提起诉讼。

至于一审原告提出的分案诉讼导致重复认定关联事实或认定标准不统一，以及难以在多案中划分赔偿数额的问题。在分案起诉的情况下，可通过合并开庭的方式进行沟通协调，避免发生事实查明中的重复工作或法律适用上的冲突，并综合多案情况确定赔偿数额、合理分摊或择一判定，这种方式有利于准确适用法律且论理清晰，可同时实现过错与责任相当，使裁判结果公平合理。

在一审法院已释明需分案处理的情况下，一审原告拒绝分案后应如何处理

一审法院认为，一审原告起诉应符合法定条件，本案经一审法院合议之后明确告知一审原告应分案处理，一审原告理应服从该处理意见，但一审原告拒绝分案，导致审理活动无法顺利进行下去。此外，一审原告在本案中的损害赔偿系针对多项诉讼请求而提出的，无法一一对应，使一审法院无法采取保留其中一项诉讼请求而驳回其余诉讼请求的分案措施。据此，应当从程序上裁定驳回起诉，以便当事人在明确法律关系后重新起诉。

裁判结果

一审裁判结果

上海知识产权法院于2021年11月30日作出（2021）沪73知民初117号民事裁定：

一审法院认为，恩坦华公司的起诉应符合法定条件，本案经合议庭评议后明确告知其应分案处理，恩坦华公司理应服从该处理意见。但恩坦华公司拒绝分案，导致一审法院的审理活动无法顺利进行。此外，恩坦华公司在本案中的损害赔偿系针对多项诉讼请求而提出的，无法一一对应，使一审法院无法采取保留其中一项诉讼请求而驳回其余诉讼请求的分案措施。据此，一审法院裁定驳回起诉，以便当事人在明确法律关系后重新起诉。

二审裁判结果

最高人民法院于2022年4月21日作出（2022）最高法知民终218号民事裁定：驳回上诉，维持原判。

类案梳理

■ 本案裁判要旨

不同法律关系的多个诉讼请求可以合并审理。同一案件涉及两个不同的法律关系不能成为驳回当事人起诉的当然事由。在特定情况下，将基于同一事实或者其他原因存在密切关系的不同法律关系在同一诉讼中解决，更利于查清案件事实、明确法律责任和避免裁判冲突，也有助于保护当事人利益和实现诉讼经济的目标。

但是，当事人提起民事诉讼的前提为有具体的诉讼请求和事实、理由。将多个不同的案由纳入同一个诉讼中解决应基于同一事实或者其在主要事实上高度重叠、在裁判结果上相互牵连。如果诉讼请求和事实理由的内容不清，尤其是各项诉讼请求相互之间、诉讼请求与事实理由之间的对应关系混杂不清，案件事实基础并非完全重叠或一一对应，认定结论亦不相互影响，需要逐一查明和分别认定，则分案审理更能做到查清一个事实，适用一次法律，作出一项认定，更利于审判效率的提高。

在分案起诉的情况下，可通过合并开庭的方式进行沟通协调，避免发生事实查明中的重复工作或法律适用上的冲突，并综合多案情况确定赔偿数额、合理分摊或择一判定，这种方式有利于准确适用法律且论理清晰，可同时实现过错与责任相当，使裁判结果公平合理。

■ 类案裁判综述

本案涉及的关键性问题是知识产权案件的合并审理标准。在民事诉讼法上，不同类型的知识产权为不同种类诉讼标的，分属不同法律关系；同种类型的知识产权为同一种类诉讼标的，但其不同权能分属不同法律关系。实践中，往往出现侵权人盗取他人商业秘密申请专利权并实施生产的情况，或者著作权人的多项权能同时遭受侵害的情况等。因此，一方当事人可能在同一案件中同时以不同类型的知识产权起诉，或者同时以同一类型知识产权的不同权能起诉。

对此，法院是否应原告请求合并审理，应依据民事诉讼法的相关规定。《民事诉讼法》第 55 条第 1 款规定："当事人一方或者双方为二人以上，其诉讼标的是共同的，或者诉讼标的是同一种类、人民法院认为可以合并审理并经当事人同意的，为共同诉讼。"最高人民法院《关于适用〈中华人民共和国民事诉讼法〉的解释》第 221 条规定："基于同一事实发生的纠纷，当事人分别向同一人民法院起诉的，人民法院可以合并审理。"如果当事人一方或者双方为二人以上，一方当事人合并多项同类知识产权起诉，则合并审理的条件为法院认可与当事人同意。如果当事人双方皆为一人，一方当事人合并多项知识产权法律关系起诉，则合案审理的条件仅为法院认可。司法实践中，法院认可与否需要根据当事人的诉讼主张和具体事实理由予以个案认定，主要考量不同法律关系的事实重叠程度与裁判结果关联关系两项因素。

1. 事实重叠程度

法院一般就不同法律关系纠纷所需查明的主要事实基础对事实重叠程度进行评定。同一案件涉及两个不同的法律关系不能成为驳回当事人起诉的当然事由。在"大连博迈科技发展有限公司与何克江等侵害技术秘密纠纷、专利权权属纠纷案"中，一审法院认为，"具有秘密性和保密性的技术秘密与公开性的专利，属于不同性质的诉讼标的"，不属于同一法律关系，所涉及的被告主体亦不相同，不应在本案中同时进行主张。[1] 二审法院纠正了一审法院的观点，认定"涉案专利申请实为披露技术秘密这一侵权行为的具体呈现"，"均涉及技术秘密构成、范围的认定以及与专利申请技术方案的比对"，审理侵权之诉与确认之诉所需查明的事实基本相同。[2] 在"灵川县小七餐馆、广州市餐汇信息服务有限公司侵害保护作品完整权案"中，法院认为，"无论是保护作品完整权、复制权或发行权，本案所涉事实与互联网存在密切关系，其复制发行数量均可以通过线上调查查明"，分案处理不利于查明案件事实，且增加当事人的诉累并浪费司法资源。[3] 但在"四川锦润通能源有限公司、四川正中能源有限公司侵权责任纠纷案"中，法院认为，锦润通公司起诉包括劳动争议、侵害实用新型专利权纠纷、侵害经营秘密纠纷等三种类型，“并非基于同一事实，违反民事诉讼‘一案一诉’的基本原则”。[4] 需要注意的是，即便主要事实高度重叠，如果案件属于非必要共同诉讼，则合并审理还需征得当事人同意，如在“广州映参堂滋补品贸易有限公司、广州市吉非海味干货有限公司等侵害商标权纠纷民事二审”案件中，法院强调，“可以合并审理的诉主要包括三种情形，一是基于同一事实提起的诉，二是诉讼标的同一或者同类的共同诉讼，三是本诉和反诉。在诉符合前述情形的情况下，人民法院认为可以合并审理的同时还需要经当事人同意”，由于对方当事人不同意合并审理，故未合并审理没有违反程序法的规定。[5]

2. 裁判关联关系

法院一般就不同法律关系纠纷的判决结果有无牵连、所遵循裁判标准是否相同对裁判关联关系进行评定。例如，在“大连博迈科技发展有限公司、何克江等侵害技术秘密纠纷、专利权权属纠纷案”中，法院认为，“确认博迈公司为涉案专利权利人的前提为麦可公司与何克江存在侵害技术秘密的行为。如果认定何克江、麦可公司并未侵害博迈公司的技术秘密，则博迈公司关于专利权属确认的主张就可能得不到支持。本案的确认之诉的结果系侵权之诉结果的自然延伸，两者存在较强的关联性”。[6] 通过诉的合并，可以实现避免裁判冲突的功能。

▣ 学术观点综述

知识产权案件的合并审理，需要深刻理解民事诉讼法中对于合并诉讼要件的认定等规则，学界围绕上述要点形成如下观点。

1. 合并诉讼的合并要件认定

我国民事诉讼法的相关规定将共同诉讼分为“必要共同诉讼”和“普通共同诉讼”两类，两者之间存在一定的差异。[7]

一般认为，根据《民事诉讼法》及其相关规定，当“基于同一事实”发生，各个单纯之诉所依据的事实关系或法律关系存在牵连，具有一致性或重叠性时，便可以合并诉讼。相反，若不具有一致性或者重叠性较小以至于不足以产生相互矛盾的裁判，则认为该各个单纯之诉并不符合合并的要件。[8] 此外，当审理普通共同诉讼时必须经过当事人同意。可见，当事人意愿同样也是合并诉讼的要件之一，但也仅仅只是合并的要件。因为若当事人无法就合并审理达成一致，分别起诉的案件仅是自始不予合并，但若是一并起诉而被法院裁定分案的案件，也并不是违反了诉讼要件而被驳回的。[9]

与此同时，也需注意一些合并诉讼要件认定上的误区。例如，不应过分强调法律关系的性质而忽视事实上的牵连，这会影响合并诉讼功能的发挥。再如，不应过分看重事实上的牵连性，以至于将普通共同诉讼视为必要共同诉讼。[10]

2. 合并诉讼的合理性

从本质上说，我国共同诉讼制度的设立，既是为了契合程序公正和实体公正的司法实践需要，也是为了尊重并保障当事人权益，弱化法院的部分职权权限，促进我国民事诉讼模式发展转型。[11]

从经济视角来看，共同诉讼制度将多个具有关联性的诉请合并审理，具有较高的效益，特别当多个诉请基于同一事实或法律关系，相关资料共通，结果相互影响之时。[12]这是因为多个诉讼之间存在一定的关联性，通过合并审理和裁判，有助于一次性解决诉讼纠纷，既节省了司法资源，又避免了裁判矛盾，具有极高的价值。[13]与此同时，也应当意识到，并非所有的合并诉讼均是如此，盲目地合并诉讼容易导致审理内容过度膨胀，案件关系过于复杂。因此，当不满足合并诉讼要件时，为避免诉讼整体进程受阻和审理负担过重，法院采取分案措施，进行另案处理，是较为合理的选择。[14]

专家点评

恩坦华是全球领先的汽车零部件供应商，业务销售分布美洲、欧洲和亚洲。本案原告恩坦华公司是其与上海实业交通电器有限公司共同投资建立的合资公司，主营产品包括门锁系统、门模块等。本案历经两审，虽然两审法院都驳回了原告的起诉（上诉），要求其分案起诉，但这也是从原告的角度进行考虑的结果。鉴于原告诉讼请求与本案法律关系的复杂性，分案处理更有利于查清事实、明确责任，使法院作出更加公平合理的裁判。同时，两审法院也尽到了释明义务，不仅裁判说理充分详实，还对原告应当如何分案起诉提出了具体建议，彰显了法院负责任的形象。司法审判追求程序正义和实体正义的一致性，而本案对审理方式的处理正体现了我国司法机关对程序正义的追求，在当事人包括涉外企业的情况下，该裁判还具有一定的国际传播价值。

在司法实践中，常见的诉讼形态为单一之诉，即单一原被告对单一诉讼标的进行诉讼的情形，但在特定情况下，也存在合并之诉的情形。在学理上，合并之诉又分为诉的主观合并与诉的客观合并。我国民事诉讼法规定了诉的主观合并，即诉讼主体要素（当事人）为多数的情形，体现在《民事诉讼法》第55条第1款："当事人一方或者双方为二人以上，其诉讼标的是共同的，或者诉讼标的是同一种类、人民法院认为可以合并审理并经当事人同意的，为共同诉讼。"但对于诉的客观合并，即诉讼客体要素（诉讼标的）为多数的情形，我国现行立法尚未明晰其条件，仅在最高人民法院《关于适用〈中华人民共和国民事诉讼法〉的解释》第221条中规定："基于同一事实发生的纠纷，当事人分别向同一人民法院起诉的，人民法院可以合并审理。"尽管法律允许将诉争的两个不同法律关系合并在一个案件中审理，但由于诉的合并的复杂性，法院在诉讼处理中常常面临分案审理还是合并审理的难题，尤其体现在诉的客观合并中。

在知识产权领域中，法律纠纷往往涉及复杂的诉讼形态，如知识产权侵权纠纷与不正当竞争纠纷、专利权属纠纷与侵害技术秘密纠纷等，由于这类案件常常存在事实上的重叠性或判决结果上的牵连性，合并审理可能存在一定的适用空间。例如，最高人民法院审理的"大连博迈科技发展有限公司、何克江等侵害技术秘密纠纷、专利权权属纠纷案"就是诉的客观合并的典型案例。在该案中，法院从以下两个角度认识司法解释提出的"基于同一事实发生的纠纷”:第一,涉案专利申请实为披露技术秘密这一侵权行为的具体呈现,主要事实具有高度重叠性;第二,确认之诉的结果是侵权之诉结果的自然延伸,裁决结果上具有相互牵连性。虽然该案裁定合并审理,但这并不意味着所有的专利权属纠纷与侵害技术秘密纠纷都应采取相同的审理方式。本案的基础事实比“大连博迈科技发展有限公司、何克江等侵害技术秘密纠纷、专利权权属纠纷案”复杂许多,涉及更多行为主体、行为内容与诉讼请求,若在一个案件中审理,法院难以梳理诉讼请求、查明相应事实,有损于审判公正性与效率性。因此,法院还需结合个案情况判断是否应当合并审理。

本案的亮点在于,两审法院采取了不同的裁判进路,得出相同的诉讼处理结论,为今后法院处理类似案件提供了不同思路,起到了良好的示范作用。一审法院从合并审理的条件出发,对原告的诉讼请求进行分类与分析:(1)部分诉讼请求要求确认专利权或专利申请权的权利归属,存在多个同类诉讼标的,但是否合并还需法院与当事人同意。(2)部分诉讼请求指控被告侵害多组技术秘密,侵害技术秘密纠纷与专利权属纠纷的法律关系不同也不为同类,不是共同诉讼;即使技术秘密有部分与专利申请行为相关,但两者需查明的重点不同,判决所依据的事实缺乏高度重叠性。(3)部分诉讼请求有关损害赔偿责任与诉讼合理费用的承担,被告的专利申请行为与产品制造行为可能侵害原告的技术秘密,这导致判决依据的事实不同、在诉讼中需比对的技术秘密也不同,故不能合并。可见,一审裁定涉及诉的主观合并与客观合并的判断,认为诉讼不满足合并审理条件。二审法院从起诉条件出发,判断原告是否有具体的诉讼请求和事实、理由,其认为原告针对不同行为主体,将不同侵害行为、法律关系、法律责任混合在本案中提出主张,且上述因素并不一一对应:第一,原告主张的技术秘密未在其提出权属要求的专利或专利申请中得到披露;第二,原告主张的被告的具体侵权行为各不相同,需查明的事实也不同;第三,原告所主张的被告的法律责任各不相同,且部分被告与本案争议无关。可见,二审裁定涉及起诉条件的判断,试图将不同诉讼请求与事实理由进行对应,而审查诉是否具备诉讼成立要件正是将各个诉合并审理的前提。虽然两审裁判路径不同，但都是为了查清事实。合并审理固然能够减轻当事人诉累、降低法院司法成本，但提高诉讼效率的前提在于查清案件事实、确保司法公正，本案复杂的法律关系决定了分案审理的正当性。

虽然诉的合并在学理上还存在诸多争议，但它作为司法实践的产物，也可以通过实践不断完善其理论，而本案法院的处理方式也有许多值得探讨的空间。因此，本案不仅具有规则示范价值，也具有学术研究价值。需要注意的是，诉的主观合并（共同诉讼）已经得到立法明确，但诉的客观合并的条件仍较为模糊，在司法实践中需要法院自由裁量。为了避免法院在审理方式选择上的混乱、防止法官自由裁量权的滥用，立法仍需进一步明确诉的合并的类型、适用条件与相关程序要求，在保证司法公正的前提下实现诉讼经济。

注　释

1　参见辽宁省大连市中级人民法院民事裁定书，(2018)辽02民初327号之一。

2　参见最高人民法院民事裁定书，(2019)最高法知民终671号。

3　参见广州互联网法院民事裁定书，(2019)粤0192民初24372号。

4　参见四川省成都市中级人民法院民事裁定书，(2021)川01民终11023号。

5　参见广州知识产权法院民事判决书，(2022)粤73民终1674号。

6　参见最高人民法院民事裁定书，(2019)最高法知民终671号。

7　参见汤维建：《类似必要共同诉讼适用机制研究》，载《中国法学》2020年第4期。

8　参见段文波：《类型化视角下诉讼请求合并的程序展开》，载《中外法学》2022年第3期。

9　参见马家曦：《民事诉讼另案处理的标准澄清与程序完善》，载《中外法学》2021年第3期。

10　参见袁琳：《多数人之债的诉讼构造与程序规则》，载《中外法学》2021年第6期。

11　参见汤维建：《论类似必要共同诉讼的制度性导入》，载《中国政法大学学报》2022年第1期。

12　参见段文波：《类型化视角下诉讼请求合并的程序展开》，载《中外法学》2022年第3期。

13　参见赵志超：《法官合并审理自由裁量权之规制——以诉的客观合并适用为中心》，载

《河北法学》2022年第2期。

14 参见马家曦:《民事诉讼另案处理的标准澄清与程序完善》,载《中外法学》2021年第3期。

12

特威茶餐饮管理（上海）有限公司与上海市浦东新区人民政府等行政处罚侵犯地理标志、注册商标行为案

点评专家

李雨峰　西南政法大学民商法学院（知识产权学院）院长、教授

责任编辑　徐小奔　**编辑助理**　司马航

案件概况

2019 年，上海市浦东新区市场监督管理局接到市民服务热线举报称，其在特威茶餐饮管理（上海）有限公司（以下简称特威茶公司）开设的淘宝店铺“特威茶旗舰店”购买到“TWGTea 特威茶盛玺龙井茶盛玺御选黑罐 70g 新加坡进口”商品一盒，认为此公司销售的并非具有地理标志证明商标的龙井茶，且属于不合格产品。上海市浦东新区市场监督管理局将该案移送至上海市浦东新区知识产权局（以下简称浦东知识产权局）处理，浦东知识产权局随后立案。

浦东新区知识产权局经过调查得知，该种茶叶标签上写明产于杭州，中文标签上又标出原产国为新加坡，茶叶事实上是从 TWGTEACOMPANYPTELTD（以下简称 TWG 公司）进口的，茶叶原材料是从中国公司手中购买而来的。然而，该茶叶的中文标签起到了标识商品的原产地等特定品质的作用，且当事人无法证明涉案茶叶原料的原产地，也没有获得商标权利人的授权，上述中文标签上的“龙井茶”字样与他人“龙井茶”注册商标上的中文文字相同，构成近似，且使用在同种商品上，当事人的行为易使公众误认为涉案茶叶获得该证明商标的授权，容易造成混淆，侵犯了商标权，对其处以 50 余万元的罚款。之后，上海市浦东新区人民政府（以下简称浦东新区政府）作出浦府复决（2020）第 1010 号《行政复议决定书》，维持了浦东知识产权局作出的行政处罚决定。

特威茶公司（一审原告）收到复议决定书后，向一审法院提起诉讼。一审法院认为，浦东知识产权局（一审被告）具有对侵犯注册商标专用权行为作出行政处罚的行政执法主体资格。浦东新区政府（一审被告）具有受理和审理对本区行政机关所作行政行为不服而申请行政复议并作出复议决定的法定职责。特威茶公司实施了贴附中文标签的行为，相关法律后果亦应由特威茶公司承担。特威茶公司将“盛玺龙井茶”“龙井茶”作为商品名称使用，易使相关公众对商品来源及其特定品质产生误认。尽管特威茶公司主观上并无恶意攀附第三人注册商标和区分商品来源的故意，但“龙井茶”地理标志证明商标知名度较高，特威茶公司作为茶叶经营从业者理应知晓。此外，特威茶公司提供的证据不足以证明其具备使用“龙井茶”地理标志证明商标的条件。因此，特威茶公司的行为侵害了该地理标志证明商标。

一审法院进一步指出，特威茶公司的商标侵权行为已经实施完毕，违法行为导致的后果已经发生，且在被立案后仍存在销售行为，违法经营额较高，不属于违法行为轻微的情形，不构成从轻、减轻或者免除行政处罚的条件，浦东知识产权局的处罚决定未违反法律规定。浦东新区政府提供的证据和依据足以证明其具有作出被诉复议决定的职权，所作复议决定合法。因此，一审法院驳回了原告特威茶公司的诉请。

特威茶公司不服，上诉至二审法院。二审法院认为，本案被诉行为系由上诉人实施。上诉人并未充分举证证明其商品源于涉案证明商标要求的种植地域范围，其使用被诉侵权标识容易使相关公众对商品的原产地等特定品质产生误认，该行为构成商标侵权。上诉人并非仅实施了销售侵权商品的行为，其还存在未经许可使用他人注册商标的行为，且上诉人销售侵权产品的数量较多，金额较大，行政机关根据其违法经营数额，以及侵权行为的性质和情节等因素，所作出的罚款金额尚属合理。因此，二审法院驳回了上诉，维持了原判。

■ 当事人主张

▣ 上诉人（一审原告：特威茶公司）的主张

上诉人特威茶公司请求撤销上海市浦东新区人民法院作出的（2021）沪0115 行初 399 号行政判决，并请求撤销浦东知识产权局的浦知处字（2020）第 1520198343 号《行政处罚决定书》、浦东新区政府浦府复决字（2020）第1010 号《行政复议决定书》。上诉人认为，其行为并未构成侵犯“龙井茶”注册商标权，涉案《行政处罚决定书》认定上诉人构成商标侵权没有事实和法律依据。同时,《行政处罚决定书》对上诉人处以行政罚款的行政行为似有不当,且存在金额过高的问题。具体而言,上诉人的主张及理由如下。

第一,进口中文标签的贴附实际发生于入境前,并非上诉人所实施。《行政处罚决定书》已经认定上海旭暮国际贸易有限公司(以下简称上海旭暮公司)实施了产品中文标签的贴附行为,因此该行为的实施人为上海旭暮公司,并非上诉人。该产品的生产商为新加坡公司 TWG 公司,上诉人是受 TWG 公司的委托代为销售该产品的,即使上诉人的工作人员有告知上海旭暮公司关于贴附的中文标识的内容,也是转述 TWG 公司告知的内容,上诉人本身并非该产品的生产者,因此并不能独立指示上海旭暮公司违背 TWG 公司的意愿而启用新的标识,因 TWG 公司告知该茶产品具有合法的采购途径,生产原料为龙井茶,因此上诉人告知上海旭暮公司真实信息,并无任何侵犯"龙井茶"商标的故意或过失。另外,中文标识的贴附行为并非商标法意义上的"使用"行为,并不构成商标侵权,且即使认定"盛玺龙井茶""龙井茶"的中文标识贴附行为构成商标侵权,因该贴附行为发生在产品报关入境之前,基于自贸区的特殊地位及其法律适用情况,自贸区入关之前发生的行为应属于不能直接适用中国商标法管辖的行为,浦东新区知识产权局和浦东新区政府对此并无管辖权,浦东新区知识产权局和浦东新区政府以此认定上诉人实施了侵犯注册商标专用权的行为并进行行政处罚,显然没有事实和法律依据。《行政处罚决定书》认定中国境内发生的行为都应受我国商标法所约束,显然是对法律的错误理解和适用,对于自贸区等特殊区域,显然应区分不同的情形以判断相关法律的管辖、适用情况。

第二,"盛玺龙井茶""龙井茶"中文标签贴附并非用于区分商品来源,不构成商标法意义上的"商标使用"行为,因此并不构成商标侵权。对进口产品的中文标注形式并无强制性规定,《产品质量法》中对产品标识的规定仅要求"有中文标明的产品名称、生产厂厂名和厂址",因此"盛玺龙井茶""龙井茶"的标识仅仅是按照 TWG 公司的外文产品名称"GRAND-LUNGCHINGTEA"以及根据 TWG 公司告知其的原料具有"龙井茶",且原料具有合法来源的产品名称音译,并未作为标识产品来源使用,也未产生标识产品来源的效果，因此不能认定中文标识的贴附行为是商标使用行为，从而并不侵犯“龙井茶”注册商标权。况且对于“龙井茶”中文标签的贴附，显然是为了将其作为含有龙井茶原料的一种绿茶的产品通用名称来使用，并不是为了标识产品来源也未产生标识产品来源的作用。由于 TWG 公司经营的一般为混合茶，“龙井茶”系 TWG 公司认为主要原料为龙井茶的绿茶的通用名称，且 TWG 公司拥有自己公司的多种类别茶叶和“TWG”“特威”等多个品牌，并非以龙井茶为主要产品，其明显为善意的通用产品名称标注，产品原包装上 TWG 公司的商标标识明显，中文标签并非显著区分商品的标识，相关公众的注意和认知程度较低，并不会造成相关公众的误认。

第三，上诉人的产品销售行为不应被处以行政罚款。国家知识产权局 2020 年 6 月 15 日颁布实施的《商标侵权判断标准》（国知发保字〔2020〕23 号）第 29 条规定：“涉嫌侵权人属于商标法第六十条第二款规定的销售不知道是侵犯注册商标专用权的商品的，对其侵权商品责令停止销售，对供货商立案查处或者将案件线索移送具有管辖权的商标执法相关部门查处。对责令停止销售的侵权商品，侵权人再次销售的，应当依法查处。”《商标法》第 64 条第 2 款规定：“销售不知道是侵犯注册商标专用权的商品，能证明该商品是自己合法取得并说明提供者的，不承担赔偿责任。”根据上述相关法律规定，上诉人认为，即使其产品销售行为构成商标侵权，对其行政处罚也不应为行政罚款，《行政处罚决定书》认定应给予上诉人行政罚款的行政处罚不具有合理性。

第四，行政罚款存在处罚畸重问题。上诉人认为，处以 545,273.06 元的行政罚款的处罚过重，没有法律依据且不具有合理性。上诉人并非恶意攀附知名注册商标，并未给注册商标权利人造成损害，且其部分产品并未销售，部分产品的销售行为系其子公司行为，并非自身行为，并且《行政处罚决定书》认定的销售金额仅为 12 万余元，《行政处罚决定书》将尚未销售被没收的产品价值也认定为违法经营数额，没有事实和法律依据。上诉人的“龙井茶”中文标签贴附行为，显然应属于“违法行为轻微并及时纠正”“共同违法行为中起次要或者辅助作用的行为”，《行政处罚决定书》认定没收上诉人侵权财物，且按2倍违法经营额罚款，并未充分考虑上诉人应当、可以免除、从轻、减轻行政处罚的情况，显然是事实不清，适用法律不当。

被上诉人(一审被告：浦东知识产权局、浦东新区政府)的主张

被上诉人浦东知识产权局认为，其有权对浦东新区范围内违反商标方面法律、法规、规章的违法行为作出行政处罚。浦东知识产权局对上诉人作出的行政处罚程序合法，认定事实清楚、证据确凿充分，适用法律法规准确，处罚裁量合法合理。原审判决事实认定清楚，法律适用正确。同为被上诉人的浦东新区政府辩称，其依法受理复议申请后，在法定期限内作出了复议决定并予以送达，复议程序合法，请求驳回上诉人的诉请。

裁判意见

一审法院认为，案件的争议焦点在于两点：其一，特威茶公司在商品中文标签上标注“盛玺龙井茶”“龙井茶”字样是否属于对第三人的第5612284号地理标志证明商标的使用，该使用方式是否侵害了第三人的注册商标专用权；其二，浦东知识产权局对特威茶公司作出的行政处罚是否合法、合理。二审法院根据当事人诉辩意见，将被诉行为是否系由上诉人实施增补为案件争议焦点之一。具体裁判意见论述如下。

关于证明商标的使用问题

法院根据《商标法实施条例》第4条，及《商标法》第3条第3款和第16条关于证明商标、地理标志之规定，认定“龙井茶”为地理标志证明商标。地理标志证明商标的功能在于标识商品来源，以及标识商品因源于某地区而产生的由该地区的自然因素或者人文因素所决定的质量、制造方法等其他特定品质。第三人浙江省农业技术推广中心在第30类“茶”上取得第5612284号注册商标，且在注册有效期内，第三人作为该地理标志证明商标权利人，有权对该商标的使用进行有效管理或控制，使使用该商标的商品达

到其使用管理规则的要求。对于不符合该地理标志使用条件的,第三人有权予以制止。根据《商标法》第 57 条第 2 项的规定,未经商标注册人的许可,在同一种商品上使用与其注册商标近似的商标,或者在类似商品上使用与其注册商标相同或者近似的商标,容易导致混淆的,属于侵犯注册商标专用权的行为。具体而言,特威茶公司在与第三人相同的产品上,以商标性使用的方式使用了近似商标,进而构成商标侵权。

一审法院在判决中进一步作出解释,特威茶公司以涉案方式在商品外包装盒中文标签上突出标注"盛玺龙井茶""龙井茶"字样,作为商品名称使用,一方面容易使相关公众对茶叶源产生误认,误认为特威茶公司销售的茶叶源于龙井茶种植地域范围;另一方面亦会导致相关公众对茶叶的加工工艺、感官品质、质量安全指标、理化指标、净含量要求等龙井茶所具有的特定品质产生误认,误认为特威茶公司销售的茶叶具有地理标志商品的特定品质。

二审法院首先驳回了上诉人所称的,贴牌行为发生于报关入境前,进而不适用我国商标法的诉请。由于报关前发生贴标行为的位置为中国(上海)自贸区,该自贸区是在我国境内设立的区域性经济特区,其仍属于我国司法管辖的范围,仍应使用我国商标法。其次,二审法院对于原告提出的"龙井茶"构成通用名称的主张不予支持。二审法院认为,"龙井茶"作为地理标志证明商标,其具有标识商品原产地的功能,以表明因原产地的自然条件、工艺、制作方法等因素决定的商品具有特定品质。本案中,上诉人并未充分举证证明其商品源于涉案证明商标要求的种植地域范围,其使用被诉侵权标识容易使相关公众对商品的原产地等特定品质产生误认,该行为构成商标侵权。

▣ 关于行政处罚的合理性问题

一审法院认为,浦东知识产权局的被诉行政处罚决定认定事实清楚,证据确实、充分,适用法律、法规正确,符合法定程序,处罚结果并无不当。《商标法》第 60 条第 2 款规定,"工商行政管理部门处理时,认定侵权行为成立的，责令立即停止侵权行为，没收、销毁侵权商品和主要用于制造侵权商品、伪造注册商标标识的工具，违法经营额五万元以上的，可以处违法经营额五倍以下的罚款，没有违法经营额或者违法经营额不足五万元的，可以处二十五万元以下的罚款。对五年内实施两次以上商标侵权行为或者有其他严重情节的，应当从重处罚。销售不知道是侵犯注册商标专用权的商品，能证明该商品是自己合法取得并说明提供者的，由工商行政管理部门责令停止销售”。浦东知识产权局根据特威茶公司的违法经营数额即272,636.53元，结合特威茶公司违法行为的性质、情节，对特威茶公司作出的没收侵权产品及处违法经营额两倍的罚款的处罚决定，符合上述法律规定且在合理范围内。关于特威茶公司提出的不应将尚未销售茶叶的金额计入其违法经营额的意见，原审法院认为，《商标法实施条例》第78条规定，“计算商标法第六十条规定的违法经营额，可以考虑下列因素：（一）侵权商品的销售价格；（二）未销售侵权商品的标价；（三）已查清侵权商品实际销售的平均价格；（四）被侵权商品的市场中间价格；（五）侵权人因侵权所产生的营业收入；（六）其他能够合理计算侵权商品价值的因素”。因此，违法经营额既包括已经销售的侵权产品的经营额，也包括尚未销售的侵权产品的经营额。本案中，浦东新区知识产权局对特威茶公司已销售的侵权商品价值，按照实际销售价格计算。对未销售的侵权商品价值，按照查清侵权商品实际销售的平均价格计算，符合上述规定。

二审法院认为，上诉人并非仅实施了销售侵权商品的行为，其还存在未经许可使用他人注册商标的行为，且上诉人销售侵权产品的数量较多，金额较大，行政机关根据其违法经营数额，以及侵权行为的性质和情节等因素，所作出的罚款金额尚属合理，二审法院予以确认。

▣ 关于被诉行为是否系上诉人实施的问题

特威茶公司在上诉时称，虽其工作人员要求上海旭慕公司在被诉侵权商品上贴附带有“盛玺龙井茶”“龙井茶”的标识，但该贴牌销售行为系根据TWG公司的指示实施的，上诉人主观上并无商标侵权的故意或过失。二审法院认为，上诉人确认了被诉侵权行为系由其要求上海旭慕公司实施的，但并未提供证据证明该行为系基于TWG公司的要求，即使上诉人所言属实，亦不影响其作为被诉侵权行为实施者的认定。

类案梳理

■ 本案裁判要旨

《商标法》第16条规定的地理标志，可以依照《商标法》和《商标法实施条例》的规定，作为证明商标或者集体商标申请注册。以地理标志作为证明商标注册的，其商品符合使用该地理标志条件的自然人、法人或者其他组织可以要求使用该证明商标，控制该证明商标的组织应当允许。因此，地理标志证明商标的功能在于标识商品来源，以及标识商品因源于某地区而产生的由该地区的自然因素或者人文因素所决定的质量、制造方法等其他特定品质。

未经商标注册人的许可，在同一种商品上使用与其注册商标近似的商标，或者在类似商品上使用与其注册商标相同或者近似的商标，容易导致混淆的，属于侵犯注册商标专用权的行为。

工商行政管理部门处理时，认定侵权行为成立的，责令立即停止侵权行为，没收、销毁侵权商品和主要用于制造侵权商品、伪造注册商标标识的工具，违法经营额5万元以上的，可以处违法经营额5倍以下的罚款，没有违法经营额或者违法经营额不足5万元的，可以处25万元以下的罚款。对5年内实施两次以上商标侵权行为或者有其他严重情节的，应当从重处罚。销售不知道是侵犯注册商标专用权的商品，能证明该商品是自己合法取得并说明提供者的，由工商行政管理部门责令停止销售。

■ 类案裁判综述

本案为进口商品贴牌过程中产生的地理标志证明商标侵权问题。地理标志作为证明商标，用以指引商品原产地及保障商品特定质量。地理标志产品在促进地区特色产业发展、打造区域公共品牌、提升产品竞争力、知识产权惠农扶贫等方面意义非凡。随着社会知识产权意识的不断增强和知识产权运用能力的不断提升，地理标志证明商标的注册与日俱增，随之而来则是越发频繁的地理标志证明商标诉讼。换言之，特威茶“龙井茶”商标侵权纠纷案并非孤例，近年来还存在“五常大米”案、“库尔勒香梨”案、“阳山水蜜桃”案、“郫县豆瓣”案等一批保护地理标志证明商标的典型案例。

1. 地理标志证明商标正当使用判断标准

在对地理标志证明商标的保护不断加强之时，部分恶性的地理标志证明商标维权事件引发了社会的广泛关注。例如，“逍遥镇胡辣汤”“潼关肉夹馍”等商标维权事件引发热议。多家经营数十年之久的使用上述证明商标的商户突遭诉讼，引发了对商标权滥用的社会质疑。面对协会四处以商标维权之名提起诉讼，并收取高额“会费”的现象，国家知识产权局曾出面作出回应称，“逍遥镇”作为普通商标，其注册人并不能据此收取所谓的“会费”，而“潼关肉夹馍”是作为集体商标注册的地理标志，其注册人无权向潼关特定区域外的商户许可使用该地理标志集体商标并收取加盟费。

基于对地理标志证明商标保护不足和权利滥用状况频发的现实，明确地理标志证明商标的侵权判断标准则成为司法裁判的重中之重。一般而言，法院以产地、品质和是否取得许可作为判断地理标志证明商标使用是否正当的标准。在“库尔勒香梨”案中，云南省高级人民法院即认为使用该商标必须同时满足以下条件：首先，经营者生产、销售的香梨必须来自新疆库尔勒或阿克苏指定地区；其次，生产、销售的香梨必须符合库尔勒香梨所要求的品质特征；最后，使用该证明商标还需向库尔勒香梨协会提出申请且获得许可。[1] 类似地，在“五常大米”案中，黑龙江省高级人民法院也强调被告钜富公司“未经五常市大米协会许可”，以许可为正当使用判断必不可少的要件。[2] 然而，也不乏法院认为，地理标志证明商标的正当使用不以协会许可为要件，如在黑龙江省高级人民法院审理的“库尔勒香梨”案中，法院认为，如经销商确能证明产品来源与商品标识所指向的产区相符，则标注“库尔勒香梨”具备正当性。[3] 无独有偶，在“舟山带鱼”案中，法院认为，商标注册人舟山水产协会不能剥夺虽没有向其提出使用该证明商标的要求，但商品确产于浙江舟山海域的自然人、法人或者其他组织正当使用该证明商标中地名的权利。[4] 值得一提的是，最高人民法院民三庭某负责人在接受新华社关于“逍遥镇胡辣汤”和“潼关肉夹馍”维权事件的采访时回应，在地理标志标示的地区范围内并符合地理标志使用条件的，即便不申请加入集体、协会或其他组织，亦可依法正当使用地理标志。相反，如不符合地理标志使用条件或超出地理标志标示的地区范围，则经营者不能通过商标许可、加盟、入会等方式获得地理标志集体商标使用资格。[5]

此外，是否侵犯证明商标权利，不能以被诉侵权行为是否容易导致相关公众对商品来源产生混淆作为判断标准，而应当以被诉侵权行为是否容易导致相关公众对商品的原产地等特定品质产生误认作为判断标准。例言之，北京市高级人民法院在“舟山带鱼”案中明确指出，地理标志证明商标的侵权判定不应以来源混淆作为标准，而应当以被控侵权行为是否容易导致相关公众对商品的原产地等特定品质产生误认作为判断标准。[6]

2. 地理标志的通用化

地理标志作为证明商标的侵权方常用的抗辩理由之一，即是地理标志长期以来已经随着商品流通、文化交融而演变成广泛使用的通用名称。本案中，特威茶公司即主张“龙井茶”已成为一种绿茶的通用名称。约定俗成的通用名称一般以全国范围内相关公众的通常认识为判断标准。《商标法》第 59 条第 1 款规定：“注册商标中含有的本商品的通用名称、图形、型号，或者直接表示商品的质量、主要原料、功能、用途、重量、数量及其他特点，或者含有的地名，注册商标专用权人无权禁止他人正当使用。”对于由于历史传统、风土人情、地理环境等原因形成的相关市场较为固定的商品，在该相关市场内通用的称谓，可以认定为通用名称。越是知名度高的地理标志，其核心内容“地名 + 品名”越容易走向通用化。在“宜红工夫茶”案中，二审法院曾围绕“宜红工夫茶”是否构成通用名称进行了专门的解释，认为虽其先前判决认定“宜红茶”（宜红工夫茶）是宜都、恩施、鹤峰、长阳、五峰等地区出产的红茶，属于特定产地红茶商品的通用名称，但这一关于商品通用名称的认定，本身即已限定了商品的产区，而非不考虑产区来源的抽象泛指的红茶商品的通用名称，因此，在先判决的认定并不影响该案中对地理标志应受保护的认定。[7] 与之相反的是，在“沁州黄小米”案中，即使涉案小米在原国家质量监督检验检疫总局注册登记为地理标志产品，再审法院仍认为“沁州黄”能够反映出一类谷子（米）与其他谷子（米）的根本区别，符合通用名称的要求，进而再审申请人无权禁止其他企业将“沁州黄”文字使用在以“沁州黄”谷子加工而成的小米商品上，以表明其小米的品种来源。[8] 在上文提及的云南省高级人法院审理的“库尔勒香梨”案中，法院虽以许可作为使用地理标志证明商标的必备要件之一，但同时言明实践中会有一些产自原产地的商品缺少上述规定后面两项或一项条件，如果禁止该商品使用约定俗成的通用名称，有违上述法律规定的内涵，会造成公共资源分配使用不公。因此，法院将“库尔勒香梨”认定为商品的通用名称，认为其具有社会公共资源属性和价值，库尔勒香梨协会将该文字与孔雀图案组合，申请注册了原产地证明商标并获得核准，在使用和保护该商标的时候，就应当准确使用、严格依法保护，以避免与法律规定本意相悖。[9]

学术观点综述

为深刻理解地理标志，回应司法实务需求，需要进一步探析地理标志保护的理论基础、模式选择和其与通用名称的关系。

1. 地理标志法律保护的理论基础

地理标志法律保护的理论基础，即是指地理标志受到知识产权法保护之正当性。我国学界普遍接受的是一种“关联性保护说”，它强调产品与产地的关联性，并认为这是构建地理标志理论的基础。[10]除此之外，放眼世界范围内还存在地理标志的“消费者保护说”和“商誉保护说”，前者旨在强调地理标志与消费者的联系在其增值和发展中的重要作用，[11]后者则认为地理标志的存在有赖于其在消费者心目中良好的声誉。[12]

2. 地理标志法律保护的模式选择

以地理标志申请注册证明商标并取得商标法保护似乎渐成当下地理标志保护模式之主流。商标排他权保护路径使权利人在随后行使权利和维权的过程中相对比较容易:除自力救济的协商谈判之外,既可依据法律请求行政执法机构的保护(而且依托维护市场经济秩序的任务,主管商标事务的市场监督管理部门拥有强有力的执法力量),也可以直接向法院起诉侵权人而获得赔偿,甚至可能获得刑事救济。然而,地理标志商标法保护路径存在一些不足:其一,证明商标和集体商标的商标性与地理标志存在矛盾;其二,商标具备“授予性”,而地理标志则是天然的;其三,地理标志标识产品地理环境的功能和证明商标的不表示商品来源的特征存在不谐之处。[13]基于此,不乏学者认为,商标法制度仅为地理标志保护的辅助性路径。

在证明商标和集体商标之外,近年来主张采用专门立法保护地理标志的学理呼吁高涨。习近平总书记在中央政治局第二十五次集体学习时强调,要加强地理标志等领域立法。《知识产权强国建设纲要(2021—2035年)》对探索制定地理标志专门法律法规,健全专门保护与商标保护相互协调的统一地理标志保护制度提出要求。2020年9月,国家知识产权局已公开发布了《地理标志保护规定(征求意见稿)》,旨在推动地理标志保护规则的完善。专门法的引入会起到一种与商标法保护模式之不足互补的作用。[14]也有学者更为务实地分析了地理标志保护中的产品标准问题,以鉴别使用地理标志的产品为目的,进一步认为每个地理标志都应当有一个技术描述或技术标准文件。[15]

3. 地理标志和通用名称的关系

通说大多认为,地理标志历经特定因素将转化为通用名称,但也不乏学者持反对观点,认为地理标志作为一国历史延续的文化现象,不可被转化为商品的通用名称。[16]至于地理标志演变为通用名称之原因,部分学者倾向于一种“滥用说”,即地理标志的“显著特征”与“地理来源”的联系逐渐不明晰,甚至认为某些企业对他人地理标志滥用,使前述的关系不复存在,即“显著特征”独立于“原产地”而存在。此外,也有观点认为权利人未能积极维护自身权利是地理标志演化的最重要的原因。[17]

专家点评

近年来,伴随知识产权意识增强和地区特色产业发展,具有区域公共品牌效应的地理标志被不断挖掘、开发。地理标志若被注册为证明商标,还可发挥指示商品原产地及保障符合该地区的自然或人文特质的作用。鉴此,地理标志证明商标权人希望绝对排除未经许可使用商标的情形,但地理标志区域性特征又不断诱发他人使用商标的行为。对此,我们需要认真对待地理标志证明商标权人与地理标志正常使用者之间的利益平衡关系,以及时、合理的方式解决地理标志证明商标保护不足与权利滥用状况频发的现实问题。

在地理标志证明商标保护方面,证明存在侵害商标权行为并责令行为人承担相应法律责任,是商标权保护的内在逻辑。本案作为进出口商品贴牌过程中出现的地理标志证明商标侵权纠纷,历经行政复议、一审与二审程序,全面展示了地理标志证明商标侵权判定、侵权责任以及承担方式等问题。就本案而言,特威茶公司在商品中文标签上标注“盛玺龙井茶”“龙井茶”字样,但又标出原产国为新加坡,在特威茶公司无法证明涉案茶叶原料的原产地以及没有获得“龙井茶”注册商标权人授权的情况下,其在同种商品上使用“龙井茶”,容易造成混淆,侵害了第三人的地理标志证明商标专用权。对此,浦东新区知识产权局作出处以 50 余万元的罚款决定。特威茶公司不满该行政处罚,遂提起行政诉讼。一审法院经审理查明,作出驳回原告特威茶公司诉请的判决;特威茶公司提起上诉,二审法院维持原判。

判断被控侵权人使用地理标志是否侵害地理标志证明商标权,关键在于判断被控侵权人的行为是否构成商标性使用。与普通注册商标不同,地理标志证明商标内含“双元素”,即“地理标志 + 证明效力”。《商标法》第 3 条第 3 款规定,“本法所称证明商标,是指由对某种商品或者服务具有监督能力的组织所控制，而由该组织以外的单位或者个人使用于其商品或者服务，用以证明该商品或者服务的原产地、原料、制造方法、质量或者其他特定品质的标志”。另外，《商标法》第16条第2款规定，“前款所称地理标志，是指标示某商品来源于某地区，该商品的特定质量、信誉或者其他特征，主要由该地区的自然因素或者人文因素所决定的标志”。地理标志经注册成为证明商标，所产生的核心效果便是将标志用于商品或服务时建立证明商品或服务与该地埋的自然或人文之间的区域关联性。本案中，特威茶公司在商品外包装盒中文标签上突出标注“盛玺龙井茶”“龙井茶”字样，尽管声称其作为商品名称使用，但是本质上已经将“龙井”这一地理标志证明商标的区域关联性折射到了商品之上，社会公众凭商品外包装盒上的字样有可能认为商品源自龙井茶，或者，该商品的品质达到龙井茶标准，导致消费者混淆。特威茶公司的行为构成对地理标志证明商标的侵犯，应当予以禁止。

当证实存在侵害地理标志证明商标行为时，行为人就面临着承担民事或者行政责任的风险。特威茶公司极力主张行政部门处罚不当，理由为其主观是善意的，它仅销售不知是侵犯注册商标专用权的商品，且能证明该商品的合法来源。但是，由于龙井茶的知名度非常大，特威茶公司理应知晓该行业处于“头部”的商品，其主观善意的辩解并不能成立。龙井茶作为远近闻名的茶类，其知名度是本行业从业者无法忽视的，除非置身“鸵鸟”模式。显然，特威茶公司主张的不知在销售商品标注“龙井”侵犯他人注册商标专用权的观点，不具合理性。作为行政部门的浦东新区知识产权局有权依职权对侵权行为作出相应处罚，包括停止侵权行为，没收、销毁侵权商品和主要用于制造侵权商品、伪造注册商标标识的工具，罚款等，关键并不在于浦东知识产权局对特威茶公司作出的罚款处罚，而在于罚款金额是否恰当。依照《商标法》第60条第2款的规定，5万元的违法经营额是金钱罚的数额分界点。按照浦东新区知识产权局的调查，特威茶公司违法经营额为272,636.53元，超过5万元的违法经营额分界线，满足“处违法经营额五倍以下的罚款”这一行政执法权限。再则，《商标法实施条例》第78条规定，在计算《商标法》第60条规定的违法经营额时，可以考虑多种因素。因此，结合特威茶公司违法行为的性质、情节，对特威茶公司作出的没收侵权产品及处违法经营额两倍的罚款的处罚决定，符合上述法律规定且在合理范围内。

值得注意的是，地理标志证明商标的特殊性，还在于其权利效力受区域因素的限制。“逍遥镇胡辣汤”“潼关肉夹馍”等商标维权事件，之所以引发了社会的广泛关注，就在于地理标志证明商标正当性使用界限及由此产生的监管问题。

地理标志证明商标正当性使用与地理标志证明商标权利滥用，是“一体两面”的关系。地理标志证明商标权利滥用的具体表现形式，是禁止一切未经许可使用地理标志证明商标的行为。言下之意，即便未经许可使用者在地理标志所指向的区域内使用该标志亦应被禁止。然而，如果产品与产地之间的关联性是正确且自然的，那么，以地理标志证明商标来指示商品出处或者原料来源等信息，符合地理标志之本意，理应允许。因此，在地理标志标示的地区范围内并符合地理标志使用条件的，即便不申请加入集体、协会或其他组织，亦可依法正当使用地理标志。

与地理标志证明商标的正当性使用密切相关的另外一个问题，是地理标志证明商标在何种情况下退化为通用名称。换言之，商标法规定的注册商标退化为通用名称的规定，能否适用于地理标志证明商标。对此，我们需要基于地理标志证明商标的本质属性作出合理解释。地理标志证明商标最大的特点在于区域性特征，是保护产品的产地特点与区域特色的重要制度。在商标法语境下，地理标志之所以有资格成为证明商标，不仅在于地理标志传递的地理名称信息，还在于该区域的人或自然环境的特有气质。因此，地理标志成为证明商标后，它必须能够指代一类商品或服务，而不是仅仅限制地理层面的指向。当地理标志证明商标无法指示商品或服务来源且不能传递该区域特有人文、自然特质时，该商标才存在退化之嫌。我国《商标法》对通用名称注册为地理标志证明商标，或者地理标志退化为通用名称，并无特别性规定。未来在修法时，可基于地理标志证明商标的特质，提高通用名称认定门槛以保护我国丰富的地理标志产品资源。

另外，当地理标志证明商标权人存在权利滥用时，该由谁监管、又该如何监管？地理标志证明商标权利人大多是行业协会，在地理标志证明商标制度的认知水平上参差不齐。若仅靠权利人自我监督，会存在监管不足的问题。因此，可以通过知识产权主管部门进行“协助式”监督，一来能提供更加专业性的指导，二来可以及时发现问题、及时纠错。

注　释

1　参见云南省高级人民法院民事判决书，(2019)云民终398号。

2　参见黑龙江省高级人民法院民事判决书，(2018)黑民终2号。

3　参见黑龙江省高级人民法院民事判决书，(2019)黑民终610号。

4　参见北京市高级人民法院民事判决书，(2012)高民终字第58号。

5　参见《最高法回应“潼关肉夹馍”等地理标志维权问题》，载新华网，http://www.news.cn/legal/2021-12/12/c_1128155642.htm。

6　参见北京市高级人民法院民事判决书，(2012)高民终字第58号。

7　参见北京市高级人民法院行政判决书，(2019)京行终1434号。

8　参见最高人民法院民事裁定书，(2013)民申字第1643号。

9　参见云南省高级人民法院民事判决书，(2019)云民终398号。

10　参见王笑冰：《关联性要素与地理标志法的构造》，载《法学研究》2015年第3期。

11　See Hilty R. M., *The law against unfair competition and its interfaces*, Law Against Unfair Competition, Springer, Berlin, Heidelberg, 2007, p. 1-52.

12　See Mantrov V., *EU Law on Indications of Geographical Origin*, Theory and Practice, Springer, New York, 2014.

13　参见王莲峰：《制定我国地理标志保护法的构想》，载《法学》2005年第5期。

14　参见管育鹰：《我国地理标志保护中的疑难问题探讨》，载《知识产权》2022年第4期。

15　参见郭禾：《我国地理标志保护制度发展的应然进路》，载《知识产权》2022年第8期。

16　参见黄汇：《我国地理标志保护模式质评——兼论发展中国家知识产权立法的应然思维》，载《学术论坛》2008年第1期。

17　参见田芙蓉：《地理标志与通用名称相互转变条件的比较研究》，载《知识产权》2006年第1期。